AF462489

MANUEL
DU PEINTRE
ET DU
SCULPTEUR.

I.

MANUEL
DU PEINTRE
ET DU
SCULPTEUR ;

OUVRAGE DANS LEQUEL ON TRAITE DE LA PHILOSOPHIE DE L'ART ET DES MOYENS PRATIQUES,

PAR L.-C. ARSENNE ;

AVEC

Une Notice sur les manuscrits à miniatures de l'Orient et du moyen-âge, et sur les voyages à figures, dans leurs rapports avec la peinture moderne.

PAR FERDINAND DENIS.

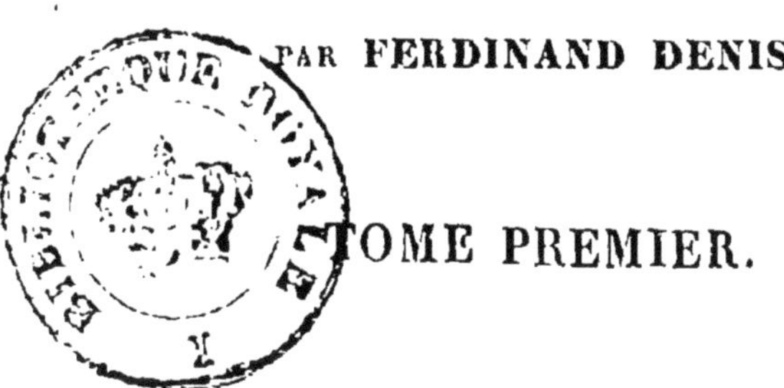

TOME PREMIER.

PARIS,
A LA LIBRAIRIE ENCYCLOPÉDIQUE DE RORET,
RUE HAUTEFEUILLE, N° 10 BIS.
1833.

INTRODUCTION.

> Si dans les rapports avec les hommes on n'avait affaire qu'avec ce qu'ils pensent réellement, on pourrait facilement s'entendre ; c'est ce qu'ils font semblant de penser qui amène la discorde.
> (Madame de Staël).

DE L'INCOHÉRENCE DES PRIVILÉGES DE LA CRITIQUE AVEC LES PROGRÈS DE LA LIBERTÉ INDIVIDUELLE ET L'ÉTAT ACTUEL DE L'ART.

Il y a de ces choses reçues qui, malgré leur injustice, subsisteront long-temps, par la seule raison que le nombre des individus lésés dans leurs droits et dans leurs intérêts n'est pas, dans ces cas, celui de la majorité. Nous rangeons parmi ces choses la libre faculté de s'ériger en juge suprême devant les œuvres et la destinée d'une artiste, sans avoir les qualités suffisantes pour remplir cette fonction avec dignité.

Les avantages que les arts peuvent retirer d'une saine critique sont incontestables; certes, nous sommes loin de demander son interdiction, mais si nous avions puissance de frapper de mutisme tous les hommes vains, les faux dévots et les mauvais conseillers, nous croyons que les choses n'en iraient que mieux.

Essayons au moins d'appeler l'attention sur les conditions nouvelles que la situation actuelle de l'art et celle des artistes imposent à la critique.

Etablissons un fait important et qui passe inaperçu :

Les prétentions les plus diverses exploitent aujourd'hui le domaine des beaux-arts, et elles sont toutes LÉGITIMES; elles sont toutes LÉGITIMES, lorsqu'on les considère dans la libre exertion de certaines facultés, quel que soit le but qu'elles se sont proposé (1).

Nous voulons dire que LES BEAUX-ARTS et L'INDUSTRIE ont aujourd'hui des intérêts si intimement liés que toute critique uniquement fondée sur l'intérêt de l'art, ne peut agir sans commettre une erreur et une injustice.

(1) Sauf les exceptions imposées par la morale.

Il faut, dans tous les modes de l'activité humaine, accepter les conséquences de leur contact réciproque ; l'industrie, considérée sous le double point de vue de son activité matérielle et de son activité intellectuelle, a eu de tous temps une grande part dans l'éclat dont les arts se sont entourés : nous réclamons aujourd'hui, pour les arts, les droits de son activité commerciale.

Les productions des arts, des lettres et des sciences, se sont rangées elles-mêmes, depuis long-temps, sous la sauve-garde de tous les droits acquis par l'industrie et le commerce. Désormais les fonctions pourront être distinctes, mais nul n'aura puissance de chasser les vendeurs du temple, car les dieux eux-mêmes font ouvertement le négoce, et ces droits sont surtout acquis et justement fondés, depuis le délaissement manifeste dont *le pouvoir* s'est rendu coupable avec préméditation, ne sachant comment conserver aux beaux-arts leur haute mission. Mais, sans chercher à faire valoir cette dernière considération, nous disons que le commerce et l'industrie, étant pour les arts des moyens *d'extension* et *d'affranchissement*, les artistes doivent jouir de toutes les prérogatives attachées à ce genre d'activité. Nous dirons, en outre, que tout individu a le droit de chercher dans les beaux-arts, si bon lui semble, des moyens d'existence matérielle et intellectuelle.

En réclamant pour l'artiste sa part de liberté individuelle dans le progrès de la liberté, surtout vis-à-vis des hommes qui parlent haut de liberté, nous dirons que nour regardons comme absurde que la critique ait le droit de porter atteinte à des existences, qui réclament à juste titre le libre exercice de toutes les facultés qu'elles peuvent mettre en jeu, pour leur propre conservation et leur propre jouissance.

Quant aux personnes qui regarderont notre proposition comme un blasphème, il nous sera permis, sans doute, de récuser d'abord celles qui, tout en tenant absolument à ce que les artistes s'immatérialisent jusqu'à extinction, ne se font aucun scrupule de transformer chaque jour en jouissances très-matérielles *l'honneur positif* qu'elles sont si désireuses d'obtenir *largement*, pour avoir uelquefois trafiqué de leur conscience, ou iiscouru, la plupart du temps, sur des [uestions qu'elles n'entendent pas ; et, quant .ux autres, nous espérons nous en faire omprendre par la suite.

Nous avons dit que les prétentions les olus diverses s'étaient emparées du donaine des beaux-arts, et qu'elles étaient outes légitimes ; mais il faut l'avouer, outes ces volontés impatientes sont encore ur un pied de guerre. Comme la société où elles se sont formées, elles sont tumulueuses et désordonnées. Le sol est à qui veut l'exploiter, mais il est déchiré à l'aventure et sollicité violemment, comme si ia semence la plus hâtive devait en consacrer l'exclusive possession.

Cette culture étrange ne promet-elle en effet que des moissons mensongères? Ce que l'on peut affirmer, c'est que les richesses qui en proviennent n'ont de valeur qu'un jour, et encore est-elle contestée.

Les experts, *les médecins de l'art*, sont à peu près d'accord sur ce fait, et n'aguère des régisseurs nommés d'office l'ont constaté, en faisant un appel positif à toutes les forces régulatrices, *en promettant de recueillir avec soin, toutes les observations qui auraient pour but l'amélioration de l'état actuel des beaux-arts.* Nous ne savons jusqu'où s'étendait cette sollicitude : quoi qu'il en soit, nous pensons qu'en répondant à cet appel, tout écrivain doit chercher à embrasser tous les intérêts, généraux et particuliers, sans oublier, par conséquent, la haute mission qui est réservée aux beaux-arts.

L'art est malade ! et pourtant il y a des guérisseurs qui ne se font point attendre : il y en a que l'on rencontre toujours sur la voie publique et qui s'en prennent à tous les passans. Ceux-là vous saisissent au hasard un sujet tout vivant, ils s'exercent sur lui à loisir avec le scalpel et le microscope, le tuent ou l'estropient, et trouvent le moyen de se bien faire payer pour leurs soins empressés. — Donnez, donnez, Messieurs et dames, c'est pour l'intérêt de l'art. Tel est leur refrain.

Suivons un instant ces *habiles* dans leurs travestissemens.

Quelquefois ils se posent majestueusement comme vérificateurs de comptoir, et, pleins de confiance à gouverner des balances, toujours dociles entre leurs mains, ils nous disent que leur ministère est d'une haute importance pour la chose publique. Ils invitent, il est vrai, les artistes à les initier à de plus heureuses élucidations, mais cette déférence n'est au fond qu'une courtoisie railleuse. Ils nous disent : « Les artistes se plaignent souvent de la critique ; ils font bien de se plaindre, mais tant qu'ils s'en tiendront aux plaintes, on fera bien de ne pas les écouter. Mettez vous-mêmes la main à l'œuvre, vous qui savez les secrets, divulguez-les, si vous croyez qu'il soit utile de les divulguer. » Et ensuite ils se dessinent complaisamment eux-mêmes sous les traits du parfait connaisseur.

Nous avons rencontré plusieurs de ces portraitures caressées et faites au miroir. Voici l'impression qui nous en est restée : (nous parlons à des peintres). La tête était un peu haute, un peu en arrière; les cheveux étaient habilement abandonnés, le front dégagé avec soin ; mais le regard était singulièrement embarrassé entre le profond, le fin, le réservé et l'insinuant; les commissures des lèvres semblaient se promener indécises du gracieux au sévère, et l'ensemble de la figure était douteusement présenté entre un trois quarts que l'on savait être *avantageux*, et une oreille *bien faite :* le personnage avait toujours fait une étude suivie de l'art, et n'oubliait pas de tenir à la main une foule de certificats en bonne forme.

Nous avons d'autres sortes de *vérificateurs indispensables :* nous en avons qui se heurtent à chaque pas contre des problêmes qu'ils ne savent même pas formuler, et qu'ils affectent alors de regarder comme insolubles. Il en est qui tombent dans des contradictions si manifestes qu'ils se trouvent réduits à *demander merci* pour avoir, disent-ils, entrepris *une tâche surhumaine.* Si de temps à autres on les voit reculer tout essouflés et se perdre dans l'insignifiance de leur parole, ils ne peuvent néanmoins se décider à quitter la partie; ils essaient alors de masquer leur confusion sous les dehors d'une témérité hautaine, mais leur persistance n'en est pas moins hasardée, et leurs trébuchemens continuels cadrent mal avec leur dignité : tantôt ils dénient hautement ce qu'ils ont tout à l'heure affirmé ; tantôt ils vouent à l'oubli ce qu'ils maintiennent ailleurs comme durable, éternel ; et après ces singulières évolutions, ils se reposent satisfaits, et laissent *généreusement* répandre dans le public, à un très-grand nombre d'exemplaires, le dernier mot de leur docte stratégie. Ce dernier mot, quel est-il ? le voici :

Ecoutez, écoutez : l'art est perdu si vous ne faites ce que je vous dis : cependant, — attendez, — je doute.

Les écrivains taciturnes, sententieux ou condescendans ne sont pas les seuls vérificateurs des dépenses journalières de l'imagination de chaque artiste ; il en est d'autres encore d'une humeur avenante, pleine de gentillesse, bouffonne au besoin, se mêlant de vos affaires sans qu'ils en aient été priés le moins du monde ; mais, en même temps, ne négligeant jamais l'occasion de faire les leurs, et sachant prendre les soins nécessaires pour ne jamais être déconcertés.

Pour ces conseillers officieux, l'art cor siste uniquement dans les procédés maté riels : ce n'est pour eux qu'une selle à tou chevaux, mais une selle dont la perfectioi et les merveilleux enjolivemens les jetten par fois dans un éblouissement magique C'est pour eux vraiment comme la flamme pour certains insectes. Quand il se présente devant eux un cavalier, voici comme les choses se passent : ces connaisseurs enthousiastes ne regardent jamais *l'homme*, ils perdraient un temps précieux ; ils regardent curieusement et avec une véritable dévotion — d'abord — la selle, et puis ensuite — ils regardent le cheval ; et il faut voir comme ils sont fiers quand ils n'ont pas pris le cheval pour la selle, ou la selle pour le cheval ! en vérité cela leur arrive assez fréquemment. Cependant, il faut en convenir, peut-être n'est-ce pas leur faute, tant le tout est quelquefois enharnaché, homme, selle et cheval.

Toutes ces méprises ne seraient que plaisantes, si elles n'exerçaient pas fort souvent une action fâcheuse sur les personnes sans expérience, ou sur celles qui aiment les opinions toutes faites, et qui se hâtent de les reproduire comme les leurs. On y sera d'autant plus disposé que ces opinions auront été présentées avec un certain ton d'autorité, avec une certaine facilité d'élocution qui sympathise promptement avec la vanité, et offre aussi à la paresse comme une sauve-garde suffisante.

Du reste, nous nous adressons surtout à ces jeunes imaginations qui s'essaient à prendre leur volée : nous voudrions leur signaler des piéges qui se présenteront souvent à elles, comme des points d'appui, pour reprendre haleine.

Il est vrai que l'on n'a pas toujours à se défendre de cette séduction, dont l'esprit sait quelquefois user, pour accréditer les absurdités les plus audacieuses. Il est de ces guet-à-pens qui n'ont pas d'autres inconvéniens que de provoquer force nausées, tel est celui-ci par exemple (1) :

---

(1) Les garanties les plus rassurantes se trouvaient en tête de l'ouvrage à consulter. *Guide de l'Amateur, par une société de gens de lettres et d'artistes.*

J'ouvre le livre, et je tombe à la page 94 (il s'agit d'un portrait, on reconnaît qu'i n'est pas dépourvu de mérite, et l'or ajoute) : « *Le costume seulement n'est pa. assez écarlate, le cordon bleu qui entoure l. cou devrait contraster plus fortement avec l. vêtement rouge; la transparence du rabat n'est pas non plus assez marquée* » Voilà une critique pleine de sentiment et de technique. Elle est de 1828.

Nous avouerons que l'officine de 1832 est beaucoup mieux pourvue. Cependant l'on aura bien fait de n'y recourir qu'avec la plus grande circonspection, puisque *les habiles* ont eu la naïveté de nous avouer, dans un moment d'effusion, qu'ils ont manipulé par une nuit bien sombre et sans chandelle; non qu'ils fussent guidés par une de ces hallucinations qui peut mettre quelquefois la médiocrité ou l'ignorance en bonne fortune; mais ils étaient, à ce qu'ils nous assurent, dans un de ces accès insolites que l'on appelle *vertige*. Tel est l'aveu singulier dont j'ai scrupuleusement conservé l'expresion. Cet aveu se trouve textuellement dans un premier essai d'empirisme fondé sur ce principe élastique : chacun a le droit d'exercer son jugement sur les arts en ne consultant que ses seules impressions.

Ce principe a été déjà repoussé par une saine logique ; et Diderot lui-même en s'abandonnant à l'exubérance d'une imagination impatiente de tout frein, et vivement excitée d'ailleurs par des connaissances variées, profondes, et par un sentiment réel des arts, sentait bien néanmoins la fausse position dans laquelle il se trouvait vis-à-vis des artistes. Voici comment il s'exprime à cet égard : « Autant d'hommes, autant de jugemens, nous sommes tous diversement organisés, nous n'avons aucuns la même dose de sensibilité, nous nous servons tous d'un instrument vicieux en lui-même, l'idiôme qui rend toujours trop ou trop peu, et nous adressons les sons de cet instrument à cent auditeurs qui écoutent, entendent, pensent et sentent diversement, c'est pourquoi voici mes critiques, mes éloges. Je loue, je blâme d'après ma sensation particulière qui ne fait pas loi. » Qui ne fait pas loi ! et pourtant il parle en maître, en maître qui veut que l'on profite de la leçon ; mais, se doutant bien apparemment qu'il aurait des remords, il tenait en réserve, pour l'acquis de sa conscience, un acte de contrition en bonne forme ; le voici dans les mêmes termes :

« Quand je pense que j'ai moins employé de temps à examiner deux cents morceaux qu'il n'en faudrait accorder à trois ou quatre pour en bien juger ; quand j'apprécie scrupuleusement la petite dose de mon expérience et de mes lumières, avec la témérité dont je prononce, et surtout lorsque je vois que moins ignorant d'un salon à un autre, je suis plus réservé, plus timide, et que je prévois avec raison qu'il ne me manque peut-être que d'avoir vu davantage pour être plus juste, je me frappe la poitrine, et je demande pardon à Dieu, aux hommes, et à vous mon père, et de mes critiques hasardées et de mes éloges inconsidérés. »

Ces pensées *chrétiennes* ont servi de règles à tous nos Diderot de nouvelle venue : reste à savoir si les titres de ces messieurs sont de nature à leur faire pardonner la même inconséquence. Ce qu'il y a de certain, c'est qu'ils n'oublient jamais rien du protocole. Ils sont jaloux d'imiter soigneusement un modèle de cette trempe ; et comme ils ont trouvé ce *mea culpa* de bonne façon, d'une invention heureuse, d'un usage commode, ils l'ont adopté à l'unanimité.

On sent tout ce que cette jonglerie cache d'égoïsme, quand on ne laisse pas de prononcer hardiment sur les intérêts d'autrui.

Que nous fassions cependant cette question à ces consciences scrupuleuses : — que doit être la critique dans les beaux-arts ? on nous répondra sans hésiter : ce doit être un examen savant et impartial, entrepris dans un but d'utilité générale.

Or voilà de sérieux engagemens à remplir. Comment, leur dirons-nous, ajouter foi d'abord à votre impartialité quand vous vous annoncez avec l'intention formelle de juger suivant votre goût? belle garantie! Cette proposition de votre part est déjà un défaut de jugement, car juger suivant son goût et être impartial sont deux termes contradictoires.

Vous voulez aussi que nous comptions

sur votre science ; — nous nous permettrons cependant de douter de son infaillibilité, puisque vous en doutez vous-même.

En définitive, chacun pourra donc vous dire : qui vous a donné l'autorité ? qui vous a donné la liberté de gêner la liberté des autres ? qui vous a investi du droit de contrarier mon goût en m'imposant le vôtre, ou en essayant de détourner celui des autres d'un entraînement dont ma sincérité naïve, mes efforts généreux, mon ambition louable, ont certainement besoin ? et, si je mets en ligne de compte d'autres intérêts que vous connaissez bien, car, à n'en point douter, il y a en eux quelques rapports qui nous sont communs, la dénégation de votre autorité trouvera un autre fondement non moins légitime.

Mais l'art !

La sollicitude de ces messieurs est vraiment singulière ! le peintre et le statuaire ne pourront jamais se déterminer à écrire sur les œuvres de leurs contemporains ; « donc, *soit vanité, soit faiblesse de notre part*, nous nous chargerons nous-mêmes, que bien que mal, de gouverner les choses.

L'art est malade (ce sont toujours ces messieurs qui parlent), et nous croyons qu'il est indispensable de mettre les artistes au régime. Mais, comme en général, les artistes sont fort peu traitables, nous nous servirons d'un expédient ingénieux, et, sans nul doute, efficace; nous répandrons par les chemins ce que nous appellerons des CONSULTATIONS OU CONVERSATIONS LIBRES ET FAMILIÈRES. Néanmoins, personne autre que nous autres médecins n'y prendra la parole, afin d'éviter le conflit, toutes contestations et pertes de temps; mais il y sera donné des instructions positives et de facile compréhension; c'est-à-dire qu'il y sera indiqué avec précision l'atelier où seront les ouvrages les mieux confectionnés. Et, si le public parvient à nous comprendre, l'art est sauvé. Cependant (notons ceci) « comme notre raison est faillible, comme notre vue est incertaine et notre entendement sujet à l'erreur, nous ne répondrons de rien, si ce n'est de notre *conscience.* »

Telle est pourtant, ainsi que l'on aura pu s'en convaincre, l'allure cauteleuse et la minauderie de la critique *du jour!*

Cette critique, qui se prétend consciencieuse et qui, pleine de son AUTORITÉ, s'annonce comme *impassible et sévère*, regarde sans doute comme une haute puissance de persuasion et comme un enseignement précieux, l'art d'injurier à bout portant; l'art de descendre à des personnalités, en se tenant toutefois à l'écart, et en prenant son temps. Soit : mais alors il sera difficile d'admettre que ce soit aux risques et périls de ceux qui manœuvrent de la sorte; c'est pourtant ce qu'elle a voulu nous persuader en termes choisis et en tours heureux (1).

---

(1) Un journal, dans un court énoncé de l'ouvrage cité, blâme la forme *incisive et sans tempérament de cette conversation animée*, mais en définitive, les reproches tournent fort ingénieusement à l'avantage du *causeur. Il froisse, il blesse, il fait scandale*, dit-on, *mais il a un grand mérite, celui de ne jamais ennuyer!* bien : que l'on essaie pourtant de retrancher de cet écrit les erreurs, l'intempérance d'expression et le scandale; si le reste vaut une médaille d'encouragement, les gens de lettres auront, je n'en doute point, quelque bonne raison de l'accorder; mais plus il y a de talent dans un écrivain, plus l'application en est dangereuse quand elle est viciée par l'erreur, et dans

Quelles sont donc ces blessures que viennent risquer ces prétendus hommes de guerre qui se jettent, disent-ils, hardiment dans la mêlée, lorsqu'il s'agit pour eux de lacérer à grand coup d'estramaçon une toile tendue sur un châssis, ou d'insulter à quelques statues et à quelques figures peintes? brâveraient-ils la risée publique pour n'avoir pas défait toutes ces choses avec assez de grâce, de force ou de souplesse? Veulent-ils parler de quelqu'autre chances malencontreuses? mais sommes-nous donc encore à une époque où toute proposition sera maintenue en champ clos? Le vrai, le juste, seront-ils résolus, comme par le passé, dans un combat où mort s'en-

---

cet écrit, les jugemens sont presque toujours des tissus inextricables de vrai et de faux; ce qui du reste est une conséquence fatale de l'incertitude habituelle qui pèse sur la conscience de l'auteur ou du moins qui trouble son intelligence, si nous en croyons son propre aveu. Je donne ici mon opinion avec d'autant plus de liberté, que je n'ai point à défendre mes intérêts personnels, et que je ne suis guidé par aucune préférence en dehors de l'intérêt de l'art.

suit? Et, si celui qui présente son œuvre veut effectivement la tenir pour belle et honorée, la protéger de son épée, ne dira-t-on pas, quoiqu'il arrive, qu'est-ce que cela prouve? A vrai dire, le peintre et le statuaire se livrent généreusement; et le critique déloyal, placé avec tout son arsenal sur un terrein inaccessible, exerce aujourd'hui toutes ses manœuvres, *savantes ou inhabiles*, sans courir plus de danger que s'il tirait à la cible.

Que ceux qui sont attaqués de cette sorte puissent riposter par des moyens égaux, évidemment non.

Que faire pourtant? Un ouvrage est exposé devant le public, le public doit être libre de le juger.

Donc, chacun doit être libre de l'accueillir comme bon lui semble, de faire valoir son opinion à sa guise, de l'appuyer, si tel est son bon plaisir, sous forme de *lamentations*, de *de profundis*, de *facéties*, de *pamphlets*, d'*interdits*.... de l'afficher sur les places publiques, de la répandre dans les salons, dans les cafés, ou de lancer ses anathèmes, ses quolibets, du haut d'une tribune banale et pourtant inaccessible presque toujours à quiconque serait en droit de repousser l'attaque — Erreur ou mensonge.

Cette lutte inégale ne ressort nullement d'une législation forte de la connaissance des droits et des devoirs de chacun.

Sans doute, chacun a le droit d'avoir une opinion sur les productions des arts comme sur tout autre sujet; mais en se plaçant sur le terrein de la discussion, et non en imposant son opinion comme un enseignement direct et sans réplique, ou comme une admonition hautaine. Avant de donner son avis comme une œuvre de salut, il faudrait développer son système, prouver sa science, se placer sur un terrein abordable, *conférer* réellement avec les parties intéressées et se trouver *face à face* avec ses adversaires. Et, si l'on est de bonne foi, on conviendra que pour la peinture et la statuaire les choses n'étant point arrangées de manière à ce que la réplique soit aussi prompte que l'attaque, certains critiques oublient constamment que les armes ne sont point égales.

Du reste, lorsque nous démontrons d'une manière évidente l'inconséquence et la faiblesse des argumens qui donnent à tout venant le droit de juger suivant son goût et d'après ses propres impressions, nous n'avons point la pensée de détruire tout-à-coup un tel privilége, une telle présomption ; mais nous voulons contribuer de tout notre pouvoir à décréditer cette prétendue AUTORITÉ, nous voulons lutter au moins contre un droit despotique, consenti par des préjugés, caressé par le *savoir-faire*, et maintenu pour le passe-temps de la malignité.

Nous savons bien que le moraliste contraint souvent l'homme le plus vicieux à convenir de l'excellence de ses enseignemens, lorsque l'insouciance de celui-ci, encore plus que l'empire de ses habitudes, l'empêche de les mettre en pratique ; mais nous n'en regardons pas moins, comme de plus en plus pratiquable, ce qui est certainement impliqué dans la marche ascendante de l'esprit humain, la concordance de tous les efforts, lorsqu'il sera question d'atteindre un but commun.

Vienne donc le temps où tous les efforts seront protégés dans l'ordre vers lequel nous gravitons encore si laborieusement, et que nous aurons acceptés avec joie.

Vienne donc le temps où tant de volontés intelligentes, se concevant elles-mêmes dans la partie et dans le tout, formeront une puissante harmonie sous la triple influence des beaux-arts, de la science et de l'industrie : heureuse dépendance, accords mutuels! sous lesquels on verra s'accomplir de mutuelles destinées par une action plus grande, plus libre, et pourtant mesurée.

La liberté alors sera mieux comprise et mieux pratiquée. Aujourd'hui elle est encore capricieuse, inquiétante, souvent redoutable comme la démence, oppressive comme le despotisme qu'elle abhorre. Elle s'épurera, n'en doutons point, par la multiplicité des contacts, elle cessera de se blottir dans des individualités ; le foyer domestique ne sera pas non plus son dernier asile, du moins elle ne s'y trouvera plus retranchée comme en une forteresse menaçante et menacée ; elle se lassera d'un éternel *qui-vive*, et accueillie enfin par tous les cœurs généreux, elle y transformera en une force durable et pacifique ce qui n'est encore qu'une ardeur chevaleresque, sans cesse déconcertée par un *sauve qui peut*.

Alors seulement l'organisation sociale portera tous ses fruits, ses fruits prédestinés. Alors seulement la pensée humaine ne s'arrêtera plus que devant ses limites naturelles : elle accomplira des promesses souvent suspendues, mais infaillibles. Une prévoyance inhabile, une sollicitude sans mission ne pourra plus être un obstacle à son invincible et généreux emportement. Elle ne pourra plus être condamnée à réprimer, dans des routes tortueuses, et à retenir dans ses racines innombrables une sève impatiente et destinée à vivifier d'innombrables rameaux.

Nous touchons à cet élargissement de la pensée. Un déploiement de forces nouvelles va répondre à des besoins nouveaux. Mais, nous dira-t-on, cet heureux événement doit-il préparer pour les beaux-arts une de ces éruptions brillantes qui font époque? ou bien, verrons-nous se dépenser sans chaleur et sans éclat, une flamme toujours vivante néanmoins, mais quelquefois incertaine, égarée, jusqu'à ce qu'un génie puissant la maîtrise, la condense, l'élève de toute sa hauteur?

La décadence des arts est évidente, se sont écriées plusieurs voix.... la décadence des arts est évidente; l'indifférence du public pour leur production dépose de cette triste vérité, et les efforts des artistes pour la ranimer l'attestent encore mieux. Tous, aujourd'hui, à l'envi l'un de l'autre, font une poétique; tant de remèdes offerts prouvent la maladie (1).

Lorsqu'un sujet est menacé de dépérissement, lorsqu'il est en souffrance, l'œil inquiet ne doit pas seulement se borner à quelques branches isolées, il doit embrasser le sujet tout entier afin de mieux s'assurer de la gravité du mal. Si nous ne pouvons entrer dans tous les développemens que

(1) Du passé et de l'avenir des beaux-arts. (*Doctrine de Saint-Simon*).

comporterait un pareil examen; ce que nous chercherons à faire comprendre du moins, c'est que s'il y a mal-aise, la cause n'est point tant dans le défaut d'inspirations sociales, ou dans ce triste éloignement des voix qui remplissaient le cœur de l'artiste, et suffisaient à tous les besoins de sa pensée, que dans le retardement que les débris de vieilles institutions apportent encore partout à une évolution complète.

Nous n'ignorons point les sombres inductions que l'on a pu tirer des différentes phases que le génie de certains peuples a parcourues dans le passé; nous ne les admettrons pas, elles nous déposséderaient de toutes nos conquêtes. Et qui donc voudrait nous les enlever pour continuer cette marche toujours triomphante du génie de l'homme, dans des solennités auxquelles nous ne pourrions assister que pour abandonner nos moissons aux vainqueurs?

L'avenir ne nous sera point refusé.

La succession des temps a déroulé jusqu'à nous, comme procédant par analyse, tous les modes d'expressions que la poésie de l'esprit humain devait adopter. La science et l'industrie, en recevant de la poésie même des commotions fécondantes, lui ont renvoyé à leur tour la part des fruits qu'elle avait fait éclore dans leurs seins, et c'est maintenant à nous, en face de tous ces développemens successifs de réaliser une vaste synthèse.

Déjà les beaux-arts ont été resplendissans d'un passé fameux, et si cet éclat semble s'affaiblir aujourd'hui, ce n'est point un symptôme de décadence, car les véritables artistes sont toujours à l'œuvre; ils travaillent instinctivement à cette transformation prophétisée par les penseurs; déjà même ce n'est plus une prophétie. Des sentimens passionnés se sont violemment dépouillés de tous ces vêtemens empruntés qui ensevelissaient leur jeunesse et gênaient leur allure. Ils vont grandir maintenant sous une forme vivante pleine de jeunesse, d'espérance et de vérité.

Non, les arts ne sont point dans le dépérissement, ils sont en travail; et le public, hâtant lui-même le mouvement palingénésique d'une vie nouvelle, ne témoigne, si l'on y prend garde, cette indifférence que l'on croit pouvoir constater, que pour les productions tout-à-fait étrangères à un entraînement impérieux vers de nouvelles destinées.

De hautes vues sociales ne manqueront jamais d'avoir une influence prodigieuse sur le développement des beaux-arts ; mais constatons ce fait, que l'artiste, dès à présent, dans des conceptions moins larges, moins directes et moins puissantes sur la société, *et sans se traîner à sa suite*, manifeste aujourd'hui même et sous l'influence de la loi du progrès, des pensées qui sont loin d'être étrangères aux besoins du siècle.

Nous comprenons la haute acception de ce mot ARTISTE : ce titre est souvent usurpé, mais nous pensons qu'il peut être toujours accordé à celui qui a puissance de réunir toutes les conditions nécessaires à la manifestation d'une pensée qui réclame l'intervention des facultés les plus chaleureuses et les plus intimes, alors même qu'elle n'a pas pour but les plus grands intérêts généraux.

L'importance de l'application des facultés créatrices est une question à part.

Dans une juste appréciation, les inspirations excitées par tout ce qu'il y a de plus vaste et de plus élevé dans les relations avec le monde extérieur, doivent certainement avoir le premier rang, et il y a pourtant là des difficultés qui ne peuvent être comprises et surmontées que par les artistes eux-mêmes; il y a à séparer l'idée pure et simple de la faculté de la manifester, de la manière dont cette idée est manifestée; et, dans l'intérêt de l'art, proprement dit, il y a à se défier de certaines fascinations qui saisissent ordinairement la multitude, et que la ruse sait mettre à profit. Nous savons que le succès d'une entreprise est d'autant plus assuré que l'on caresse des idées en circulation, ou que l'on s'adresse à des croyances en vigueur.

En nous reportant à une époque reculée, lorsque les arts se lient à un culte religieux, nous voyons que les premières productions qui s'offrent aux regards des fidèles ne sont souvent que des ouvrages de métier; ou bien, si les artistes d'alors travaillent comme ils prononceraient une prière fervente, leurs ouvrages ne sont encore, pour ainsi dire, que des *ex voto*; et chacun les expose naïvement, même en dehors du temple, sans craindre que ce qu'il y a d'incomplet dans l'art soit un motif de remontrance ou de dédain. La critique n'est pas, elle est interdite, ou plutôt elle n'ose pas encore traverser une enveloppe sacrée.

Ce prestige a encore aujourd'hui une influence beaucoup plus grande qu'on ne le pense sur nos jugemens habituels.

Sans doute, le grand artiste sait plonger le regard dans les temps futurs, alors même qu'il donne, pour la vie actuelle, les enseignemens du passé, mais ce n'est pas à une intelligence industrieuse à s'emparer d'une conception d'avenir, son œuvre, au lieu d'être une excitation généreuse, ne sera peut-être qu'une honteuse exploitation, il y manquera cette SPLENDEUR qui fait tressaillir l'incrédulité; cette œuvre la fera sourire au contraire, et ce sourire remplira les ames ardentes de désespoir et d'amertume.

L'humanité marche pourtant!.... mais, à une époque de transition, les signes non équivoques de ce mouvement progressif sont dans une transformation encore mystérieuse comme celle de la chrysalide; transformation en acte même avant la rupture de l'enveloppe qui doit être rejetée, et c'est en se rapprochant du cœur de l'artiste que l'on pressentira tout ce que ses battemens promettent déjà de grand, de généreux, d'imprévu.

L'on demande cependant où est l'art maintenant, ce qu'il deviendra, quels seront les signes ineffaçables qui marqueront l'heure nouvelle sur la grande horloge des siècles: — ne désespérons point de la pensée humaine, alors même qu'elle entre dans une nouvelle vie, et qu'elle prétend à un nouveau mode d'activité.

Sans doute c'est une grande cause de réalisation que l'enrôlement volontaire de toutes les individualités et l'espèce d'abnégation d'elles-mêmes pour l'accomplissement d'un *grand fait*. Mais, le fait accompli, l'édifice achevé, chacune des forces revenant sur elle-même, n'a-t-elle pas acquis une conscience plus intime de sa virtualité? — que l'on protége cette ardeur de vie, elles ne travailleront plus obscurément à la construction d'une pyramide; l'édifice ne sera plus un tombeau ; ce sera un édifice vivant que l'on verra surgir, et chaque pierre sera vraiment un écho de la grande voix de l'humanité.

Dans cette croyance, et regardant la liberté individuelle comme une source inépuisable de toutes les gloires qui attendent l'esprit humain, nous nous sommes principalement donné pour but dans cet ouvrage de signaler tous les empêchemens qui en retardent les heureuses conséquences.

A une époque où un si grand nombre d'intelligences interviennent dans toutes les hautes questions qui intéressent la société, et où les opinions les plus diverses ont le droit d'être mises au grand jour, il y a en même temps une chose qui tend à les rapprocher; c'est que toute intelligence qui prétend exercer une autorité, sent de plus en plus qu'elle s'impose le devoir de la légitimer; et, aujourd'hui la seule domination légitime est celle qui se fonde sur la science et la morale.

Aussi l'autorité arbitraire est-elle attaquée

dans tous les postes où elle voudrait se retrancher. Quant à nous, nous avons cru devoir la poursuivre, sous le rapport de l'art, et dans la persistance des institutions caduques, et dans les erreurs accréditées, et dans les priviléges.

Notre ouvrage n'est donc pas un simple recueil de formules, vieilles ou rajeunies, qui tendrait uniquement à faciliter un mécanisme vulgaire; nous avons essayé de traiter des hauts intérês de l'art, et plaçant toutes nos garanties d'avenir dans la protection la plus favorable au libre développement de toutes les facultés de l'intelligence et de l'ame, nous sommes entrés de prime-abord dans les considérations qui découlent de cette pensée, et ensuite nous avons offert à l'industrie toutes les formules qui se rattachaient naturellement à notre travail, persuadés que les procédés d'un langage, pour être abandonnés à la multitude, n'en peuvent pas moins servir à l'expression et à la manifestation des idées les plus élevées.

En plaidant pour la liberté de l'artiste, nous n'avons pas prétendu placer toutes ses chances de succès au dehors de lui, nous les avons placées aussi en lui-même; ainsi nous avons appelé toute son attention sur trois conditions également dépendantes l'une de l'autre : connaître sa force, les instrumens qui peuvent la multiplier, et ensuite en faire le meilleur emploi possible. Ce n'est point là une proposition neuve, assurément, mais pour la réussite d'une entreprise, les nécessités les plus triviales échappent souvent: il est bon de revenir de tems à autres aux déterminations naïves du *sens commun*.

Du reste, nous nous sommes fort peu inquiété de savoir ce qui nous appartient dans la manière de présenter des vérités déjà connues, il nous importe surtout d'avoir fait mieux comprendre certaines idées que des hommes puissans ont déjà développées, laissant à chaque spécialité le soin de faire, pour elle-même, une application convenable de leurs travaux.

Nous n'avons pas cru devoir établir dans nos considérations sur la peinture et sur la statuaire une division méthodique, ces deux arts ont trop de rapports pour qu'il soit possible de les séparer sans se répéter. Ce n'est pas que nous ayons négligé les distinctions toutes les fois qu'elles nous ont paru nécessaires ; et nous espérons que les personnes auxquelles nous nous adressons, connaissant la différence de moyens dans ces deux arts, se placeront facilement à notre point de vue général ; mais, relativement à cette connexion particulière entre la peinture et la sculpture, nous devons déjà faire connaître ici notre propre conviction : — de même que la peinture antique, essentiellement vouée à la forme, était alors maintenue dans cette direction par la sculpture elle-même, qui était la plus haute expression de l'art et du goût dominant, de même la peinture moderne, devenue à son tour la plus haute expression de l'art, doit entraîner la sculpture dans la voie nouvelle que l'extension de notre intelligence et de nos sentimens, que nos besoins et nos goûts lui ont tracée. La peinture ne sera point pour cela sa dominatrice ; mais la sculpture moderne, en comprenant ce rapprochement et en se donnant à elle-même des limites convenables, pourra parcourir une carrière immense. Et, déjà l'heure de la liberté a sonné pour elle; elle n'en jouira plus à la dérobée, comme honteuse de se mêler à la vie. Elle sera tour à tour sérieuse et enjouée, savante de la science des choses, des lieux et des temps, naïve comme un enfant qui se délasse des méditations qui lui sont imposées, par des fantaisies pleines de charmes et qui ramènent si bien l'homme grave à des jours qui ne lui appartiennent plus. Si, rentrant dans une marche sévère, elle ne retrouve plus parmi nous ces symboles et ces mythes fameux qui l'ont jadis élevée si haut, elle trouvera toujours, n'en doutons point, dans la nature de l'homme, et dans un noble et religieux sentiment de tout ce qui tient à ses destinées, des inspirations puissantes et sublimes.

MANUEL
DU PEINTRE
ET
DU SCULPTEUR.

CHAPITRE PREMIER.

DE L'EMPIRE DU VRAI, MALGRÉ LES CAUSES DE DIVERSITÉS DANS NOS JUGEMENS.

Si, dès les premiers pas que l'on fait dans la carrière des arts, on est impatient de se distinguer, d'attirer l'attention, d'inspirer de l'intérêt, il est présumable que l'on recherche encore avec empressement et la franchise et la rectitude de jugement dans les opinions des personnes dont on voudrait se faire un appui. En effet, la possibilité de s'entretenir avec confiance de l'objet de ses études ne doit-elle pas contribuer à notre avancement et entrer pour quelque chose dans le plaisir que cet avancement nous procure? En outre, la communication de ses découvertes, de ses jugemens, n'est-elle pas toujours une contre-épreuve que sollicite la certitude même que l'on croit avoir acquise, ou bien n'est-elle pas un moyen ajouté aux siens propres, lorsqu'il est question d'éclaircir un doute?

Certes, nous avons fait d'immenses progrès dans l'exercice de nos facultés; et néanmoins, lorsque nous voulons porter un jugement relatif à l'emploi de ces mêmes facultés, lorsque nous voulons nous expliquer sur la valeur d'une œuvre d'art, nous ne savons nous accorder.

Parmi toutes les causes qui font naître nos dissidences, il ne faut pas croire que l'inégalité dans le développement intellectuel, dans les ressources de l'entendement, soit ce qu'il y a de plus difficile à vaincre. Le pur enthousiasme et le besoin de vérité ont à lutter sans cesse contre des résistances bien plus opiniâtres et bien plus hostiles : le fanatisme, l'imposture, la présomption, la légèreté et l'insouciance.

Le fanatique n'admet point la discussion. Le sophiste refuse de remonter aux principes. Le présomptueux et l'important sont trop sûrs d'eux-mêmes pour sentir le besoin de sonder leur certitude. La légèreté et l'insouciance déconcertent l'homme passionné pour le vrai, et le font douter quelquefois si ses désirs ne poursuivent point une chimère, si ses efforts ne sont point excités par une prétention oiseuse. Mais rentrant incessamment par ses habitudes morales dans des actes qui réveillent les besoins de son ame et de sa raison, il marche enfin avec d'autant plus d'assurance qu'il ne tarde pas à reconnaître que sur cette route si souvent dédaignée, les plus grands hommes ont marqué leur passage par des empreintes que les siècles n'ont point effacées.

Il est constant que toutes les fois que nous voulons franchir la loi de notre être, notre vue se trouble, nos forces deviennent défaillantes; mais quel que soit notre désapointement lorsque nous nous trouvons forcés de reconnaître des limites infranchissables, nous n'en avons pas moins, chemin faisant, planté les signes de la conquête : les bornes de la science et de la pensée ont été reculées, le champ de nos connaissances s'est agrandi : cet envahissement de l'esprit humain ne s'opère plus à notre insçu, et la conscience qui l'accompagnera sans cesse, révèlera sans cesse à l'individu et de véritables possessions et de nouvelles espérances.

En examinant attentivement les rapports qui existent entre les qualités qui distinguent une œuvre d'art et les facultés qui ont été mises en jeu pour la produire, nous voyons que nous avons tous à notre disposition des instrumens de même nature. Chacun de nous est un même système d'organes plus ou moins susceptible d'être impressionné, et chacun de nous témoigne de ces excitations par l'action d'une force intérieure qui a conscience d'elle-même, et qui ne diffère que par la modification et le degré.

La modification et le degré établissent entre les individus les différences les plus variées, néanmoins le principe est un, et cette identité est gouvernée par des lois qui se reproduisent dans tous les actes individuels avec des caractères constans.

De cette similitude dans l'organisation et dans le principe d'action, découle une évidence de premier abord et de première nécessité. Aussi chacun de nous, en présence d'une œuvre d'art, entraîné spontanément dans l'ordre des affections que l'artiste a choisi lui-même, ne tarde-t-il pas à entrer en relation complète avec tous les actes de la volonté qui s'est manifestée dans cette œuvre, et à se poser comme juge souverain.

Ce premier jugement si vif, si rapide, a une grande force de raison, car il a surpris tout-à-coup dans les choses ce qu'il y a de plus évident, de plus clair et de plus intelligible.

Quoique cet acte primitif soit, pour le plus grand nombre, un effet de l'exercice spontané de la raison sur ce qu'il y a de plus évident et de plus simple dans l'objet, on conçoit cependant que, chez les personnes dont la sensibilité et l'intelligence sont très-développées par des contacts fréquens avec le monde extérieur, un premier coup-d'œil scrutateur doit comprendre et exiger le vrai, non-seulement dans les aspects les plus nécessaires, mais dans les fondemens mêmes qui soutiennent tout l'appareil, et cela, sans perdre de cette naïveté qui donne au jugement une grande force et une grande autorité.

La nécessité de convenance entre l'acte qui doit être produit et le choix de la puissance qui doit agir est une vue nécessaire de notre esprit, dont la promptitude est en raison de la complication des rapports et de la nature de leur évidence: nous rions de la prétention ridicule d'un individu qui veut nous persuader qu'il a soulevé un poids qui dépasse évidemment la mesure de sa force musculaire, nous ne voulons pas être pris pour dupes; mais lorsque celui qui a reconnu sa faiblesse physique, emploie sans aucun détour les ressources de son intelligence pour ajouter à sa force, pour y suppléer, ou même la dépasser, nous convenons alors de la légitimité de ses moyens, et nous applaudissons à son industrie, parce que nous ne sommes point abusés sur la nature de l'acte qu'il a produit.

Nous aimons de même à nous rendre compte de la valeur des actes qui se produisent dans les sciences : ainsi nous ferons une très-grande distinction entre acquérir une science, l'inventer ou la perfectionner; nous aimons à conserver à chacun ce qui lui appartient; nous repoussons toute prétention illicite. Quand nous avons la certitude que tel homme n'est doué que de la faculté de retenir des mots, nous n'attendons guère de lui aucun des fruits de la méditation et de la réflexion, et nous sommes en défiance si il s'attribue un travail qui comporte l'intervention de ces facultés. Il en est de même pour les beaux-arts : celui qui se présente dans cette carrière et qui ne veut pas compromettre son individualité, doit savoir si elle est en mesure de s'y développer librement (1), ou si elle ne s'y trouvera pas continuellement en contradiction avec elle-même, par la détermination d'une volonté inconsidérée ou prétentieuse. Ses actes lui donnéront nécessairement un démenti formel; car il n'y aura point harmonie entre eux et le principe générateur essentiel, le principe qui devrait les commander. Si nous nous plaçons sur le terrain de la critique, nous reconnaissons que les attaques y sont plus difficiles, puisque les moyens de démonstration ne répondent pas toujours à la force de notre conviction; nous n'en

(1) Il n'est pas ici question des empêchemens extérieurs.

brusquons pas moins la tentative, tant nous avons besoin de vérité, tant il est de notre nature d'exiger dans les choses un enchaînement logique, tant nous voulons retrouver dans l'effet la conséquence rigourense de la cause; et, que ce soit de sentiment ou rationellement, telle est toujours notre tendance, tel est le but où nous voulons toujours arriver. Le besoin de vérité est donc une tendance inhérente à l'humanité, aussi cette réflexion de Mme de Staël (je me plais à la reproduire ici) est elle non-seulement d'une belle ame, mais encore d'un sens profond; elle affirme la prédominance de la raison humaine jusque dans le for intérieur de chaque individu, et rend chaque individu responsable de tous les retards qu'il apporte lui-même à son triomphe définitif : « Si dans les rapports avec les hommes on n'avait « affaire qu'avec ce qu'ils pensent réellement, on pour» rait facilement s'entendre, c'est ce qu'ils font sem« blant de penser qui amène la discorde. »

Dans les beaux-arts, comme ailleurs, on peut mentir à sa conscience et à sa raison, et l'on obtient difficilement quelques concessions de gens qui ont pris la ferme résolution de se refuser à toute évidence. Mais dans les beaux-arts, comme ailleurs, il y a souvent une cause atténuante qu'il est important de signaler : c'est la fausse position que des institutions imprévoyantes imposent à la plupart des individus, par l'influence d'une éducation mensongère, par l'influence d'une éducation qui leur apprend laborieusement à se nier, à s'ignorer eux-mêmes, et à jouer toute leur vie, peut-être, un rôle auquel ils n'étaient pas destinés; au milieu d'autres comédiens (devenus tels malgré eux) qui flétrissent pourtant sans pitié le menteur emprunté et pauvreteux, et s'ébahissent volontiers, mais sans être dupes, devant un bateleur de profession.

Pratiquer les arts, porter le nom d'artiste, de savant, de poète, tout cela ne tire pas plus à conséquence que de porter un titre de noblesse, une décoration; et cependant, à travers ce pêle-mêle où chacun est libre d'user et d'abuser à son profit, où la mistification est une monnaie courante, où la franchise de bon aloi et la crédulité naïve sont pour ainsi dire des singularités, le vrai, comme je l'ai dit tout-à-l'heure, est sans cesse invoqué, on aime à s'en rapprocher, à s'identifier avec lui, comme on aimerait à s'associer à la prévoyance d'un pilote infaillible qui saurait conduire à travers mille écueils un équipage en détresse.

CHAPITRE II.

PRÉOCCUPATION DES GENS DE LETTRES, DES SAVANS ET DES POÈTES.

Le désordre est flagrant, on le sait; mais, dans les arts, il ne date pas de l'époque où la foule, en pénétrant dans l'arène, salua d'un sourire ironique les juges du camp. Avant que les barrières fussent renversées, la révolte était au cœur de tous les champions qui obtenaient le droit de se mesurer entre eux. On se soumettait bien à de certains exercices réguliers et uniformes, à de certaines règles pour le combat, mais lorsqu'on arrivait à proclamer des vainqueurs, il n'y avait pas de palmes pour tous, et tous prétendaient déjà y avoir droit : la compétence des juges était alors contestée, et déjà elle était contestable. On en appelait à l'opinion publique, mais les prétendus interprètes de l'opinion publique censuraient alors comme aujourd'hui ses jugemens naïfs et vrais, et l'on sait que dans leur porte-voix discordans, plus ils soufflent avec véhémence, plus ils cachent souvent de trouble, d'incertitude et de perfidie.

Si l'opinion publique n'est pas facile à consulter, le peintre, le sculpteur, ne sont guère moins embarrassés auprès des gens de lettres, des savans, des poètes proprement dit. Pour nous autres, la rencontre de ces derniers surtout semblerait devoir être salutaire comme celles de voyageurs qui, après s'être raconté à plaisir leurs courses hardies, aventureuses, viennent à se consulter sur de nouvelles entreprises, délibèrent entre eux sur les moyens d'étendre leurs excursions, et d'arriver enfin au même but par des chemins divers : il en est tout autrement.

Le peintre et le poète, soit qu'ils pénètrent dans l'intimité des choses, soit qu'ils s'arrêtent à leurs formes extérieures, reçoivent bien, l'un et l'autre, des impressions fécondes, mais elles doivent être exprimées par des procédés différens : le poète les transmet par la parole ou par des signes conventionnels, et par l'entremise du sens de l'ouïe; c'est ainsi qu'il soumet tous les concepts de son imagination. Mais, façonné et dompté même par des habitudes si étrangères à l'art du peintre, lorsqu'il se trouve devant une composition pittoresque, il en réduit toutes les conditionnalités à ce qui peut arriver à son esprit par les oreilles.

De là, les jugemens les plus erronés, les plus contradictoires; des éloges dangereux, des critiques désespérantes. Des hommes du plus grand mérite d'ailleurs s'engouent d'une peinture médiocre, parce qu'elle renferme une pensée qui est de leur domaine; et souvent, par cette raison même, cette pensée n'est point du ressort de la peinture, et ne saurait être le motif d'un tableau, quand bien même l'exécution en serait confiée au peintre le plus habile. D'autres fois, ils passeront avec indifférence devant un essai qui renferme le germe des plus hautes qualités, et si leur admiration se porte par hasard sur une belle chose, elle s'arrêtera presqu'en même temps sur une mauvaise; et cela, avec autant de complaisance.

Il n'en est pas de même dans les rapports du poète, du savant, avec l'artiste qui pense sur la toile et sur le marbre, car le peintre surtout recherche les contacts les plus variés, il doit vivre de la vie de tous, puiser à toutes les sources, partager toutes les émotions, et il y est conduit d'autant plus naturellement que tous les idiomes de l'ame et de l'intelligence lui sont nécessaires ou familiers en quelques points, puisqu'ils entrent tous par leurs élémens dans la formation de son expression propre, tandis que le poète et le savant n'ont nullement besoin de la peinture. L'un aime mieux se placer devant la nature, et il a fortement raison, que de se placer devant une interprétation restreinte; l'autre ne trouve pas à coup-sûr devant le plus beau tableau du monde beaucoup d'occasions de poursuivre les investigations qui l'absorbent ordinairement tout entier. Cependant les beaux-arts s'étendant de plus en plus dans toutes les classes de la société, et entrant généralement pour quelque chose dans l'éducation actuelle, il est certain que le besoin de jouir des merveilles qui leur sont inhérentes, augmentera de plus en plus le nombre des initiés, dans une classe d'hommes faits pour les sentir et les apprécier. C'est ce qu'il est impossible de nier, mais nous signalons ici les erreurs dans lesquelles on ne tombe encore que trop souvent; nous en indiquons la source, et nous ne saurions trop répéter que dans la peinture la signification ne se fait point par des signes conventionnels, mutuellement consentis et hyéroglifiques; ce sont les objets eux-mêmes qui sont reproduits, par une imitation artificielle à la vérité, mais en conservant leur apparence naturelle dans de certaines conditions créées par l'art. Ces objets doivent rappeler par les aspects qui leur sont propres, la vie ou l'expression que nous leur connaissons dans la nature même : de sorte que chacune de ces représentations doit conserver en soi, comme apparence et comme forme essentielle, une valeur absolue, indépendante de l'élévation où elle peut être appelée par le génie, par la pensée poétique.

Cette valeur est si importante, que sans elle les émotions les plus mystérieuses et les plus belles qualités de l'ame ne peuvent passer à un état satisfaisant de réalisation.

L'art ainsi conçu, poussé à son plus haut degré de

perfection, est comme une seconde création : c'est une union merveilleuse de l'ame et du corps, manifestée par le corps lui-même : ce qui fait que la peinture est une langue à part, ce qui fait que la peinture est de la peinture enfin, et que, dans ses moyens et dans son but, elle présente des ordres de faits que les artistes seuls peuvent apprécier et qu'ils doivent seuls être appelés à juger, à moins qu'une étude profonde et d'heureuses qualités ne placent le critique sur les mêmes rangs que les juges naturels.

Mais nous avons dit tout-à-l'heure que la compétence des juges naturels était aujourd'hui contestable, et que le titre d'artiste ne tirait pas plus à conséquence que toute autre qualification. La vérité de cette assertion sera démontrée.

Quelle que soit l'acception rigoureuse du mot artiste, aujourd'hui on appelle vulgairement ainsi tout praticien, sans considération de genre ni de talens.

Il sera donc nécessaire de nous expliquer sur les qualités que comporte réellement le titre d'artiste, et, en même temps, nous entrerons dans quelques considérations sur une tendance inhérente à l'esprit humain, que la nature sait fort bien faire servir à ses fins comme impulsion secrète, et qui pourtant, soumise aussi à la direction de la volonté humaine, devient, dans les beaux-arts, un acte réfléchi dont les résultats amènent une foule d'équivoques : nous voulons parler de *l'imitation*

CHAPITRE III.

IMITATION. — LOI DE LA NATURE ET MOYEN DE L'ART.

Un véritable artiste est créateur : imiter n'est pas créer. Mais l'imitation étant une loi de la nature et un moyen livré à toutes les volontés, si nous parvenons à distinguer ce qui est le fait d'une imitation *nécessaire*, ce qui est le fait d'une puissance qui sait combiner, assembler, d'une manière imprévue, des élémens qu'elle cimente de sa propre vie, nous aurons diminué de beaucoup la difficulté de nous entendre.

Considérons d'abord le mot imitation comme signification d'un mouvement sympathique : nous savons tous que cette disposition qui nous porte à nous répéter les uns les autres, ou à répéter machinalement tous les actes dont nous sommes témoins, non seulement lorsque nous en sommes frappés immédiatement, mais lorsque notre mémoire nous les rappelle, nous savons, disons-nous, que cette disposition modifie la propre manière d'être de chacun de nous. Nous sommes donc continuellement sous l'influence les uns des autres, et quoique chaque individu, en vertu de sa propre liberté, puisse refuser des influences que sa raison n'approuve point, ou soumettre, comme nous le verrons tout-à-l'heure, cet instinct d'imitation à la direction de sa volonté, il n'en est pas moins vrai qu'il est un grand nombre d'influences auxquelles il ne peut échapper. Ces sujétions placent l'artiste dans des alternatives qu'il est bon de remarquer : doué au plus haut degré de cette propension à répéter tout ce que ses sens ont appris, tout ce que son entendement a accepté (1), il faut souvent qu'il s'abstienne, ou bien, il faut qu'il n'agisse que quand ses impressions ont subi une véritable transformation au creuset de son propre génie. Pour lui, l'imitation est donc en même temps un écueil et un moyen; il faut qu'il imite et qu'il sache ne pas imiter. Tandis que la tendance à l'imitation le porte à se mettre à l'unisson avec tous les phénomènes qui se passent autour de lui, il faut que dans une foule de cas il sache résister.

Ainsi pour manifester dans ses œuvres une originalité franche, il faut que l'artiste ne se propose aucun maître, aucun modèle pour dernière fin. Quelquefois, la liberté luttant fièrement en présence de ces maîtres, pris séparément, voudra se dissimuler à elle-même son esclavage dans la tentative gigantesque de résumer tous les types connus, cette universalité d'imitation serait sans contredit une belle originalité. Mais si cette ambition est provoquée par une émulation irrésistible, et soutenue par une force et une énergie qui la rende légitime et par cela même féconde en heureux résultats,

(1) Les personnes chez qui l'on reconnaît au plus haut degré le talent d'imitation, sont en même temps celles que leur imagination met le plus promptement, le plus facilement et le plus complètement à la place des autres; ce sont elles qui tracent avec le plus de force et de talent ces peintures des passions, et même tous ces tableaux de la nature inerte, qui ne frappent et saisissent nos regards qu'autant qu'une sorte de sympathie les a dictés. CABANIS

il arrive aussi que ce désir peut n'être qu'une détermination spéculative, froide, rusée, ingénieuse, qui a aussi ses résultats, et entre les faits de ces deux impulsions si différentes, il y a des quasi-ressemblances qui trompent souvent les jugemens peu exercés.

L'imitation est tantôt le résultat d'un mouvement sympathique, tantôt le résultat d'un mouvement réfléchi. Ces deux mouvemens s'agrandissent en raison de la nature des relations : c'est une puissance absolue d'association, non seulement d'homme à homme, mais de l'homme aux choses; c'est elle qui entraîne de plus en plus les hommes à se rapprocher, quel que soit l'antagonisme qui en ralentit l'action; elle les y entraîne à leur insçu, elle les y entraîne quelle que soit la résistance qu'ils y apportent; et enfin elle accomplit heureusement ses fins lorsqu'elle est consentie, désirée et reconnue comme providentielle, comme retour à un centre nécessaire. C'est ce qui arrive quand une ame ardente, se plaçant à une hauteur réservée au génie fatidique, appelle les hommes à un nouveau progrès et les jette tout-à-coup, pour la plupart, dans des voies jusqu'alors inconnues. L'ascendant de l'imitation convie les plus rebelles à ce nouvel envahissement du monde intellectuel, et lorsque la mine est épuisée, lorsque tout l'or qu'elle avait à produire est devenu la propriété de tous, de nouvelles instigations appellent à de nouveaux travaux et à une nouvelle application de cette impulsion merveilleuse qui favorise si bien, accélère si impérieusement, et toujours diversement, la grande exploitation offerte à l'intelligence humaine.

Les plus grands génies sont bien certainement ceux qui entrent le mieux et le plus avant dans ces voies sublimes, et y entraînent toutes les classes de travailleurs. Mais le grand peintre et le grand statuaire peuvent aussi prendre part à une si noble mission en pratiquant un art qui se prête si admirablement à tout ce que la pensée peut concevoir de plus élevé et de plus persuasif, comme impulsion civilisatrice.

Dans tout ce que nous venons de dire sur l'*émulation* considérée comme mouvement sympatique, comme ascendant irrésistible, on a compris sans doute que nous n'avons point voulu présenter l'homme comme condamné à obéir continuellement à un instinct machinal : nous n'en aurions fait qu'un être sans volonté. La loi d'imitation commande à tous les individus sans exception, mais son action est plus ou moins modifiable par l'assentiment ou la résistance que chacun peut apporter.

La loi d'imitation est une force régulatrice, permanente, qui tend à un grand but, qui agit dans l'intérêt de tous, et qui pourtant, en vertu de la liberté de l'homme, se laisse manier, détourner dans l'intérêt de chacun.

Et il en est de cela comme de tout ce qui est mis à la disposition de l'homme, il peut user et abuser ; et c'est cet abus qu'il est important de poursuivre partout où il est reconnu, pour ramener les choses dans l'ordre nécessaire, c'est-à-dire dans la vérité.

Ainsi, dans les expressions d'un langage quelconque, nous savons que quelle que soit la part qui appartient au génie, cette part tombe incessamment à la merci de tous, c'est-à-dire qu'elle est à la merci de l'hypocrisie, et que l'accent éloquent de la vérité peut tout-à-coup augmenter les ressources de l'imposture.

Sans doute, la médiocrité dans les arts est toujours assez embarrassée d'elle-même; qu'elle soit vaine, ou que dans sa naïve indigence elle se soit, par hasard, assez bien affublée de vêtemens qui n'étaient pas taillés pour elle, il sera toujours assez facile de la reconnaître à son allure. Mais il n'en est pas de même de l'hypocrisie des hommes de talens, et les sophistes sont d'autant plus puissans, que tout en dédaignant au fond la vérité, en la niant même, ils savent lui emprunter de main de maître une grande partie des charmes qui lui appartiennent (1).

Ces différences, qu'il est si essentiel de reconnaître lorsque l'on veut porter un jugement sur une œuvre d'art, et que la loi d'imitation tend toujours à rendre moins sensibles à l'œil vulgaire, en enrichissent tous les jours l'instinct et le formulaire de l'industrie de toutes les créations et de toutes les découvertes de l'intelligence humaine; ces différences, disons-nous, existeront néanmoins tant que les hommes naîtront avec des tendances particulières, et quoique portés naturellement à ne pas refuser nos éloges et notre admiration à

(1) Les succès obtenus malgré la faiblesse d'une ame qui ne sait point se produire, lorsqu'on les rapproche de ceux qui ont été obtenus par l'hypocrisie subtile, agissent sur le témoin passionné d'une maniere bien différente: les uns lui révèlent tout ce qu'il vaut, les autres le frappent de mort.

ceux qui savent s'élever par la force de leur génie, la puissance du vrai nous amènera toujours à distinguer, des richesses de chacun, ce qui est de droit la propriété de tous, comme conséquence du mouvement progressif de l'esprit humain.

Donnons une idée de ces acquisitions générales.

§ I. DU NIVELLEMENT DES INTELLIGENCES PAR L'ACQUISITION DES FORMULES.

Cherchons l'image la plus simple que les arts du dessin puissent offrir, et qui implique en même-temps l'idée de beauté : n'est-ce pas le cercle? Le cercle est une des formes parfaites que l'ordre produit, et dont la perfection peut être reconnue de tous; l'extrême clarté de sa conditionnalité, s'offrant sans effort à l'intelligence, sollicite toujours un examen et la satisfaction qui résulte de la facilité et de la certitude d'un jugement porté, contribue à rendre sensible la beauté inhérente à cette configuration. Quel est l'homme qui dans un âge naïf, je dirai même à quelque âge que ce soit, n'éprouve pas un plaisir très-vif, comparativement à l'objet, lorsqu'il réussit à tracer un cercle parfait. Une surface, une boule parfaitement ronde que l'on présente à notre vue tout-à-coup, ne nous procure-t-elle pas un mouvement de satisfaction très-remarquable? Ici se trouve déjà prouvé que le sentiment du *beau* existe indépendamment de notre volonté; que le sentiment du *beau* est inhérent à notre nature, et que c'est lui qui nous porte à reconnaître et à imiter autant qu'il est en notre pouvoir, les actes, les combinaisons qui produisent cette impression. Quoique nous ignorions la cause première, nous reconnaissons que l'ordre, l'harmonie, est une condition essentielle, et, sous cette condition qui n'est point de notre invention, nous obtenons une foule de résultats qui nous plaisent et forcent même à l'admiration.

Ainsi, à l'occasion d'un cercle artificiel que nous avons sous les yeux, le plaisir que nous éprouvons est une approbation manifeste et instinctive de l'accomplissement de certaines conditions voulues, et d'une origine plus qu'humaine; et, lors même que le centre n'est point exprimé, nous nous identifions avec le principe de la configuration dont il s'agit. Il y a une correspondance naturelle, instinctive, entre lui et un sentiment intérieur qui nous en fait vivement souhaiter la conséquence.

Poursuivons : Je suppose que le génie le plus élevé se propose d'enseigner à une intelligence très-bornée à tracer à vue ce cercle régulier; le maître le décrira lui-même sur une surface quelconque sans le secours du compas : l'élève cherchera à imiter cette figure. De part et d'autre cette tentative ne sera suivie, il faut en convenir, d'un résultat rigoureux; cependant il y aura une des deux figures qui décèlera visiblement que celui qui l'aura tracée avait la conscience d'une telle configuration; qu'il était, pour ainsi parler, en communication directe avec le dieu caché, avec ce centre merveilleux dont l'épanouissement en rayons innombrables et l'émission régulièrement circonscrite crée la forme demandée.

L'élève non initié encore dans le secret des procédés qui peuvent conduire à l'imitation des formes dont la beauté réside dans des rapports fixes, fera long-temps de vaines tentatives. Si l'apparence s'adresse cependant à sa sensibilité, la beauté qui y sera renfermée ne se présentera encore pendant long-temps à ses yeux qu'en rapports indéterminés. Mais admettons que cette intelligence ne soit stimulée que par un principe d'imitation purement machinal : arrive un compas, et voilà les deux intelligences égales, nivelées, en apparence du moins. Il y aura pourtant entre elles cette différence immense : l'une aura de ce résultat une notion savante, l'autre acceptera le moyen et n'ira pas au-delà.

Nous concluerons de tout ceci, qu'il est des problèmes dont la solution difficile pour certaines intelligences, une fois donnée, devient un procédé bannal et mécanique ; qu'il est des vérités qui deviennent la propriété de tous, sans que tous, pourtant, aient une aptitude suffisante pour sonder la profondeur de leur principe et s'approprier leur fécondité. Nous concluons en outre, qu'il est des rapports ordonnés et saisis par des compas que toutes les mains ne sauraient conduire, et que c'est surtout dans la manière dont ces rapports ont été exprimés qu'il faut chercher à reconnaître le génie.

La supériorité réelle dans les beaux-arts ne consiste donc pas à dérober habilement au génie ce qui appartient au génie, pour accroître de plus en plus certains moyens mécaniques, fabriquer en pièces de marqueterie, et rivaliser avec des formes puissantes coulées d'un seul jet.

§ II. IMITATION SYMPATHIQUE.

Par tout ce qui vient d'être dit sur l'imitation considérée comme impulsion générale, comme une loi nécessaire, pouvant être néanmoins modifiée par la volonté, suspendue sous certains rapports dans ses effets inévitables, mais jamais anéantie, nous avons fait comprendre que les résultats de ces divers actes doivent être distingués avec soin devant une œuvre soumise à notre examen. Et sans parler ici des autres impulsions qui viennent se mêler à celle-ci, et donner au courant de toutes les choses humaines tant de variétés dans la régularité, nous appellerons la plus grande attention sur cette tendance qui joue un si grand rôle dans les productions de l'art qui nous occupent spécialement. Examinons-la plus particulièrement sous le rapport sympathique et dans ses mouvemens volontaires.

L'imitation sympathique a en effet une puissance extraordinaire, et qui passe souvent inaperçue. Quand nos gestes ne la décèlent pas immédiatement, notre mémoire se charge à notre insu de prouver à temps que l'impression a été reçue, que l'acte a été produit. Les gestes extérieurs ne prouvent pas à eux-seuls l'ascendant de l'imitation, les mouvemens secrets de l'intelligence et de l'ame le prouvent d'une manière aussi positive.

Ainsi, l'intelligence réforme subitement elle-même une figure géométrique qui est présentée tout-à-coup à sa perception; elle la répète sur-le-champ et par un mouvement spontané et précis. Elle se sent heurtée devant un contour heurté; elle suit doucement tous les balancemens d'un ligne serpentine; elle s'attache avec une précision d'intention extraordinaire au mouvement d'un compas qu'une main étrangère promène sur une surface pour y laisser une figure; en un mot elle se meut avec tous les corps qui se meuvent en sa presence, et répète machinalement tous les contours de ceux que les circonstances placent inopinément devant elle. Voici un exemple de cette aptitude immédiate prouvée par un fait bien remarquable. Un enfant de cinq à six ans s'amusait à crayonner sur une table des lettres venant au hasard. Voulant exciter son intelligence en lui faisant comprendre l'utilité de ce qu'il savait déjà, on lui demande d'écrire les noms de plusieurs personnes qu'il connaissait fort bien et qui étaient absentes : l'enfant se met à l'œuvre, et, arrivé au nom d'une de ces personnes qu'il savait être d'une taille plus grande que les autres, il se mit à tracer toutes les lettres sur une dimension infiniment plus grande. Ce fait m'a été raconté par un témoin occulaire. Ainsi les *gestes intérieurs*, ceux qui appartiennent plus particulièrement à l'ame, se mettent à l'unisson avec tous les phénomènes qui se passent dans le monde terminé et indéterminé : l'ame est paisible avec la paix d'une belle soirée, elle est orageuse avec les mouvemens orageux du ciel, des hommes et des choses, elle se sent doucement expansive devant une fleur gracieuse, et que la moindre atteinte n'a point troublée pendant le miracle de son épanouissement, elle se resserre devant une ame contristée; et si elle s'isole enfin de toutes ces sujétions, souvent profondes, souvent passagères; tantôt pleines de charmes, tantôt pénibles; ce ne sera que pour devenir une *cause* à son tour, dans l'ensemble de tous ces mouvemens ordonnés de la vie de l'univers. « Si j'avais à sortir de la vie ordinaire, dit Oberman, si j'avais à vivre, et que pourtant je me sentisse découragé, je voudrais être un quart-d'heure seul devant un lac agité : je crois qu'il ne serait plus de grandes choses qui ne me fussent naturelles. »

NOTE.

Les impressions que nous avons reçues reviennent quelquefois agir sur notre imagination avec une fidélité de caractère, sous le rapport sympathique, dont on peut s'étonner. Qu'on me permette de citer à ce sujet un fait qui m'est personnel.

Quelques instans avant la fin d'un sommeil paisible, je me sentis cheminant, comme on chemine en rêve, dans un lieu fort obscur. Ce lieu s'éclaira peu à peu comme de lui-même, et il me parut alors d'une vaste étendue, mais vague dans ses limites, comme le serait un immense souterrain éclairé par une faible lueur.

Bientôt je vis assez distinctement une longue suite de tombeaux découverts. Des figures à peu près humaines y étaient couchées nues et se remuaient diversement, comme fatiguées d'une longue insomnie. Le tombeau le plus près de moi ressemblait à une grande cuve de granit ; un corps d'homme faisait des efforts impuissans pour en sortir. Son visage était horrible d'aspect, ses yeux pouvaient à peine s'ouvrir. Et, comme condamné à une lutte éternelle d'épuisement et de réveil, tantôt ses bras circulaient vainement dans l'air, tantôt ils retombaient, mais toujours avec un nouveau sentiment d'effroi, et se cramponnaient précipitamment sur les rebords du marbre. Je m'approchai, — la cuve était pleine de sang. Je m'éveillai.

Une chose me surprit, c'est qu'aucun vestige d'émotion n'accompagna mon réveil subit. J'en cherchai la cause, et je me rappelai que quelques mois avant j'avais vu pour la seconde fois et à une distance fort éloignée de la première, le tableau de David, représentant Marat; et cette fois, c'était simplement un objet d'art que j'avais considéré avec intérêt. Le retour à cette impression, malgré la bordure fantastique à laquelle je n'ai ni ajouté ni retranché, s'était maintenu, comme on voit, dans un état scrupuleusement vrai, quant à sa nature.

§ III. IMITATION VOLONTAIRE.

Maintenant, il nous reste à parler de cette imitation volontaire qui est positivement le moyen matériel de l'art; imitation qui est la représentation artificielle de toutes les apparences que nous empruntons à la nature pour arriver, soit à l'illusion, soit à l'impression d'une pensée moins restreinte, pour arriver enfin à une réalisation. Les apparences que nous empruntons à la nature sont de deux sortes : elles sont saisissables et insaisissables, limitées et illimitées. Les unes peuvent être soumises à un certain nombre de rapports fixes, les autres sont dans des rapports qui se refusent à tout calcul rigoureux.

Dans les phénomènes de la vie individuelle et de la vie universelle, l'esprit distingue ces deux modes de manifestation, mais il ne peut dans le vrai les séparer, car à ce point de vue tout est lié. Cependant la science analyse, décompose, et par une suite d'opérations évidentes pour tous les esprits, elle offre à toutes les intelligences les moyens de saisir promptement ce qui est saisissable. Le sentiment seul entre dans l'indéterminé, et y puise tous les élémens qui doivent compléter la réalité de l'imitation.

L'art ne peut reproduire cette alliance mystérieuse du saisissable et de l'insaisissable, que par un procédé matériel, mais une manifestation complète étant produite, elle est le résultat de ces deux expressions.

Les apparences matérielles sont visibles par la vue du corps. Les apparences immatérielles son visibles par la vue de l'esprit. La vue du corps ne serait rien sans la vue de l'esprit. On ne prétend pas que les animaux soient susceptibles de progrès dans les sciences et dans les arts.

Les animaux sont des corps organisés dont la vue ne pénètre point dans l'essence des choses, elle perçoit leurs apparences matérielles dans les limites nécessaires à l'accomplissement de leur destinée.

Le plus grand nombre des hommes n'est pas vis-à-vis des apparences matérielles dans une situation beaucoup plus présente que vis-à-vis des apparences d'un monde plus étendu. Beaucoup voient, comme l'on dit, *sans voir*, mais celui dont l'*intelligence* a besoin de se développer à l'occasion d'un objet qui se présente à lui, celui-là le regarde attentivement : son instinct d'imitation en suit volontairement tous les contours, et se promène sur sa surface. Il apprend ces formes matérielles, sans les analyser pourtant, et les répète à plaisir, ou dans un but d'utilité, par les moyens qui sont en son pouvoir. Si l'intelligence plus développée connaît quelques rapports, distingue, compare, elle a trouvé alors des procédés de ressemblance plus certains, plus positifs, et cependant l'intelligence n'a encore vu que le positif, de ce qu'elle à pu toucher, palper. Mais le peintre et le statuaire, entourés d'excitations vivantes, ne bornent point leur rôle au récit des impressions physiques qu'ils ont reçues, ils entrent avec elles dans le monde moral, ils y apprennent des choses qu'ils veulent aussi raconter, ils y reçoivent des enseignemens qu'ils ne peuvent garder pour eux-seuls, ils intéressent l'humanité toute entière. Alors leurs pensées se réalisent en formes saisissables, savantes, ingénieuses, et, forcées qu'elles sont de rester dans la condition d'une manifestation matérielle, la peinture et la statuaire s'adressent cependant à l'ame pour l'entraîner dans le domaine immense de l'idéal. Si donc l'intelligence, tout-à-coup se sent vivre, si elle se sent émue, elle correspond alors avec la vie de tous, elle vit de la vie de tous, l'ame est informée. Elle reconnaît alors autour et à travers de toutes ces apparences positives, des apparences qu'elle n'avait point vues de sa vue limitée, sa faculté imitative s'exerce alors sur des phénomènes fugitifs, mais toujours réels, et en reproduit fidèlement tous les mouvemens rapides, sans que la règle et le compas aient eu le temps de les soumettre à une mesure positive. L'œil de l'ame s'en est saisi, tandis que les mêmes phénomènes ont échappé à d'autres yeux ouverts.

§ IV. IMITATION DES APPARENCES SAISISSABLES ET INSAISISSABLES.

Celui qui sait voir ou qui peut voir, reconnaît, dans tout ce qui se présente à l'œil humain, le *saisissable* toujours uni à quelque chose que l'art vulgaire ne peut *saisir* : cette inséparabilité est partout et dans le tout. Partout, et dans le tout, on retrouve une volonté insondable, une puissance occulte, mais certaine par ses actes, impreignant la matière de toutes ses influences : la pressant, la pénétrant avec force, avec amour, avec autorité, et en jaillissant ensuite de toute part pour presser, pénétrer encore avec force, avec amour, avec autorité. Hymen universel, ne se révélant à nous que par d'étonnantes merveilles, que par d'imposantes solennités. Spectacle immense! où il n'est accordé qu'à l'homme d'assister. L'homme plein d'enthousiasme vent tantôt le reproduire, tantôt l'expliquer ; mais le grand artiste en est le plus puissant interprète, car il est lui-même la plus sublime incarnation de cette puissance.

Dans la peinture et dans la statuaire, l'art a donc pour premier but ces deux sortes d'imitations : le *saisissable* et l'*insaisissable*.

Si l'on se borne à l'imitation du saisissable, on se place seulement dans le positif, le positif de la forme. Cette imitation peut devenir conventionnelle : on peut, comme nous l'avons dit, la soumettre à des calculs, à des règles. On peut appeler cette imitation une imitation de géomètre, de mathématicien ; et, quelle que soit l'habileté de l'ouvrier, elle sera muette, sans chaleur, automatique. Son œuvre pourra attirer l'attention, mais la curiosité une fois satisfaite, arrivera bientôt l'ennui, car il n'y aura point eu d'émotion.

Si, doué du sentiment, de la vue de l'ame, on prétend à l'imitation de l'insaisissable, abstraction faite de la forme, on prétend à l'impossible.

Voici comment s'y prennent ceux qui sont égarés par cette prétention : ils veulent, disent-ils, s'affranchir de la forme, et ils la négligent ; ils ne la traitent qu'avec dédain, ils la représentent pourtant; mais comme elle est incomplète, défigurée, souvent inintelligible, l'œuvre ne peut captiver long-temps l'attention : arrive encore l'ennui.

Ainsi, l'esprit et la matière, c'est-à-dire la forme et l'expression, l'expression et la forme, telles sont ici les deux grandes données qui doivent nous occuper.

L'extension de ces deux termes est immense, car toutes les apparences que l'art est susceptible de reproduire, ne se réaliseront heureusement que dans ces deux conditionnalités (1).

---

(1) Nous nous expliquerons ailleurs sur ces deux exigences et sur l'extension que nous donnons à ces deux termes.

C'est par cette concordance de forme et d'expression, d'expression et de forme que l'on éternisera sa réputation ; par cette union seule elle résistera aux caprices des temps, parce que cette union est dans la nature et que la nature sera toujours là pour triompher de toutes les fausses interprétations, ou de toutes les interprétations incomplètes. Et nous savons que l'homme possède deux miroirs pour la réfléchir, deux langues pour l'interpréter.

Mais, quelle que soit la nécessité de la forme, souvenons-nous que les diverses expressions du langage de la peinture et de la statuaire ont leur origine dans le cœur de l'homme. Son industrie et sa science soumettent bien ce langage à de certains modes et à de certaines conditions de manifestation : ce n'est là que le travail d'une intelligence qui connaît des rapports, les classe, les arrange dans un certain ordre. La puissance qui crée est dans le cœur de l'homme.

CHAPITRE IV.

LE VÉRITABLE ARTISTE EST CRÉATEUR.

Etre peintre, statuaire, artiste en un mot, ce n'est donc pas seulement posséder et pratiquer des formules ; ce n'est pas non plus tromper l'œil par des procédés ingénieux, convertir une surface insignifiante en un relief mensonger, en une profondeur factice ; ce n'est pas pétrir sous ses doigts une terre obéissante et lui donner une forme *selon notre ressemblance matérielle* ; ce n'est pas non plus posséder le secret de la vie, mais c'est la sentir en soi, c'est en être obscédé. C'est sentir son ame s'étendre, désirer, s'abandonner à des rapports sentis, y puiser une nouvelle énergie et la dominer ensuite, la résumer par une parole expressive pleine d'amour et d'autorité. C'est en quelque sorte réaliser une seconde création, c'est imposer à une manifestation positive le reflet d'une autre réalité, mystérieuse, insondable, mais dont les actes révèlent l'origine : actes éternels, dont l'homme lui-même fait partie et auquel il est convié. Enigme des choses futures dont il est appelé à étudier tous les termes et qui ne lassera jamais ses espérances,

C'est, nous le répétons, dans l'ame du véritable artiste que sont renfermés tous les élémens d'une puissante esthétique, son intelligence invente ou accepte les procédés nécessaires, choisit, détermine les convenances; mais c'est dans son *ame* qu'est la force expansive de toutes les émotions, parce que là est la puissance de la *vie*, la puissance qui *crée*.

Toute *création* est l'expression de soi et dans le monde physique et dans le monde moral. Cest par l'expression de soi que l'être moral se reproduit sous mille formes diverses, et l'être moral n'est jamais plus grand et plus fécond que quand sa force s'est développée dans l'ensemble de toutes les conditions qui le font *être*, dans la plénitude de sa vie, dans la conscience de toutes les joies et de toutes les douleurs, et dans le sentiment éclairé de la progression de toutes choses vers le centre de toutes les harmonies,

Aussi, l'homme trouve-t-il immanquablement dans la

conscience de son être toutes les nécessités du perfectionnement qu'il est susceptible d'atteindre, et c'est en vertu de ce besoin qu'il recourt de bonne heure à l'emploi de tous les moyens capables d'agrandir, d'étendre, de multiplier sa puissance morale et physique, et de se reproduire, de se continuer dans le temps, malgré la rupture inévitable du chaînon qui le lie aux apparences de l'ordre fini.

En convertissant sa pensée, sa pensée fugitive, en une forme saisissable, en lui assurant hors de lui et de son influence variable, une continuité d'action, l'homme ne semble-t-il pas avoir réalisé sur la terre et dans le temps l'idée de l'immortalité à laquelle il aspire ?

Cette merveilleuse transmission, cette transmission si bien ordonnée de tous les mouvemens de l'être moral, ces conducteurs électriques, sans communication immédiate avec le principe d'action, ces talismans enfin, renferment, tantôt diverses combinaisons des sons, et leur expression évoquée par de certaines volontés est comme l'accent d'une ame qui consentirait à rester parmi nous et se révèlerait encore après avoir quitté la condition humaine; tantôt c'est la parole elle-même, agissant dans sa propre force et dans sa simplité, ou recevant d'un nombre magique une vertu surnaturelle; tantôt enfin, c'est une apparence artificielle et significative de l'objet (1), lut-

(1) En remontant à la source de l'expression native, on peut voir qu'il appartient aux beaux arts d'être conservateurs de tous les signes énergiques que l'ame fait jaillir victorieusement à travers

tant de vérité avec l'objet réel et agissant aujourd'hui avec tant de clarté et de séduction, que l'imagination subjuguée accepte toutes les illusions qui lui sont offertes, s'y aban-

---

toutes les sugestions d'un langage factice. Voici ce qu'en dit Thomas Reid :

« Les signes conventionnels artificiels signifient, mais ils n'expriment pas; ils parlent à l'entendement comme les caractères et les figures algébriques, mais ils ne disent rien au cœur, aux passions, aux affections, à la volonté; le cœur et les passions demeurent plongés dans le sommeil et l'indifférence jusqu'à ce que nous nous servions du langage naturel pour leur parler; alors ils se révoltent, ils nous écoutent alternativement et nous obéissent.

« Il serait fort aisé de voir que la musique, la peinture, la poésie, l'éloquence, la pantomime, tous les beaux-arts en un mot, autant qu'ils sont expressifs, bien qu'ils exigent de ceux qui les cultivent un goût délicat, un jugement exquis et beaucoup d'étude et de pratique, ne sont cependant autre chose que le langage de la nature que nous apportons avec nous en venant au monde, mais que nous avons oublié faute d'usage, et que nous ne venons à bout de recouvrer qu'avec de très-grandes difficultés. Abolissez pour un siècle l'usage des sons articulés et de l'écriture, et vous verrez que chaque homme deviendra peintre, acteur, orateur.

« Nous ne prétendons point qu'un tel expédient soit praticable, ni qu'en supposant qu'il le fût, l'avantage qui en résulterait compenserait la perte que nous ferions; mais nous voulons seulement prouver que les hommes, étant portés par la nature et la nécessité à communiquer les uns avec les autres, ils doivent mettre en usage tous les moyens qui sont en leur pouvoir pour se faire entendre; que lorsqu'ils ne peuvent en venir à bout au moyen des signes artificiels, ils y parviennent jusqu'à un certain point avec le secours des signes naturels; et qu'enfin celui qui entend le mieux les signes naturels et qui en connaît mieux l'usage, est aussi le meilleur juge dans les arts d'expression.

donne avec ravissement, et pourtant l'œil est averti du prestige.

Tel est, du moins quelquefois, le triomphe du génie se condamnant au silence, et renonçant à la puissance orale, pour communiquer sa pensée par des manifestations miraculeuses, témoignages nouveaux de la puissance humaine.

CHAPITRE V.

DES DISTINCTIONS POSITIVES ÉTABLIES PAR LE SENS COMMUN ENTRE NOS DIFFÉRENTES FACULTÉS ET LES FAITS DE CHACUNE D'ELLES.

La critique de premier jet, celle qui s'échappe de la conscience, qui touche au but spontanément, et par instinct, avant qu'une science incomplète ne vienne s'interposer comme un nuage et troubler la vue, cette critique, chez le vulgaire, chez les artistes comme chez les écrivains les plus distingués, se prononce de prime abord d'après les notions précises des lois qui président à toute manifestation. Elle se place hardiment dans les véritables élémens de l'esprit humain, elle en décompose la puissance et se conduit naturellement d'après une méthode d'appréciation conforme à la plus saine philosophie et à la saine logique.

Ainsi, son intention, lorsqu'elle est franche, lorsqu'elle plane au-dessus de toute considération étrangère, est toujours de saisir dans le caractère de chaque production, le fait prédominant de l'une des facultés constitutives de l'esprit humain, ou bien les faits de chacune de ses facultés, prises isolément, ou bien enfin, les faits de toutes les facultés dans leurs rapports variés et dans leur ensemble parfait.

Ainsi, devant un tableau ou devant une statue, on se sert, sans hésiter le moins du monde, de tous ces mots : esprit, ame, intelligence, imagination, génie, talent, etc., et l'on s'entend parfaitement sur le sens qu'il faut donner à chacune de ces expressions : on en détermine souvent l'application avec une promptitude et une justesse qui annoncent une concordance réelle entre l'œuvre et l'une ou l'autre exertion des facultés annoncées.

Mais il arrive souvent qu'entre les jugemens portés avec la même sincérité par plusieurs personnes vraiment dignes de foi, aucunes ne s'accordent : si cependant la tendance de toutes les personnes intéressées a été de pénétrer dans le vrai, ces dissidences doivent être pour nous le motif de grandes réflexions et d'un sérieux examen.

L'on ne manquera pas de prétexter de l'incertitude des jugemens individuels, pour regarder comme oiseuse toute tentative de rapprochement; mais refusons de croire que la raison humaine, puissante dans la généralité, soit impuissante dans son individualité, quoique l'individuel seul soit sujet à l'erreur. Et d'ailleurs, nous ne pourrions tirer de cette objection la conséquence que rien n'est vrai ni faux, que rien n'est bon ni mauvais, que rien n'est bien ni mal : que signifierait la perfectibilité de l'homme? Ce serait un mot vide de sens.

On pourrait aussi conclure de ce septicisme, que dans

l'exercice des arts, on n'a point de meilleur parti à prendre que de se confier à son instinct naturel... Volontiers; mais prenons garde pourtant qu'une certaine fantaisie, inquiète, turbulente, ne nous détourne de ce guide providentiel : il faudra toujours que la raison intervienne.

Certes, notre jugement est souvent incertain, et nous devons nous défier de celui des autres, mais il n'est pas dans notre nature de rester froidement dans le mécontentement de nous-mêmes; nos tentatives continuelles enlèvent chaque jour quelque chose à cette prétendue fatalité, et nous ne nous arrêterons que lorsque nous aurons pu nous dire : Nous avons épuisé toutes les ressources qu'une intelligence suprême a placée elle-même dans la raison. Or, nous n'en sommes pas encore là.

Nos décisions relatives aux beaux-arts se composent de jugemens qui portent sur des faits observables; et, en soumettant tous ces faits à un examen attentif, ne serait-il pas possible de simplifier d'une manière évidente des difficultés que l'on regarde comme insurmontables, surtout si l'on persévère avec la bonne foi qui est le signe certain de l'amour du vrai?

Si l'on a vraiment le désir d'arriver à une solution, l'attention et la réflexion peuvent aider l'imagination la plus impatiente et la plus jalouse de sa liberté. Commençons d'abord à consentir à ce qu'elles soient l'une et l'autre du voyage, il ne s'agira plus que de mettre à profit les momens de relais.

On a dit : L'attention est la mère du génie. C'est selon comme on doit l'entendre. Mais, ce qu'il y a de certain, c'est que tous les hommes ont quelque aptitude à cette concentration de leurs forces intellectuelles. Chez l'homme de génie, l'attention n'est à bien prendre qu'une habitude de l'intelligence, plus vive, plus constante, plus invétérée. C'est une activité toujours sur ses gardes, comme celle d'un chasseur de profession. Mais, chez l'homme moins privilégié, l'attention peut être maintenue et dirigée par une volonté bien déterminée, et c'est ce qui arrive fréquemment, lors même qu'il ne s'agit que de satisfaire les goûts les plus frivoles. Quant à la réflexion, elle saura bien prendre aussi de la volonté même l'énergie et la durée qui lui seront nécessaires.

Si nous insistons sur la nécessité de soumettre à propos sa pensée à une marche ordonnée, rigoureuse et sévère, on nous permettra au moins de le faire vis-à-vis des personnes qui ont l'intention de donner à leurs opinions ou à leurs travaux une direction influente, ou d'exercer sur les arts une sorte de magistrature. Du reste, nous ne sommes pas de ceux qui voudraient qu'un artiste ne marchât que comme ces ingénieurs qui n'avancent que pas à pas et par des procédés lents et protecteurs à travers un élément toujours prêt à les submerger. Chacun de nous a besoin d'abandon, de laissez-aller; il serait donc ridicule que nous voulussions encaisser les autres dans notre manière d'être personnelle, mais chacun de nous s'impose à soi-même des devoirs ou des nécessités, suivant les relations dans lesquelles il entre de son plein gré.

CHAPITRE VI.

DES DIFFÉRENS CARACTÈRES DE NOS FACULTÉS, ET DE L'INFLUENCE DE LEURS HABITUDES SUR NOS JUGEMENS.

« Les facultés intellectuelles sont dans des degrés di-
« vers communs à toute l'espèce. Les variétés que les
« hommes présentent sous le rapport intellectuel, ré-
« sultent des combinaisons différentes de nos facultés et
« des modifications qu'elles peuvent subir. Quand bien
« même les facultés intellectuelles seraient originale-
« ment égales dans tous les individus, une foule de dif-
« férences sortiraient nécessairement des situations di-
« verses où les hommes sont jetés par les circonstances
« de la vie.

« Les habitudes intellectuelles que développe en
« nous l'étude des sciences et des lettres, sont tout-à-fait
« différentes de celles qu'engendre la pratique des af-
« faires. D'autres nuances plus délicates distinguent les
« hommes de lettres en plusieurs classes, et tirent leur
« origine des différentes branches d'étude qu'ils cultivent.
« Le métaphysicien, le mathématicien, l'antiquaire, le
« poète, le critique, se livrant chacun à des recherches
« spéciales, fortifient en eux des facultés particulières
« qui deviennent le *trait saillant de leur caractère in-*
« *tellectuel, lorsqu'ils laissent languir les autres sans*
« *culture.*

« Il serait important de constater l'influence exercée sur
« l'entendement par les diverses professions et l'étude
« des diverses sciences. *Un tel examen suggérerait des*

» *règles utiles pour le perfectionnement* et le déve-
» loppement de l'esprit, et donnerait des idées nou-
» velles sur l'art de maintenir nos différentes facultés
» dans cette heureuse harmonie, qui constitue la perfec-
» tion de notre nature intellectuelle.

« Une recherche qui touche de près à ces dernières
» spéculations, est celle qui a pour objet d'analyser
» dans leurs principes constitutifs les différentes espèces
» d'habitudes intellectuelles qu'on peut déployer dans
» les sciences et dans les arts (1). »

La philosophie spéculative n'est pas seule à comprendre toutes ces nécessités. La raison impatiente essaie souvent des points d'appui avant que l'observation calme ait justifié sa confiance. Ainsi, le sens commun général construit hardiment sur des fondemens dont il n'a point cherché à apprécier scrupuleusement la distribution, mais dont il sent instinctivement la solidité.

§ 1er. L'AME, L'INTELLIGENCE ET LA POSSESSION DE SOI-MÊME.

D'après ce que nous avons dit plus haut sur les différens modes d'appréciation adoptés sans controverse, il est constant que nous établissons une distinction positive entre la participation de l'ame, par exemple, et celle de l'intelligence. L'esprit, l'imagination, le goût, le génie, sont autant de qualifications très-différentes.

(1) Esquisse de philosophie morale, trad. par Th. Jouffroy.

Quand nous disons : il y a de l'ame, nous voulons dire qu'il y a manifestation de la plus grande vitalité possible sous l'influence plus ou moins heureuse de dispositions affectives. Il peut y avoir de l'ame sans une volonté sûre d'elle-même, sans une volonté pleine de la conscience de soi et de ses opérations : c'est pour cela que l'on peut avoir un talent fougueux, désordonné, par conséquent incomplet.

L'intelligence est la faculté qui comprend, qui connaît, qui distingue d'une manière plus ou moins lucide; elle rassemble les matériaux nécessaires ; l'ame apporte la vie. La conscience de soi, *la possession de soi-même*, observe, interprète les mouvemens tumultueux, les oscillations de cette puissance impérieuse : si elle n'est pas assez forte pour en mesurer les effets, pour la gouverner, il y aura de l'ame dans l'œuvre produite, mais il y aura sans doute des aberrations, des incohérences, dans la valeur de l'ensemble, qui nuiront à l'action communicative, à l'impression que l'on aura voulu exercer. L'accord de ces trois pouvoirs est la haute vertu de l'imagination.

§ II. L'IMAGINATION ET LE GOUT.

Lorsque nous disons : — il y a de l'imagination, nous ne manquons pas de distinguer cette faculté d'une autre faculté que l'on appelle le goût : c'est que nous savons que l'imagination n'est, dans son essence, qu'une disposition de l'être, dans laquelle, accidentellement ou volontairement, toutes les assimilations que nous avons faites éprouvent une excitation subite et s'offrent plus ou moins librement à la pensée pour concourir à des combinaisons nécessaires, pour devenir génératrices.

Quand la puissance de l'ame et la *conscience* de ses propres forces ont une égale activité, l'imagination peut enfanter des chefs-d'œuvre, sinon on peut enfanter des espèces de monstres, par excès ou par défaut. De même que l'on peut pécher contre le goût, on peut en manquer totalement; on a une imagination déréglée, vagabonde, ses actes insolites surprennent, mais ne peuvent captiver.

Dans le goût nous distinguons encore celui qui est naturel et celui qui est acquis. Le goût naturel est un goût d'inspiration. C'est sans doute de celui qui s'acquiert dont on dispute le plus dans les arts, car l'éducation n'est pas la même pour tous, et elle est toujours fort incomplète quand elle n'est pas entée sur le goût naturel. L'un est l'expression d'un sentiment harmonique, l'autre n'est qu'un esclavage de spéculation : c'est un choix nécessité par l'étude des convenances. Le sentiment peut s'abandonner à lui-même, mais l'intelligence sait le parti que l'on peut tirer de la spéculation, et les soins d'un homme intelligent par excellence, font souvent bien des dupes.

§ III. DE L'ESPRIT.

Le génie travaille en profondeur, en élévation et en étendue; l'envahissement est complet : il n'en est pas de même de l'esprit. L'esprit de *l'homme d'esprit* est une activité intelligente qui l'emporte de beaucoup sur celle de l'ame. L'aptitude à exercer avec promptitude sa curiosité sur une foule d'objets divers, et de faire de toutes les impressions une parure habituelle de son imagination plutôt qu'une nourriture substantielle, ôte à l'ame le temps de se reconnaître elle-même, ou du moins de recevoir des atteintes profondes. L'activité du génie se concentre, celle de l'esprit se disperse, elle aime surtout à ramasser des paillettes d'or à la surface du sol; elle est à la vérité prodigue de ses trésors, mais elle les distribue dans la même nature.

Il n'appartient point à l'esprit de peindre les grandes passions; il peut manier des ressorts, mais il n'en connaît point la trempe, et s'il n'échoue point quand il entreprend de le faire, ce sont les succès d'un habile menteur. Il se trompe lui-même lorsqu'il croit en savoir les profondeurs : il n'en connaît que les signes extérieurs. Lorsqu'il sent son impuissance, il est rare qu'il n'en éprouve pas du dépit; il s'en venge alors par du dédain ou de la moquerie; il feint de douter de la réalité d'une flamme intérieure qu'il envie secrètement, et se joue quelquefois des sentimens les plus épurés. Tel est cependant l'ascendant de son artifice, que l'on est fréquemment sans défense devant ses moyens de séduction, même quand il y a au fond de la perfidie (1).

(1) On a dit beaucoup que l'esprit peut suppléer à tout, « je le crois, dit madame de Staël, dans les écrits où le *savoir faire* domine; mais quand on veut peindre la nature humaine dans ses orages et dans ses abîmes, l'imagination même ne suffit pas : il faut avoir une ame que la tempête ait agitée, mais où le ciel soit descendu pour ramener le calme. »

Ce caractère que nous venons de développer peut se peindre tout entier dans les œuvres d'arts. Il a son cachet particulier dans tous les moyens de manifestation : dessin, invention, composition, effets, etc.

§ IV. DU GÉNIE ET DU TALENT.

Le génie, suivant l'acception la plus commune et la plus vraie, est un don de la nature, une faculté de créer. Plusieurs écrivains ont combattu cette manière de voir, et notamment ceux qui n'ont voulu reconnaître dans les plus excellentes productions des arts que les faits d'une habile imitation.

« Il faut être de bonne foi sur les mots, dit un « savant critique (1) ; non, le génie, si l'on veut par- « ler sans figure, ne crée rien. Il s'approprie des « faits, il les combine ; il saisit les rapports prochains, « les rapporte éloignés ; il choisit, il imite ; il ne va « point au-delà. Si l'on veut que le génie crée, il faut « reconnaître que créer c'est faire ces diverses choses, « sans quoi ce mot appliqué aux hommes serait vide de « sens. »

Joignons à cette opinion celle de Voltaire ; elle nous donnera plus facilement les moyens de faire comprendre la nôtre.

« Lequel vaut mieux de posséder sans maître le génie « de son art, ou d'atteindre à la perfection en imitant

(1) Emerie-David.

« et en surpassant ses maîtres? Si vous faites cette question aux artistes, ils seront peut-être partagés; si vous « la faites au public, il n'hésitera pas.

« Aimez-vous mieux une belle tapisserie des Gobelins qu'une tapisserie faite en Flandre dans le commencement de l'art? Préférez-vous les chefs-d'œuvre « modernes en estampes aux premières gravures en « bois? la musique d'aujourd'hui aux premiers airs qui « ressemblaient aux chants grégoriens? l'artillerie d'aujourd'hui, au génie qui inventa les premiers canons? « Tout le monde vous répondra oui. Tous les acheteurs vous diront : J'avoue que l'inventeur de la navette avait plus de génie que le manufacturier qui a « fait mon drap, mais mon drap vaut mieux que celui « de l'inventeur.

« Enfin chacun avouera, pour peu qu'on ait de conscience, que nous respectons les génies qui ont ébauché les arts, et que les esprits qui les ont perfectionnés « sont plus à notre usage.

« Au fond le génie est-il autre chose que le talent?

« Qu'est-ce que le talent, sinon la disposition à réussir dans un art?

« Le génie particulier d'un homme dans les arts « n'est autre chose que son talent; mais on ne donne « ce nom qu'à un talent très-supérieur. Combien de « gens ont quelque talent pour la poésie, pour la musique, pour la peinture! Cependant il serait ridicule « de les appeler des génies. »

Ainsi Voltaire est lui-même la dupe de son esprit. On doit moins s'étonner si tant de jugemens erronés s'accréditent, lorsqu'on le voit se proposer si légèrement des questions qui n'impliquent aucune conséquence nécessaire, et ne sortir de cette fausse position que par des argumens spécieux, malgré les sourdes résistances de son bon sens, de ce sens commun dont on fait généralement un bien médiocre usage, quand on veut, par-dessus tout, avoir de l'esprit.

Si les méprises sont d'autant plus difficiles à reconnaître que le vrai et le faux sont dans une combinaison plus intime, celles-ci ne sont point de ce genre, quoique le mélange nous soit donné par un grand maître.

N'est-il pas évident que Voltaire établit ici une concurrence forcée entre l'inventeur d'un instrument, les mains habiles qui en tirent parti, et l'inspiration qui en détermine le plus bel emploi, lors même que la main est inhabile à l'exécution? et, quoique Voltaire convienne ailleurs qu'un artiste, quelque parfait qu'il soit dans son genre, n'est point réputé génie s'il n'a point d'invention, il n'en donne pas moins ici la palme aux mains les plus habiles, en s'autorisant de la décision unanime d'un tribunal qu'il ne rend compétent, en apparence, qu'en faussant la question. En définitive, il ne fait aucune difficulté de mettre sur la même ligne l'artiste et l'artisan, et même il donne l'avantage à l'industrie sur le génie (1).

---

(1) Dans la peinture, l'habileté de la main était pour Voltaire la faculté par excellence. Toutes les compositions allégoriques ne valent pas, dit-il, *la belle exécution de la main qui fait le prix des tableaux*. Les artistes comprendront qu'il y a encore là un mélange de vrai et de faux.

On peut donc conclure que si l'on avait demandé à Voltaire mourant : eh ! pourquoi chantes-tu ? il n'aurait pas répondu :

> Je chantais mes amis
> Comme l'homme respire,
> Comme l'oiseau gémit, comme le vent soupire,
> Comme l'eau murmure en coulant.

Il aurait dit, sans doute, je chantais comme le tisserand dirige la navette.

Il est très-vrai que beaucoup de gens sont peintres, poètes, musiciens, etc., de cette manière. Quoi qu'il en soit, ceux qui nient *les aptitudes apportées en naissant*, *et la faculté créatrice* de la pensée humaine, se trompent ; et pour peu qu'ils dissertent sur les arts, on les voit fréquemment se démentir par leurspropres expressions.

Malgré la nécessité de l'imitation dans les apparences positives et même dans les mouvemens intérieurs, ce serait bien mal comprendre la puissance et le caractère de l'art que de croire que dans la peinture et dans la statuaire, les plus grands efforts du génie ne sont en dernière analyse qu'une imitation. L'artiste emprunte bien, il est vrai, au monde extérieur au milieu duquel il s'est placé, toutes les formes nécessaires à ses manifestations, mais en même temps que son intelligence choisit, combine, pétrit cette matière, son ame toute dévouée pénètre, s'épanche à travers tous les élémens qu'elle a acceptés ; c'est elle, c'est cette vie, c'est une partie d'elle-même qui leur sert de lien. Elle leur communique cette chaleur, cette vertu transmissible qu'elle a reçue elle-même pour la répandre et en continuer l'action par les combinaisons les plus imprévues (1). L'intelligence et la raison n'interviennent alors que pour maintenir l'équilibre dans les oscillations attachées à la condition humaine, pour observer, interpréter les mouvemens tumultueux, de ce *vouloir intérieur* qui est la vie et qui tend à se reproduire sous toutes sortes de formes et à échapper à toutes contraintes.

Si l'intelligence et la raison donnent à l'ame des matériaux qui lui conviennent, alors la volonté humaine agit dans la pleine conscience d'elle-même et de sa liberté; et le génie (l'heureuse nature) paraît dans tout son éclat, dans toute sa force génératrice.

Dans ce sens, loin de nier le génie, nous dirons que nous avons tous notre propre génie, il ne s'agit seulement que de reconnaître nous-mêmes ce dieu créateur, et de le servir à souhait. Il arrive souvent que ce qu'il y a de meilleur en nous, est moins ce qui nous a coûté le plus à acquérir que ce que nous sommes parvenus à grand'peine à ne point dénaturer. Aussi a-t-on eu pleinement raison quand l'on a dit : si l'on contraint son génie à un genre, on ramène ce genre à son génie, et l'on fait ainsi violence à tous les deux.

Mais un fait dont l'observation, quoiqu'assez générale, ne saurait être trop souvent rappelée, c'est que, dans les productions des arts, il arrive fréquemment

---

(1) Ces combinaisons ne sont point des imitations : elles ne paraissent telles que parce qu'elles sont dans les possibles.

que les facultés intellectuelles agissent sur leur propre fond, sans l'assistance de cette puissance instinctive dont nous venons de parler. Il résulte de cet ordre de choses, dont l'industrie n'a rien à craindre assurément, de très-grands inconvéniens pour l'art et pour celui qui veut produire; quand ce sont les facultés intellectuelles qui ont l'ascendant, l'art est en péril, la suprématie qu'elles obtiennent nuit au présent, et compromet l'avenir (1).

Les beaux-arts réclament toutes les puissances de l'être : les graves erreurs de tous ceux qui donnent des préceptes viennent souvent de ce qu'ils s'adressent à l'intelligence comme étant toujours en puissance de tout aborder. Cette préoccupation tend à faire de cette faculté particulière un pantographe universel, et l'on sait que cet instrument n'est pas fait pour atteindre les profondeurs; cependant ce n'est qu'à celle de nos facultés qui a une analogie assez rapprochée avec ce moyen mécanique que s'adressent certaines sollicitudes aux abois; aussi leur attente sera-t-elle toujours trompée.

Le talent, l'art de *s'exprimer* d'une manière intelligente et bien apprise, est bien loin d'être toujours du génie; ce n'est souvent qu'une imposture habilement déguisée, un masque brillant sous lequel se trouve une vanité stérile.

Sans doute, l'industrie dans l'art se charge toujours

(1) Si l'on se rappelle ce que nous entendons par *intelligence*, on verra que notre assertion est motivée.

l'un rôle qu'elle peut jouer toutes les fois qu'elle se voue au service du génie; mais quand, peu satisfaite d'un rôle secondaire, elle affecte une allure hautaine, quand elle prétend à des honneurs qu'elle ne mérite pas, c'est alors qu'il faut l'attaquer, lui demander compte de son opulence, et la dépouiller de tous les prestiges dont elle a su s'entourer.

Un esprit vaste est une haute intelligence. Dans les ciences proprement dites, tous les hommes de génie vancent majestueusement de position en position vers connaissance des lois et des phénomènes que l'œil l'intelligence peut surprendre dans l'espace et le mps; telle est leur vocation; mais il n'est point de ur fait de se mêler à la vie. L'artiste, au contraire, arche avec elle: il la continue; c'est le fond sur le-el il construit sans cesse, et toute disposition con-aire ne saurait trouver une heureuse application. uel que soit le talent, quel que soit le savoir, quelle ne soit l'énergie de la volonté, toutes ces forces tom-ront devant les exigences d'un juge irrécusable, la e elle-même.

C'est par la vie elle-même que, dans les beaux-arts, tre est convoqué tout entier; toutes ses facultés sont xcitées, et lorsqu'elles savent se posséder dans cette rce intérieure qui les concentre dans une direction né-ssaire, elles sont au besoin les juges naturels et com-tens de tous les actes qui leur sont spécialement at-ibués.

Mais des tendances naturelles ou des exercices mal igés fortifient, agrandissent certaines facultés, et laissent les autres dans une espèce de sommeil qui ne peut être suffisamment dissipé par des excitations subites; aussi les unes vont droit au but, les autres chancèlent; les unes parlent avec assurance, les autres balbutient Mais enfin, en considérant chacune d'elles dans son activité et sa spécialité, elles sont toutes les juges naturels des faits qui leur correspondent.

Cela posé, et étant, nous le croyons, incontestable si l'on connaît ses tendances, si l'on connaît ses habitudes, si l'on sait quelles sont les facultés que l'on a exercées particulièrement, si l'on s'avoue l'inaction dans laquelle on a laissé les autres, si l'on se connaît enfin et si l'on est de bonne foi, on connaîtra dans les autres ce qui est en soi, mais on ne pourra nier ce qu'il y a de dissemblant et en faire une juste appréciation, puisque l'on n'aura pas exercé la vue nécessaire, la faculté correspondante.

Une des plus grandes causes de retard dans le rapprochement et l'échange facile des idées, c'est de ne pas comprendre assez que chaque individualité franche doit avoir une valeur réelle, et que pour l'apprécier il nous manque souvent le point d'appui.

Cette compétence que nous refusons souvent aux autres, il faudrait donc apprendre à se la refuser à soi-même, à propos : l'apprentissage peut être difficile mais il n'est pas impossible.

On ne se lasse pas de nous objecter que les artistes eux-mêmes ne peuvent réaliser entre eux cette soumission intelligente qui reconnaîtrait franchement les principes dominateurs; nous rappellerons de nouveau que le titre d'artiste ne tire pas à conséquence : toute distinction, toute dénomination ne devant être admise aujourd'hui qu'à la condition d'un plus ample informé, s'il y a lieu; et ensuite, nous dirons qu'ils n'y sont nullement préparés par une éducation convenable.

Si, au lieu de ce retour sur soi-même qui ne nous paraît pas un effort surhumain, on ne veut placer ses jugemens que dans les habitudes de certaines facultés, qu'arrive-t-il? on se présente avec une spécialité, et au moyen de ce verre, coloré d'une certaine façon et souvent très-intense, on prétend juger toutes les nuances qui sont répandues autour de soi : il est certain que l'on est alors soi-même la dupe d'une telle préoccupation.

Cependant nous croyons que le premier mouvement d'une spécialité est de s'adresser subitement, avec une grande puissance de sympathie ou de répulsion, à ce qui correspond à cette spécialité. Le jugement subit, fondé sur ce point, est décisif; LE VRAI ressort de ce premier contact, c'est à la *possession de soi-même* à s'y maintenir, et c'est à toutes les parties intéressées à tenir compte de ce phénomène.

Ce phénomène nous explique déjà comment il arrive assez fréquemment que devant des œuvres d'art plusieurs personnes se prononcent d'une manière toute opposée. Les unes et les autres sont néanmoins dans le vrai. C'est à l'artiste à faire la part de chacun pour en faire son profit.

CHAPITRE II.

L'HOMME SE REPRODUIT DANS TOUS SES OUVRAGES.

Dans tous les ouvrages où l'homme met en évidence les ressources de son intelligence et l'énergie dont son ame est capable, l'homme se reproduit dans son œuvre. L'homme, en réfléchissant l'univers, réfléchit aussi son individualité, sa personnalité : il se réfléchit lui-même.

« Chacun de nous est un artiste qui a été chargé de « sculpter lui-même sa statue pour son tombeau, et cha- « cun de nos actes est un des traits dont se forme notre « image. C'est à la nature à décider si ce sera celle « d'un adolescent, d'un homme mûr ou d'un vieillard. « Pour nous, tâchons seulement qu'elle soit belle et « digne d'arrêter les regards. » (1)

L'homme, en cherchant à donner dans ses ouvrages l'expression harmonique de ses facultés morales, obéit à une loi générale qui le porte incessamment à se reproduire, à se continuer, à se répéter individuellement, à ne laisser ni l'une ni l'autre forme de sa double vie sans postérité. Toute sa gloire est dans le développement de sa vie intellectuelle et dans l'enfantement des idées les plus vivantes et les plus fécondes.

Lorsque l'homme se livre à la contemplation de la

(1) Farcy, critiques et portraits litt. par Ste-Beuve.

nature, il reconnaît dans ce tout qui n'est pas lui, dans ces expressions innombrables et variées du monde extérieur une intelligence *passionnée* comme abandonnée à elle-même pour accomplir les desseins d'une sagesse insondable.

L'homme se sent bientôt lui-même une manifestation limitée, et de cette intelligence passionnée, et de cette sagesse régulatrice; mais dans l'homme, l'une de ces puissances est prompte et absolue, l'autre est tardive. Ce n'est que quand il sait remonter à leur principe qu'il en comprend les accords. C'est alors seulement qu'il se glorifie, en reflétant sur son front quelques-uns des rayons qui décèlent sa céleste origine.

Si dans les beaux-arts nous voyons l'expression vivante et harmonique d'une foule de rapports compris et évalués par le cœur et l'intelligence, nous reconnaîtrons facilement que la plus haute manifestation de ces rapports appartient à l'être le plus passionné et en même temps le plus maître de toutes les forces qui constituent son existence.

Cet accord de la *passion* et de la *sagesse* est partout le grand problème à résoudre.

Tout est prévu dant l'harmonie de l'univers et pourtant tout est spontané; mais dans l'homme, les forces qui lui sont confiées sont alternatives et progressives, il faut qu'il apprenne lui-même à les accroître, à les diriger. Il faut qu'il apprenne ce qu'il lui est bon de vouloir, comme être isolé et comme être sociable; c'est dans cette nécessité que se trouvent renfermés tous les degrés de son perfectionnement et toute sa gloire.

Au point de vue des actes volontaires et au point de vue du progrès, il y a donc variétés, différences essentielles, degrés.

Aussi, est-ce sur une chaîne illimitée que chacun vient tracer lui-même la véritable mesure de ses moyens. Il n'est pas donné à tous d'en embrasser bien des anneaux, et nous trouvons encore ici une des grandes causes de diversité dans nos jugemens; car nos jugemens s'affaiblissent ou se lassent en raison de la progression de la pensée des autres ; et, si nous nous élevons nous-mêmes, si nos efforts tendent à dépasser la limite commune et que nous veuillons cependant les suffrages du plus grand nombre; si nous voulons surtout exercer sur eux une action utile, il sera donc nécessaire de tenir compte des anneaux inférieurs, afin de conduire par la main, d'attirer, pour ainsi dire, de vive force ceux à qui nous adresserons *la parole* des hauteurs où nous aurons pu nous placer. Mais entre gens à-peu-près de même taille, il est facile de se reconnaître; et d'ailleurs, dans toutes les carrières où l'on rencontre des émules, plus on s'élève, plus on est prêt de s'atteindre, plus on est prêt de se comprendre, au moins, ou de s'apprécier.

Si l'homme se reflète dans tous ses actes, « sa pensée « néanmoins ne peut être mise à l'égal de l'action, dit « Mme de Staël, que quand elle réveille en nous l'image « de la vérité. Les ouvrages ne sont qu'un amas fastidieux de vaines paroles, quand ils ne partent pas d'une « conviction sincère. » Ainsi l'homme se laisse deviner, se laisse expliquer, à travers les précautions de l'intelligence la plus habile, lorsque le fait, l'œuvre produite quelle qu'elle soit, ne peut être imputée légitimement à l'impulsion franche et naturelle dont on a voulu prendre l'allure, soit dans les facultés de l'entendement, soit dans les facultés du cœur.

Le fruit du labeur de l'homme est sa vraie propriété, c'est cette propriété qui le différencie, qui décide de sa dignité : nous devons dire pourtant que la disposition la plus heureuse dans les arts est celle où il n'est besoin que de seconder ses penchans, car nos richesses ne dépendent pas seulement du genre de culture, elles dépendent aussi de la nature du sol; il est donc important d'y semer surtout le grain qui lui convient le mieux. Si ce choix nous appartient, de bonnes institutions pourraient nous préparer à le faire, en nous exerçant de bonne heure à la connaissance de nous-même et ensuite à la connaissance des autres. Cet apprentissage ne serait pas fait seulement dans l'intérêt de l'individu, l'intérêt social y gagnerait nécessairement : chacun aurait plus de confiance dans sa force, dans l'emploi de sa liberté, et reconnaîtrait chez ses émules la légitimité de leurs prétentions, à des caractères irréfragables. Les institutions qui protégeraient les vocations obtiendraient des résultats immenses, sous le rapport du progrès, dans la communication de ses pensées, dans la manière de s'entendre. Ce serait un grand pas de fait que de mettre dans une heureuse voie des opiniâtretés qui ne sont souvent que le résultat de forces égarées, qui s'épuisent vainement ou sont malfaisantes parce qu'elles n'ont pas su trouver une fonction qui leur fût propre.

L'artiste alors ne serait sans doute plus forcé de considérer l'arène où il aurait pénétré par le dévouement de tout son être, comme une place publique où chacun ne doit s'occuper au fond, que de fixer les hasards de la fortune, et où l'adresse, la ruse et la souplesse sont les plus sûrs moyens de réussir. Alors on aurait des juges compétens, alors on verrait apparaître plus fréquemment de ces hommes, tels que Mme de Staël se plaît à les dépeindre dans son enthousiasme pour le génie qui n'est point abaissé par l'intrigue, et dont la force se déploie dans une simplicité naïve qui en relève l'éclat (1).

---

(1) On comprendra notre but en rappelant ici le portrait que cette femme célèbre a fait de Schiller.

« La conscience était sa muse; celle-là n'a pas besoin d'être invoquée, car on l'entend toujours quand on l'écoute une fois. Il aimait la poésie, l'art dramatique, l'histoire, la littérature pour elle-même. Il aurait été résolu à ne point publier ses ouvrages, qu'il y aurait donné le même soin; et jamais aucune considération tirée ni des succès, ni de la mode, ni des prejugés, ni de tout ce qui vient des autres enfin, n'aurait pu lui faire altérer ses écrits, car ses écrits étaient lui; ils exprimaient son ame, et il ne concevait pas la possibilité de changer une expression, si le sentiment intérieur qui l'inspirait n'était pas changé. Sans doute, Schiller ne pouvait pas être exempt d'amour-propre. S'il en faut pour aimer la gloire, il en faut même pour être capable d'une activité quelconque. Rien ne diffère autant dans ses conséquences que la vanité et l'amour de la gloire : l'une tâche d'escamoter le succès, l'autre veut le conquérir; l'une est inquiète d'elle-même et rusée avec l'opinion, l'autre ne compte que sur la nature, et s'y fie pour tout soumettre. Enfin, au-dessus même de la gloire, il y a encore un sentiment plus pur, l'amour de la vérité, qui fait des hommes de lettres comme les prêtres guerriers d'une noble cause; ce sont eux qui désormais doivent garder le feu sacré, car de faibles femmes ne suffiraient plus comme jadis pour le défendre. C'est une belle

CHAPITRE VIII.

DE L'EXERCICE ET DE L'ACCROISSEMENT DE NOS FACULTÉS.

Le champ des analogies est le sol où l'ame est appelée à recevoir les alimens dont elle aime à se nourrir. Mais elle n'obéit pas seulement à cette attraction instinctive : ardente et passionnée, elle cherche elle-même ces analogies, elle se précipite vers elles ; il semble que ce soit une partie d'elle-même qu'elle est heureuse ou fière de retrouver, et dont elle doit se saisir avec autorité. Quand l'artiste pense, aime, souffre avec la nature, son être agit dans des concordances nécessaires, il en résulte des harmonies puissantes, des accens dont les vibrations remuent les sympathies les plus tardives, des vérités descendues du ciel, et dont on avait déjà la conscience.

L'ame se révèle alors au monde extérieur par ses propres œuvres. Mais l'artiste se révèle aussi à lui-même avant d'avoir donné une forme visible à sa pensée ; il se révèle à lui-même lorsque tous les genres d'émotions viennent gonfler son cœur. Heureux quand il n'est pas forcé de le contenir, de les étouffer, ou de laisser le temps de l'inertie, du désenchantement et du regret !

---

chose que l'innocence dans le génie, et la candeur dans la force. Ce qui nuit à l'idée qu'on se fait de la bonté, c'est qu'on la croit de la faiblesse, mais quand elle est unie au plus haut degré de lumière et d'énergie, elle nous fait comprendre comment la Bible a pu nous dire que Dieu fit l'homme à son image. »

Heureux l'âge où chaque jour, au matin, les rayons d'un soleil sans nuages vous pénètrent de toutes les illusions, vous disent que vous pouvez tout oser, tout entreprendre !.... Vous avez un jour tout entier! vous avez mêm un lendemain!

Mais le soir arrive, un autre soleil se lève, un autre jour finit; et si, après bien des projets sans résultats, bien des espérances déçues, l'ame espère encore, ce sera sans doute comme un voyageur épuisé qui, après s'être enfoncé de plus en plus dans des chemins qui le perdent sans retour, laisserait errer sa pensée à travers ces splendeurs qui précèdent quelquefois la nuit.

Inépuisable sentiment de l'immortalité, même au bord de la tombe! qui ne vous a point éprouvé, lorsqu'avant la nuit close, des ombres majestueuses, et comme imprégnées de tous les souvenirs d'un jour solennel, entraînent doucement vos regards vers les profondeurs empourprées de l'horizon, pour les ramener religieusement au milieu de tout ces mondes mystérieux, qui semblent assister avec vous à quelque grand miracle, et vous donner l'exemple du recueillement? Qui n'a pas alors oublié toutes les voix discordantes du chaos des affaires humaines, pour prêter l'oreille à cette voix de l'immensité, à cette voix du soir qui se prolonge et s'évanouit au loin, comme des chants graves et prophétiques se perdant sous des voûtes sacrées?

Sans doute, il est des ames étrangères aux voluptés d'une douce extase, et qui, habituées à plonger le regard dans le drame de la vie, aiment à s'associer à tout ce qui réveille en elles le sentiment d'une lutte terrible; mais si le sentiment des choses plus qu'humaines les entraîne quelquefois loin du tumulte des passions, elles cherchent ces images vastes et imposantes et ces fiers mouvemens qui frappent l'homme de terreur et le grandissent pourtant. Elles aiment alors à contempler la nature austère et sauvage, elles écoutent le mugissement des vagues, ou le sourd froissement des forêts, semblable au premier choc de deux corps ennemis pleins de colère et sans voix. Si ces ames intrépides se plaisent de temps à autre dans le silence, ce sera dans ce silence des ténèbres qui succède quelquefois à la tempête, et qui plane sur une étendue sans bornes : on dirait alors que des géans vaincus ont trouvé le châtiment dû à leur rebellion.

Suivons quelques instans les impressions immédiates d'un voyageur qui a senti la nature dans son immensité et dans ses secrètes harmonies,

« Les effets romantiques sont les accens d'une langue « primitive que les hommes ne connaissent pas tous, et « qui devient étrangère à plusieurs contrées. On cesse « bientôt de les entendre quand on ne vit plus avec eux; « et cependant cette harmonie romantique est la seule « qui conserve à nos cœurs *les couleurs de la jeunesse et* « *la fraîcheur de la vie*. L'homme de la société ne sent « plus les effets trop éloignés de ses habitudes, il finit « par dire : que m'importe? Il est comme ces tempéra- « mens fatigués du feu desséchant d'un poison lent et ha- « bituel; il se trouve vieilli dans l'âge de la force, et les « ressorts de la vie sont relâchés en lui, quoiqu'il garde « l'extérieur d'un homme.

« Mais vous, que le vulgaire croit semblable à lui,

« parce que vous vivez avec simplicité, parce que vous « avez du génie sans avoir les prétentions de l'esprit, « ou simplement parce qu'il vous voit vivre, et que « comme lui vous mangez et vous dormez; hommes pri- « mitifs, jetés çà et là dans le siècle vain pour conserver « la trace des choses naturelles, vous vous reconnaissez, « vous vous entendez dans une langue que la foule ne « sait point, quand le soleil d'octobre paraît dans les « brouillards, sur les bois jaunis; quand un filet d'eau « coule et tombe dans un pré fermé d'arbres, au coucher « de la lune; quand sous le ciel d'été, dans un jour sans « nuage, une voix de femme chante à quatre heures, un « peu au loin, au milieu des murs et des toits d'une grande « ville.

« Imaginez une plaine d'une eau limpide et blanche. « Elle est vaste, mais circonscrite; sa forme oblongue « et un peu circulaire se prolonge vers le couchant d'hi- « ver; des sommets élevés, des chaînes majestueuses la « ferment de trois côtés. Vous êtes assis sur la pente de « la montagne, au-dessus de la grève du nord que les « flots quittent et recouvrent. Des rochers perpendicu- « laires sont derrière vous; ils montent jusqu'à la région « des nues : le triste vent du pôle n'a jamais soufflé sur « cette rive heureuse. A votre gauche les montagnes « s'ouvrent, une vallée tranquille s'étend dans leurs « profondeur, un torrent descend des cimes neigeuses « qui la ferment, et quand le soleil du matin paraît « entre leurs dents glacées, sur les brouillards, quand » des voix de la montagne indiquent les châlets, au-dessus « des prés encore dans l'ombre; c'est le réveil d'une

« terre primitive, c'est un monument de nos destinées « méconnues !

« Voici les premiers momens nocturnes, l'heure du « repos et de la tristesse sublime. La vallée est fameuse, « elle commence à s'obscurcir. Vers le midi, le lac est « dans la nuit : les immenses rochers qui la ferment sont « une zône ténébreuse sous le dôme glacé qui la tour- « mente et qui semble retenir dans les frimats la lumière « du jour. Ses derniers feux jaunissent les nombreux « châtaigniers sur les rocs sauvages; ils passent en longs « traits sous les hautes flèches du sapin alpestre, ils bru- « nissent les monts, ils allument les neiges, ils embrâsent « les airs; et l'eau sans vagues, brillante de lumière et « confondue avec les cieux, est devenue infinie comme « eux et plus pure encore, plus éthérée, plus belle. Son « calme étonne, sa simplicité trompe, la splendeur aé- « rienne qu'elle répète semble creuser ses profondeurs; « et sous les monts séparés du globe et comme suspendus « dans les airs, vous trouvez à vos pieds le vide des « cieux et l'immensité du monde. Il y a là un temps de « prestige et d'oubli. L'on ne sait plus où est le ciel, où « sont les monts, ni sur quoi l'on est porté soi-même; « on ne trouve plus de niveau, il n'y a plus d'horizon; « les idées sont changées, les sensations inconnues, vous « êtes sorti de la vie commune. Et lorsque l'ombre a « couvert cette vallée d'eau, lorsque l'œil ne discerne « plus ni les objets ni les distances; lorsque le vent du « soir a soulevé les ondes, alors, vers le couchant, « l'extrémité du lac reste seule éclairée d'une pâle lueur, « mais tout ce que les monts entourent n'est qu'un

« goufre indiscernable ; et au milieu des ténèbres et du « silence, vous entendez à mille pieds sous vous s'agiter « ces vagues toujours répétées, qui frémissent sous la « grève à intervalles égaux, qui s'engouffrent dans les « roches, qui se brisent sur la rive, et dont les bruits « romantiques semblent résonner d'un long murmure « dans l'abîme invisible. » (OBERMANN.)

Les contacts immédiats entre l'homme et la majesté d'un monde que la main de l'homme n'a point dénaturé, en séparant quelquefois l'artiste du tourbillon où l'emporte sa vie habituelle, retremperont ses forces. Quelle que soit la direction de son génie, il se sentira grandir de cet *au-delà des choses*, et dominera de plus haut les lieux ou les choses qu'il aura voulu embrasser.

Lorsqu'un reflet de la vie contemplative éclaire le fond des objets réels que l'artiste a su produire, c'est dans cette heureuse combinaison qu'il faut chercher le secret de son éloquence et la durée de son œuvre.

L'artiste puise dans le monde extérieur des images capables de donner par elles-mêmes les sensations, les sentimens, et jusqu'aux jugemens qu'il veut exprimer ; il cherche dans cet océan de vie tous les complémens de la sienne. C'est là où il éveille, excite, agrandit toutes les facultés de son être sensible et intelligent, pour les concentrer ensuite dans les concepts de son imagination impatiente de se produire en faits évidens à elle-même, et de les fixer dans la forme du langage extérieur qu'elle a adoptée.

Les relations dans lesquelles l'artiste a placé toutes ses sympathies, où il aime à puiser habituellement ses impressions, où il a enfin modifié librement tout son être; ces relations sont celles qui conviennent à sa nature, c'est là où il faut qu'il choisisse les images, les signes dont il a besoin pour donner aux autres le secret de sa propre vie, pour exprimer dans un symbole (1) plein de vérité et de clarté ce qu'il sent, ce qu'il aime, ce qu'il repousse et par son cœur et par sa raison.

Il n'est pas donné à beaucoup de hautes intelligences de dominer tous les aspects d'un monde altéré de mouvemens et de vie, en spectateur impassible, et de le représenter comme une grande machine placée en dehors de lui. Cette prétention hautaine peut être le fait d'une insensibilité réelle, et alors elle se résume, quoi qu'elle fasse, en froideur insupportable. Si d'un autre côté l'on veut se transformer, (*se symboliser*) par les phénomènes d'un monde que l'on connaît à peine, et où ses affections et ses passions n'ont jamais été éprouvées, on perd tout-à-coup sa force, son originalité, son individualité.

Les beaux-arts vivent de tous les genres d'émotions, chacun d'eux a des signes qui lui sont propres, mais nous croyons que chez un artiste le système sensible doit être dans son entière intégrité d'organisation. Ainsi nous croyons que celui-là dont l'oreille n'est point organisée de manière à goûter les charmes de la musique, ne peut être poète, que celui qui n'est pas poète ne peut être musicien, et qu'il faut être sensible à la musique et à la poé-

(1) Voyez l'excellent article de M. Leroux, dans la revue encyclopédique, Novembre 1831.

sie pour être peintre (1). Car la musique, la poésie et la peinture ne sont pas les froides modifications d'un langage, c'est la nature reproduite par elle-même dans des modes primitifs, énergiques et passionnés (2).

Ainsi la musique est l'accent de la nature, l'accent de la nature sans la parole. A lui seul il révèle ses amours, sa joie, il invite à ses plaisirs, et fait rêver l'avenir dans ses solennités; ou bien, il rappelle ses jours de tourmens et de deuil, et fait passer dans le cœur ses frémissemens et ses angoisses.

Si la musique est l'accent de la nature, la poésie est sa parole vivante et toujours inspirée. C'est ainsi qu'il convenait à l'homme de parler de mystères et de s'associer à de sublimes harmonies; et enfin, la forme expressive de la nature, révélée à l'intelligence de l'homme, devait l'exciter, ainsi qu'elle l'a fait, à reproduire comme par enchantement toutes les merveilles dont elle est parée, lorsque l'ame surtout a su les comprendre.

---

(1) Le poète et le musicien ne peuvent ignorer non plus les émotions qui se communiquent par le sens de la vue.

(2) Les grâces et la vérité de l'expression dans la lecture, dit Obermann, sont infinies comme les modifications de la pensée. Je conçois à peine qu'un homme qui lit mal puisse avoir une plume heureuse, un esprit juste et vaste. Sentir avec génie, et être incapable d'exprimer, paraît aussi incompatible que d'exprimer avec force ce qu'on ne sent pas.

« Je soupçonnerai fort que les prestiges du style et les enchantemens de l'amour resteront à jamais ignorés de l'être pour lequel une belle musique ne serait qu'une source d'ennui. »

(KANT. Traduit par M. Kératry.)

L'être est donc convoqué tout entier, il l. seulement comme acteur, mais comme juge. Dan. et l'autre fonction, il faut qu'il soit le centre où puis aboutir librement tous les mouvemens du dehors, tou. les impressions produites par le monde extérieur. Dans l'une il apprécie le symbole, dans l'autre il se symbolise lui-même et réagit comme puissance communicative.

La vue, l'ouïe, l'odorat, le goût, le toucher, toutes ces facultés qui ont reçu du vulgaire le nom de sens, tous ces épanouissemens de l'être physique sont autant d'expansions de l'être moral. Ce sont comme des gardiens vigilans groupés autour d'un chef suprême, ou des émissaires dévoués prompts à la parole du maître, et l'informant avec une célérité qui échappe aux calculs de l'intelligence humaine : rappelés vers le centre commun, ils y forment un conseil mystérieux, et attisent tour-à-tour le foyer ardent où s'élaborent, où se façonnent toutes les créations du génie.

Chacun de ces modes de perceptions et de sensations, quelque développé qu'il soit, lorsqu'il est isolé des autres, n'est qu'une seule des conditions qui mènent à la science complète des émotions. Si une ou plusieurs des facultés nécessaires sont gênées dès la naissance ou dans le cours de leur développement, il en résultera fatalement un état non favorable et aux arts d'imagination et à l'art de la critique ; car le principe UN n'a pas de lui une parfaite conscience (1).

---

(1) Tous les sens, lorsqu'ils ont rempli leur fonction physique, semblent passer à l'état moral. Je ne sais qui a dit : le goût dans les

CHAPITRE IX.

DU MOUVEMENT LIBRE DE LA PENSÉE.

« Dès que la corde pathétique a vibré dans l'ame du « jeune homme, la vie s'est révélée à lui ; je ne sais quel « instinct mystérieux et puissant le conduit sourdement « au sentiment de ses forces et de lui-même ; son cœur « se gonfle et veut déborder, son front s'agrandit et « semble devenir le siége de la puissance. Amour, science, « gloire, postérité, il aspire à vous, et vous pourrez à « peine, en vous réunissant, combler le vide de cette « ame qui se dévore et s'alimente sans relâche. Qui donc « a calomnié les passions? Quels docteurs ont voulu les « extirper, ou du moins les endormir (1)? »

L'homme est-il trop riche de sa nature? la chose paraît certaine pour beaucoup de gens. On nous dit sérieusement que quand les forces de l'esprit humain tendent à se manifester dans leur entier développement, il y a surabondance d'énergie, et qu'il faut employer contre

arts est un discernement prompt comme celui de la langue et du palais, et qui prévient comme lui la réflexion. Il est comme lui sensible et voluptueux à l'égard du bon ; il rejette comme lui le mauvais avec soulèvement ; il est souvent comme lui incertain, égaré, ignorant même si ce qu'on lui présente doit lui plaire, et ayant quelquefois besoin comme lui d'habitude pour se former.

(1) Lerminier, philosophie du droit.

elle les moyens les plus répressifs. Ainsi donc, suivant l'occurrence, nous devons renoncer à une bonne partie de nos facultés, et l'on nous assure qu'au moyen de ce suicide partiel, nos facultés restantes pourront être abandonnées à elles-mêmes sans danger.

Pour ce qui est des artistes, l'ordonnance détermine scrupuleusement la dose suffisante de raison dont ils doivent faire usage.

On ne nous dira plus à nous autres peintres ou poètes : *aimez la raison*. On s'est jeté dans l'extrême opposé en désespoir de cause. On nous dit maintenant : *aimez la passion* (1).

Nous ne doutons point des bonnes intentions de ceux qui voudraient nous imposer un tel précepte, mais serait-il mieux compris que celui de Boileau ? nous ne le pensons pas. Autrefois, immobilité pédantesque; aujourd'hui contorsions, rejet de toute naïveté : telle est la conséquence de l'extrême opposé.

Et pourquoi recommander à un artiste d'*aimer la passion ?* Demandons-lui plutôt si il est *passionné*, si il sent en lui cette chaleur, cette sève ardente que le génie est impatient de déployer, qu'il sait contenir à propos, qu'il répandrait toute entière au besoin; et

---

(1) De la réforme actuelle dans les lettres et dans les arts. *Revue de Paris*, tome XII, 2e livraison.

Je n'adresse qu'à l'opinion publique ce que mes expressions peuvent avoir d'hostile, regardant les systèmes de tout critique comme la représentation bien déterminée de certaines erreurs ou de certaines vérités en circulation.

ensuite, laissons-le libre de faire un plein usage de toutes ses facultés.

On se défie de la raison d'un artiste; des amateurs qui s'y entendent guettent les productions sorties spontanément de ses pinceaux, dans des momens de verve et d'abandon. De ce choix qui ne peut être sans quelque fondemens (1) est résulté, parmi les gens du monde, une opinion qui a été adoptée par des hommes ordinairement retranchés dans des habitudes sévères d'examen: l'inspiration et l'enthousiasme de l'artiste sont regardés à peu près comme un trouble fantasque, qui ne rendrait l'imagination féconde que dans des accès insolites dont l'artiste ne serait point lui-même informé.

Qu'est-ce donc que ce mouvement passionné dont les résultats semblent fortuits, et qui pourtant produit souvent une œuvre pleine de mérite et quelquefois un chef-d'œuvre?

Dans une imagination artiste, l'inspiration spontanée, toute passionnée qu'elle est, est toujours précédée d'une forte méditation; et même on peut assurer qu'elle est toujours accompagnée d'une prédétermination ou d'une connaissance antérieure qui lui a préparé une voie. Il y a des génies qui s'ignorent, mais on n'est point artiste, proprement dit, à son insçu; et l'artiste a toujours des antécédens qui le disposent à l'inspiration. L'inspiration n'en a pas moins toute sa force, elle est toujours aussi franche, aussi rapide dans son activité que

(1) Je m'expliquerai ailleurs sur ce sujet.

si elle était imprévue, et l'artiste s'abandonne à son entraînement avec d'autant plus de sécurité, que sa raison consent, et qu'elle disperse les nuages qui lui cachent le but par intervalle.

Si dans les sciences, des esprits circonspects se défient de l'enthousiasme et contestent l'autorité de l'inspiration, il n'en est pas de même pour ce qui regarde les beaux-arts; on nous livre à nous autres cette inspiration, mais on nous la livre avec dédain, on nous la livre comme une folle qui nous rendra d'autant plus de service que nous lui donnerons plus de liberté. On nous recommande surtout de ne pas trop la lier, et qu'alors nous en obtiendrons mille tours capricieux qui arrêteront les passans et nous vaudront force aubaine. Singulier conseil! il serait tout aussi bien trouvé de conseiller à l'artiste de ne se risquer jamais à représenter des actes insolites que quand il se trouverait lui-même dans une perturbation bien avérée de sa raison.

Non, l'enthousiasme de l'artiste n'est point de la démence, et l'inspiration qui l'agite est le développement d'un germe accueilli avec amour par un sol fertile, mais auquel la raison seule fait porter des fleurs et des fruits. L'enthousiasme de l'artiste est une élévation fière de la pensée, c'est une confiance sans réserve dans toutes les puissances de son être, un élan passionné, généreux, salutaire; c'est le frémissement énergique d'une joie sérieuse qui voudrait s'exprimer en traits de feu.

Malheureusement pour l'artiste, la chaîne électrique est bientôt brisée. Son œuvre n'est jamais qu'une trop faible interprétation de sa pensée, de sa pensée si fière, si véhémente; ce n'est plus qu'un reflet de cette étincelle fécondante dont il a été pénétré. Son émotion avait pris sa source dans la *splendeur du vrai*, dans le sentiment profond, mais rapide, du saisissable uni à l'insaisissable, du compréhensible uni à l'incompréhensible : l'émotion qu'il transmet au vulgaire n'arrive au vulgaire qu'à la faveur d'un prestige dont il est bientôt averti. Aussi est-elle de bien courte durée; le temps la change promptement en un simple hommage dû au génie, et l'attention seule ramène quelquefois à une admiration méritée.

L'enthousiasme sans la raison est un faux enthousiasme, ce n'est que l'emportement d'une imagination inféconde.

L'enthousiasme et la raison réunis sont comme les deux extrémités d'un arc embarrassant pour les faibles, souple et léger pour les forts, et dont la courbe est savamment calculée. Au lieu de censurer l'œuvre du grand ouvrier, connaissons-en l'utilité et la perfection. Heureux celui qui sait rapprocher simultanément et ramener à lui d'une main assurée ces deux extrémités que l'on ne croit pas faites l'une pour l'autre, celui-là sait lancer le trait!

Sans la simultanéité de l'enthousiasme et de la raison, je ne conçois pas l'intelligence perfectible; je ne conçois pas la main qui saisit la flèche, l'œil prompt qui mesure la distance, la volonté qui atteint le but.

Laissons donc à l'enthousiasme le caractère qui lui appartient, laissons-lui la raison pour compagne; que cet accord se forme dans la liberté. N'apportons aucune entrave à l'essor de la pensée : Lorsque la pensée est saisie d'enthousiasme, laissons-là remplir l'espace, atteindre les profondeurs, s'élever à des hauteurs inconnues. Que les ébranlemens de cette lyre sonore se résolvent librement dans les vagues imposantes ou les ondulations d'une puissante harmonie. Il appartient au génie d'en tirer des sons sublimes; si il quitte quelquefois la terre, laissons-le faire, il sait à propos se rapprocher des infimes.

Rappelons ici ce que dit M. Villemain du Dante, quoique la vie de ce grand poète lui ait donné l'occasion de citer ce mot de Sénèque : *ingenium nullum sine dementia.*

« Depuis Homère, dit-il, peintre si admirable des champs « et de la vie domestique, il n'y a que le Dante qui fut à la « fois si créateur et si vrai. Jamais on n'a rendu tous les « objets de la vie champêtre avec ces expressions que l'on « appellerait basses dans une littérature artificielle, et « qui ont le mérite d'être nécessaires, et (singularité de « son ouvrage) cette simplicité parfaite, cette copie « exacte de la vie, au milieu de quoi est-elle jetée? « parmi les rêves les plus hardis de l'imagination poé« tique. Dans les poètes qui ont voulu peindre la nature « vous ne la trouvez pas; et chez le Dante, qui peint le « surnaturel, vous la trouvez partout. Ces hommes qui « restent sur la terre, qui vous promettent l'image fidèle « de la vie, ne la connaissent pas, ou la déguisent par « leur langage; et cet homme qui habite dans le ciel quand « il est sorti de l'enfer, ou du moins du purgatoire; qui « est entouré de ces anges emportés d'un vol insensible « sur leurs blanches aîles; ce poète mystique et tout

« idéal, qui monte d'étoile en étoile par la force attrac« tive de la foi et de l'amour, vous parlera de ce qu« fait la vie du laboureur ou du pâtre italien, avec un« naïveté qui sera comprise et reconnue par eux. Veut« il montrer les ames attentives aux doux chants du mu« sicien Casella, et se dispersant à la voix sévère de Ca« ton, il les compare à des colombes qui, réunies pou« la pâture, occupées à becqueter le blé ou l'orge, s'i« apparaît quelque chose dont elles aient peur, fuien« tout-à-coup. Un chemin du purgatoire, mystérieux e« difficile, où il faut voler avec effort sur les aîles du« désir, lui rappelle ces petits chemins des collines d'I« talie, ces sentiers étroits dont le paysan cache l'entré« avec un fagot d'épines, quand le raisin commence à« mûrir. Les ombres du purgatoire s'avancent l'une aprè« l'autre sur le passage du poète, réveillent dans sa« pensée une image non moins naïve de la vie cham« pêtre. » « Telles on voit les brebis sortir du bercail, « une première d'abord, puis une seconde, puis une « troisième; et les autres, plus timides, attendent, la « tête et les yeux baissés vers la terre. Ce que la pre« mière fait, elles le font de même; si elle s'arrête, les « autres s'arrêtent comme elle; et, simples, paisibles, « elles ne savent pourquoi. »

« Voilà cet art d'être intéressant, nouveau, poétique « dans les plus simples détails. Boileau dit quelque part, « avec admiration, que la critique de l'antiquité n'a ja« mais relevé dans Homère l'emploi d'un seul mot bas, « quoiqu'il ait fait deux grands poëmes. Je suis assez dis« posé à croire que, du temps d'Homère, il n'y avait

« guère de mots bas, sans doute par l'excellente raison « qu'il n'y avait pas de mots nobles. Homère compare « Ajax, combattant avec obstination, à un âne que les « coups des villageois ne peuvent arracher d'un champ « de chardons. Le Dante compare les ames glorieuses du « paradis qui se pressent vers lui, à la foule des pois- « sons que l'on voit, dans un vivier clair et tranquille, « s'élancer vers le pain qu'on leur jette. Pour l'un et « l'autre poète, il n'est rien dans la nature qui ne puisse « former des tableaux et des couleurs (1). »

CHAPITRE X.

DU BEAU DES ANCIENS (2).

« Ce que nous nommons *image* et *figure* n'est pas autre chose au fond que l'empreinte et le caractère de la forme de notre entendement; c'est une nécessité, c'est un joug auquel ne peut se soustraire absolument, dans nos siècles de civilisation et de philosophie, l'esprit même le plus rigoureux et le plus exact,

(1) Villemain, cours de littérature française.

(2) Nous avons pensé faire une chose utile en donnant à nos lecteurs une partie de la savante explication du symbole, par *Creuzer*, celle qui se rapporte essentiellement à l'art plastique des anciens. Nous devons la traduction de cet important ouvrage aux soins de M. Guigniaut. Ce savant professeur a su joindre ses recherches et ses hautes vues d'ensemble à celles de l'auteur allemand.

mais que l'antiquité sans peine prit plaisir à couvrir de fleurs. Les monumens les plus remarquables de ce génie tout poétique, sont les religions anciennes, principalement la théogonie et la cosmogonie, dont l'essence réside dans la personification des forces productrices de la nature. Mais son empire s'étendit bien au-delà : l'homme se crut en communication perpétuelle avec la nature, il lui prêta ses sentimens et son langage; l'associant à ses douleurs comme à ses plaisirs, il les lui fit exprimer en de vivantes images. Un héros tombe, et sa mort est pleurée du sol de la patrie aussi bien que de ses habitans. La terre aussitôt produit des fleurs qui, par des couleurs et des caractères funèbres, semblent unir leurs plaintes à celles des hommes; et dans la fête qui doit perpétuer à jamais la mémoire de l'infortuné héros, c'est encore le muet langage de ces plantes qui le rappelle à tous les cœurs. »

« L'image et la métaphore ont un caractère propre et commun, celui de rassembler sous un seul point de vue, d'exprimer en un seul mot plusieurs propriétés d'un même objet, de telle sorte qu'elles se produisent instantanément et à la fois, et que l'ame les saisisse comme elle la conçoit, par une intention soudaine, et en quelque sorte, d'un coup-d'œil. C'est le plus court chemin pour arriver à elle, bien différent de cette autre route, aussi longue que pénible que suit l'intelligence, quand, pour se former une idée, elle en rassemble un à un les divers élémens, et que pour l'exprimer elle les distingue et les sépare de nouveau, allant d'abord de l'analyse à la synthèse, puis revenant par le discours, de la synthèse à l'analyse

« Mais l'ame veut s'élever plus haut; elle prend son essor vers le monde des idées, elle conçoit l'infini, elle essaie de l'exprimer en images, et voilà que tout-à-coup se relève une grande et frappante opposition. Comment pourra le fini recevoir dans ses étroites limites ce dont la nature est de n'en point connaître, le sensible représenter ce qui échappe aux sens et ne se livre qu'au pur esprit? L'ame dans cette position, sent tout-à-la-fois son impuissance et un violent désir de briser ses chaînes. Elle voudrait donner une forme à l'être, mais l'être ne saurait se plier à cette forme; elle voudrait contraindre l'infini à se produire dans le fini, pour contempler sans voile et face à face ce qui seul est vrai, seul est immuable et digne de ses hommages. »

« L'ame flottant ainsi entre le monde idéal et le monde sensible, et se consumant en efforts pour atteindre l'un par l'autre, faut-il s'étonner si ce qu'elle obtient porte en soi le caractère de son origine et trahit, dans son essence, une double nature? Et en effet, c'est cette double nature que nous allons reconnaître dans les propriétés essentielles du symbole. »

« Son trait le plus distinctif est ce vague même, cette sorte d'indécision entre la forme et l'être. En lui repose une grande idée qui échappe et s'évanouit aux regards dès qu'on veut la saisir. Le rayon divin en se réfléchissant dans le symbole n'y luit plus à nos yeux que d'une lumière douteuse, comme l'arc-en-ciel au sein de la nue où le soleil vient briser ses feux. Ce sens profond qui excite si vivement notre ame, n'a pas d'autre cause, en effet, que l'opposition même, et si on peut le dire, l'immense disproportion de l'être et de la forme, de l'idée et de son expression. De là ce pouvoir du symbole, si bien connu des anciens, pour tirer les hommes des habitudes de la vie commune et les élever à de hautes pensées. »

« Cette propriété remarquable du symbole se lie à une autre, une concision rapide. C'est comme une apparition soudaine, ou comme un éclair qui tout-à-coup brille dans une nuit profonde, et laisse entrevoir à nos regards un horizon sans bornes. Mais cette vision subite doit être féconde, cette concision pleine de sens; le grand et le sublime sont seuls dignes de la forme symbolique. Il lui faut de ces pensée mystérieuses et terribles qui s'emparent de l'homme tout entier et s'attaquent au secret même de son existence, de ses sentimens profonds ou déchirans qui remuent fortement nos ames, de ces graves situations où s'agitent les questions capitales de la vie. C'était dans de tels momens, dans les grandes perplexités de l'ame, que les anciens attendaient quelqu'un de ces signes célestes qu'ils appelaient aussi des symboles et qui leur révélait la volonté des dieux. »

Ceci nous conduit naturellement à traiter de la plus haute application de l'usage le plus relevé du symbole. L'esprit préoccupé des images qu'il se crée à lui-même, appelle l'art à son secours, il lui demande de prêter des formes visibles à ses pieux sentimens, à ses croyances. C'est alors qu'il faut bien que le symbole atteigne à l'infini, à ces grandes et sublimes idées qu'il doit revêtir d'un corps pour les rendre sensibles. Mais nous l'avons dit : le problème est rigoureusement impossible, car il implique contradiction : le fini ne saurait représenter l'infini. Que s'en suit-il? Que, dans l'impuissance de ses efforts, le génie du symbole aboutit à deux résultats différens. »

« Ou le symbole fidèle à son penchant naturel, s'efforce d'exprimer tout entier le grand sens qu'il a en vue; il ne lui suffit pas de dire beaucoup, il veut tout dire, et alors, se confiant dans lui-même, il compte pour rien la loi de la nature, il franchit toutes limites, il s'expose à devenir vague, obscur, énigmatique. En effet, l'être descendant dans la forme pour y révéler sa puissance infinie, terrestre et faible qu'elle est, la forme ne peut suffire à le comprendre; elle se brise en quelque sorte, et toute lueur s'évanouit aussitôt et il ne reste plus qu'un muet étonnement. Les symboles de ce genre sont ceux que nous appelons mystiques : lorsqu'ils reconnaissent encore quelques bornes, ils donnent aux croyances religieuses une heureuse et riche expression. »

« Ou bien le symbole s'impose à lui-même des limites et il s'arrête à cette ligne délicate qui sépare la nature d'avec le pur esprit. Ainsi modifié, il accomplit son œuvre la plus haute et la plus difficile; il parvient en quelque sorte à rendre sensible aux yeux la divinité même. Et pourtant il n'en est que plus expressif et plus lumineux; il saisit l'ame avec une puissance irrésistible. Docile à la nature, il se plie à sa forme, mais il la pénètre et la vivifie. La lutte a donc cessé entre l'infini et le fini, et le grand problême est résolu, du moins autant qu'il peut l'être; l'infini se limitant lui-même, s'est revêtu des formes humaines. C'est ici le *symbole divin* qui allie merveilleusement la beauté de la forme avec la sublime plénitude de l'être; et comme la sculpture des Grecs a donné à ce genre de symboles son plus haut degré de perfection, nous pouvons les désigner par le nom de *symbole plastique.* »

« Des idées pures, revêtues de formes corporelles, tels sont proprement les symboles; car il faudrait pour mettre quelqu'exactitude dans le langage, borner le mot à cette acception. Il exprime ainsi toutes les propriétés essentielles des deux genres que nous venons de caractériser, et particulièrement du dernier. C'est une apparence divine ou plutôt une transfiguration, et l'on sait que les anciens lui donnaient ce sens élevé, quoiqu'ils aient compris dans la vaste sphère grammaticale de ce mot beaucoup d'acceptions inférieures. Voyons maintenant qu'elles sont les qualités exigées du symbole divin et la condition qu'il doit remplir, principalement dans son alliance avec l'art. »

« La première condition, c'est la clarté, qui semble au premier abord impliquer contradiction avec l'essence même du symbole. Cette essence, nous l'avons vue, c'est quelque chose d'obscur, de mystérieux qu'on n'entrevoit, pour ainsi dire, qu'à travers un faible crépuscule. Le symbole donc, en cherchant à produire aux yeux le rayon divin, l'obscurcira par un reflet douteux et trahira plus ou moins sa terrestre origine; mais il ne faut pas que, pour échapper à ce lien grossier, il aille se perdre dans les nuages et s'élever au-dessus de toute loi; les lois de la nature sont aussi la science et jamais on ne les transgresse impunément. En d'autres termes, le symbole veut et doit être éminemment expressif, mais il faut que son expression soit simple, franche et décidée, exempte de confusion comme de détours. Les Grecs dans les beaux temps de l'art chez eux, restèrent constamment fidèles à cette condition et à la nature qui la commande : de là cette noble simplicité de leurs ouvrages si éloquente à la fois et si lumineuse. La seconde loi du symbole, c'est la précision qui existe à ne vouloir exprimer qu'autant qu'il le faut pour éveiller l'esprit. Ici encore les Grecs furent supérieurs, et c'est par l'accomplissement de ces deux lois que, sous l'inspiration d'un goût aussi délicat que sévère, ils parviennent à réaliser la troisième, c'est-à-dire la grâce et la beauté. »

« Chez les nations orientales, l'image de la divinité devait exprimer à-la-fois toutes les idées qu'ils s'en faisaient, tous les rapports, tous les points de vue sous lesquels pouvait la présenter une théologie riche et féconde. Les statues des dieux n'étaient en quelque sorte qu'un appel à la méditation de l'infini, seul digne objet des pensées religieuses : entassant signes sur signes et symboles sur symboles pour atteindre la plénitude sublime de la divinité, elles semblaient dans le désir et à-la-fois dans l'impuissance de la représenter tout entière, avertir le croyant qu'on ne saurait épuiser par-là ces inépuisables profondeurs où la pure intelligence a seul droit de se plonger. »

« Mais l'art chez les Grecs, en passant dans le domaine public, s'ouvrit une carrière toute nouvelle. Le beau devînt son but, et il y parvint graduellement. Le climat, l'éducation, les habitudes de la gymnastique, les constitutions libérales et les jeux nationaux; l'exemple et l'autorité d'Homère qui, s'emparant des dieux déjà personnifiés par l'imagination active de ses compatriotes, leur prêta des formes humaines si pures et si belles, telles sont les causes qui, entre beaucoup d'autres, contribuèrent le plus à ce haut progrès de l'art. Mais ce progrès toutefois fut lent et successif: il fallut passer par bien des degrés, depuis les pierres informes qu'adoraient les premiers Grecs, divinités toutes semblables entre elles, et dont les attributs divers faisaient la seule différence jusqu'à ces figures raides et sans grâce, dont les pieds étaient collés l'un à l'autre et dont les vêtemens tombaient en plis droits; depuis ces essais déjà plus heureux, où l'expression se faisant jour quoique sous des formes bizarres et terribles, jusqu'à ces premiers chefs-d'œuvre où elle apprit peu-à-peu à simplifier les attributs et à plaire aux yeux, en adoucissant des formes trop dures. Ce fut alors que l'on commença à traiter la figure humaine comme ce qu'il y a vraiment d'essentiel; et l'art en faisant abstraction de tout ce qui se rencontre d'accidentel ou d'individuel dans cette image, la plus noble de toutes, parvint enfin à lui donner ce degré de perfection où il semble que la divinité s'y révèle en personne. »

« Ce n'étaient donc pas là ni des emblêmes ni des allégories, c'étaient les dieux eux-mêmes réclamant en personne l'adoration des mortels; c'étaient les idées les plus sublimes qui, par un miracle de l'art devenaient sensibles, tombaient dans l'étendue et revêtaient une figure visible, c'étaient des *symboles divins*. La religon conserva dans l'usage les attributs destinés autrefois à distinguer les divinités différentes, mais ils cessèrent d'être nécessaires. Jupiter n'avait plus besoin ni de l'aigle, ni des cornes du bélier pour faire reconnaître en lui le maître de l'Olympe ; des signes caractéristiques soit dans la forme des membres, soit dans l'habitude générale du corps ; des différences palpables fondées sur une convention réfléchie, établirent suffisamment les individualités divines. Ainsi l'art en épurant la figure humaine, y sut réunir à-la-fois le beau et l'expressif ; et lorsqu'aux douze grand dieux on eut joint les divinités inférieures, le cercle du symbole se trouva fermé (1). »

CHAPITRE X.

DU SENTIMENT RELIGIEUX DANS LES BEAUX-ARTS.

Le sentiment religieux, aujourd'hui éperdu, s'éloigne de plus en plus des formes qu'il avait adoptées avec tant d'enthousiasme, et que l'art avait appris de lui à reproduire avec une expression si imposante de réalité et de grandeur. Qui le revêtira d'un forme nouvelle, resplendissante de cette vérité cachée dans les profondeurs de toutes choses, et que la raison pourra contempler face à face?

Non, les dieux ne s'en vont pas, ce sont des formes

(1) *Religions de l'antiquité*, considérées principalement dans leurs formes symboliques et mythologiques, ouvrage traduit de l'allemand, du docteur Frédéric Creuzer. Refondu en partie, complété et développé par J. D. Guigniaut.

périssables qui s'évanouissent. L'homme les crée par une inspiration soudaine, il y renferme son instinct sublime : il croit voir, il croit toucher ses dieux. Mais bientôt il brise lui-même des formes éphémères, indignes, insuffisantes pour contenir une pensée plus grande, plus vaste que la sienne, et à laquelle il concède enfin tous les lieux et tous les temps.

Mais la créature humaine a-t-elle donc perdu tous ses charmes? n'a-t-elle plus rien de Dieu, parce qu'elle ne saurait à elle seule nous le représenter tout entier, et parce que l'art se refuse aujourd'hui à mettre sous ses pieds l'autel de Dieu lui-même?

Les dieux, en dépassant toutes ces proportions gigantesques, expression d'un sentiment qui essaie de se produire, en dépassant toutes ces formes que l'art, excité par un ardent amour, a su rendre si belles et si majestueuses, ont-ils eux-mêmes affaibli notre foi? et notre imagination sera-t-elle inféconde, parce qu'elle ne saurait plus envelopper ce qui ne peut être enveloppé? non, tous ces témoignages sublimes d'une foi qui marche dans l'obscurité ne sont que les divins symboles qui doivent la conduire au sacré parvis.

Quelle sera donc la cause de la stérilité dont les arts, nous dit-on, sont inévitablement menacés?

Essayons d'absoudre le sentiment réligieux.

L'homme, aujourd'hui, sait davantage de l'homme; il sait davantage de l'univers, donc il sait davantage de Dieu. « Parvenir à connaître quelques-unes des lois de « l'univers, c'est une sorte d'association avec le créa-

« teur lui-même (BALLANCHE) (1) : » pourquoi, cette science pleine d'amour et non orgueilleuse, ne répandrait-elle pas sur tous les ouvrages qui sortiront de ses mains une beauté toujours nouvelle, échappant à des conditions immuables, et laissant toujours des traces glorieuses de la marche incessante et libre de la pensée?

Des empreintes merveilleuses nous ont révélé le génie des temps anciens, mais les formes religieuses, sociales, ont changé, et *le beau* qui leur appartenait, n'est plus qu'une tradition; ce n'est plus qu'un signe hiéroglyphique dont le sens s'est conservé jusqu'à nous, mais dont les innombrables *fac simile* ont désenchanté nos souvenirs et fatigué notre admiration. Le sentiment religieux qui l'a tracé n'a point trouvé chez nous ces formes sociales qui le rendait actuel et fécond. Ce n'est plus, à vrai dire, qu'une borne marquée d'un millésime sur la voie sacrée; pour les uns, elle est infranchissable; pour les autres, et nous partageons cette pensée, il faut se hâter de passer outre.

Ce n'est pas que nous veuillons ici autoriser les caprices d'une présomption impuissante, ainsi que nous aimons à applaudir aux élans les plus imprévus d'une imagination toujours éclairée par une vive lumière. Mais rappelons-nous que toutes les fois qu'un art parvenu à un haut degré de perfection, sous l'influence de mœurs particulières, et sans cesser d'être le reflet d'un

(1) « Les sentimens religieux sont une suite des sentimens de notre existence; pour les hommes, vivre c'est savoir quelque chose de Dieu. » (DE SENANCOUR, *libres Méditations*.)

sentiment religieux dominant, quoique restreint dans des limites qu'il est destiné à franchir, rappelons-nous que les productions qui ont résulté de cette alliance, ont un caractère qui leur est propre, inhérent, et que toute imitation ou répétition en dehors de cette influence si absolue et si puissante, ne trouvera point cette force de conviction qui animait l'artiste, et qui commandait impérieusement à tous ceux à qui elle s'adressait.

Que l'on réfléchisse donc aux conditions qui ont fait éclore les chefs-d'œuvre des anciens, on se convaincra de l'inutilité de l'imitation, et du tort réel qu'une telle opiniâtreté fait au progrès.

Chez les modernes, une religion plus vaste, plus éclairée et plus profonde, a ajouté des cordes à cette lyre qui résonne toujours au fond du cœur. Mais, d'abord, ce fut en condamnant les autres au silence, ou en cherchant à les briser, qu'elle voulut faire entendre des accens inconnus.

Dès-lors, le mépris de la beauté des formes humaines devait signaler le renversement d'un culte qui avait subjugué les esprits en charmant les sens; il prévalut longtemps sur les résistances que les artistes grecs apportèrent. Les représentations les plus grossières suffirent à la vénération des fidèles, et furent même régardées pour la plupart, comme descendues du ciel. (*Achéiropoïetes*).

C'est en vain, cependant, que la religion nouvelle repoussa d'abord toute espèce d'alliance avec le passé.

« C'est en vain, dit éloquement un des plus zélés et « sincères admirateurs des anciens, que les dieux anti- « ques furent jetés dans la fournaise! C'est en vain qu'ils

« furent écrasés sous les roues des chars, ou garotés com-
« me des criminels et exposés à la risée! C'est en vain
« que pendant plus d'un siècle l'univers retentit du bruit
« des marteaux qui mettaient en poussière les chefs-
« d'œuvre des Scopas, des Polyclète et des Callimaque!
« C'est en vain que des mains se séchèrent subitement
« pour avoir osé imiter les traits de Jupiter, en cher-
« chant à représenter une tête de Jésus-Christ! La ma-
« tière sanctifiée par le polythéisme ne put-être com-
« plètement anathématisée; un Dieu pur esprit fut en-
« fin represcnté sous l'apparence d'un corps charnel, et
« les plus belles productions reparurent ensuite revê-
« tues d'un caractère nouveau, sous l'influence de l'é-
« cho retentissant du génie antique, par la bouche mê-
« me des Saints-Pères, et sous l'inspiration immédiate
« des chefs-d'œuvre qui ont survécu à la destruction du
« paganisme. » Le sentiment religieux accomplira donc sa mision nouvelle; mais le corps humain se voilera souvent d'immenses draperies, et sur sa face seulement rayonnera le monde mystérieux qui vient d'être découvert à son intelligence.

Le beau corporel, le beau extérieur ne sera plus l'objet essentiel de l'art; car la chair sera souvent flétrie par l'ascetisme le plus austère; et ce sera du fond de cette chair maigrie par le jeûne, lacérée par des pointes ardentes et souillée de poussière, qu'une autre BEAUTÉ cherchant à s'affranchir de toute alliance matérielle, viendra nous raconter des choses étonnantes et sublimes. Et, si des formes suaves et ondoyantes ont enfin le droit de s'offrir à l'œil ravi, ce sera toujours enveloppées de la robe virginale, ou comme entourées des vapeurs de l'encens qui brûle dans les saints lieux, et qui tiennent l'ame éloignée de toutes les voluptés de la terre.

Nous n'essaierons point de faire ici le dénombrement de tous les chefs-d'œuvre qui ont été inspirés par cette grande évolution de l'humanité, et dont l'antiquité n'offre aucun exemple; mais, en même-temps que nous signalons, par la fureur des iconoclastes, la lutte extérieure qui caractérise cet événement, caractérisons d'un seul trait la lutte plus étonnante qui s'établit dans le cœur de l'homme.

Ecoutons saint Jérôme lui-même, lorqu'il nous peint si énergiquement la situation de son ame au milieu du desert où il a fui, et cherchant en vain l'oubli et la paix qu'il espérait y trouver.

« Combien de fois, dit-il, retenu dans le désert, parmi « ces solitudes dévoréés des feux du soleil, je croyais « assister aux délices de Rome! J'étais assis seul, parce « que mon ame était pleine d'amertume, mes membres « étaient couverts d'un sac hideux; mes traits brûlés « avaient la teinte noire d'un Ethiopien; je pleurais, je « gémisais chaque jour. Si le sommeil m'accablait, malgré « ma résistance, mon corps heurtait contre une terre « nue. Eh bien, moi, qui, par terreur de l'enfer, m'étais « condamné à cette prison habitée par les serpens et les « tigres, je me voyais, en imagination, transporté parmi « les danses des vierges romaines, mon visage était pâle « de jeûne, et mon corps brûlait de désirs. Dans ce corps « glacé, dans cette chair morte d'avance, l'incendie seul « des passions se rallumait encore. Alors privé de tous

« secours, je me jetais aux pieds de Jésus-Christ, je les « arrosais de larmes. Je me souviens que plus d'une fois « je passais le jour et la nuit entière à pousser des cris, « et à frapper ma poitrine, jusqu'au moment où Dieu « renvoyait la paix dans mon ame. Je redoutais l'asile « même de ma cellule! Il me semblait complice de mes « pensées. Irrité contre moi-même, je m'enfonçais dans « le désert; et si je découvrais quelque vallée plus pro- « fonde, quelque cîme plus escarpée, là je me jetais en « prière. Souvent, le Seigneur en est témoin, après des « larmes abondantes, après des regards long-temps élan- « cés vers le ciel, je me voyais transporté parmi les « chœurs des anges, et, triomphant d'allégresse, je « chantais: nous accourrons vers toi, attiré par l'encens « de la prière (1). »

Ainsi donc, cette ame, dont la manifestation terrible ne présente à l'art que des débris abjects remués par les convulsions d'une foi ardente aux prises avec toutes les fureurs de Satan, cette ame enfin, qui n'a pour toute enveloppe qu'un sépulcre pantelant, comment excitera-t-elle en nous, dans sa vérité nue, un sentiment d'admiration bien supérieur à celui que nous éprouvons à la vue d'une expression mesurée, d'une souffrance contenue dans l'intérêt d'une forme pure et que rien ne doit altérer!—C'est que ce n'est plus là l'inspiration qui a enfanté un Laocoon; c'est une beauté d'un autre ordre qui vient d'être revélée. Mais pour que l'art puisse réaliser, reproduire une manifestation si sublime, suf-

(1) Villemain, cours de littérature française.

fira-t-il que l'accent, la parole elle-même si éloquente, si énergique, vienne frapper notre entendement? non, il faudra que l'ame de l'artiste se mette à l'unisson avec cette ame troublée, combattante, et dont la grandeur ne peut trouver de mesure que dans le sentiment de la lutte où elle est engagée.

Voilà donc une perception nouvelle dans le domaine du beau! Et quel point de vue pour les arts! Dès ce moment toute la création leur est offerte. L'univers tout entier pourra se réfléchir par des conceptions aussi variées dans leurs formes qu'il l'est lui-même.

Mais d'abord, ce nouveau développement de la raison humaine se fera comme chez les anciens, sous la sauvegarde du sentiment religieux ramené à toute son énergie native: ce sera encore dans le sanctuaire qu'il sera élaboré, c'est là que l'inspiration première y recevra tous ses caractères, et que l'art y créera ses types nouveaux.

D'abord, il aura aussi des formes idéales, des formes conventionnelles; mais contrairement aux anciens, si les plus belles productions de Phidias et celles d'autres artistes célèbres n'ont point cessé d'être dominées par l'influence des premières limites imposées au génie de la Grèce, les modernes, placés véritablement au centre générateur, universel, en feront plus tard jaillir à leur gré les innombrables rayons, sans cesser pourtant de s'imposer les conditions éternelles d'ordre, de proportion et d'harmonie; et toutes les apparences, quelles qu'elles soient, entreront comme élémens constitutifs dans le beau nouvellement révélé.

Lorsque les anciens ont réfléchi la nature, ils l'ont

réfléchie par des généralités, même lorsqu'ils avaient la pensée de la représenter dans ses aspects individuels. Ils l'ont emprisonnée dans un certain nombre de formules où la science humaine toujours insatiable, où l'enthousiasme toujours mobile, où la passion toujours jeune se sont comme épuisés. Chaque type est un effort glorieux, sublime; mais en même temps, chaque type est une unité positive, concrète, dans laquelle toute individualité vient se fondre, se résumer, se neutraliser. Chez les modernes, au contraire, une unité suprême s'individualisera sans cesse, et chaque individualité apportera avec soi, et toujours dans l'ensemble merveilleux de tout ce qui est, l'expression de sa propre existence. Création divine et humaine! reflet sublime de cette Genèse intarissable dont nous sentons religieusement la beauté, quelle que soit l'innombrable variété des objets et leurs différens degrés d'importance dans l'ordre et l'amour qui ont su tout embrasser!

Ce n'est pas que le beau de forme doive être dédaigné, non : il se montre à chaque pas dans cet immense spectacle qui se déroule devant nos yeux, et les efforts du spiritualisme le plus austère ne sauraient l'en chasser; mais dans l'art, la beauté proprement dite, appliquée aux formes extérieures, ne sera plus un fait exclusif. La beauté essentielle de l'espèce particularisera un certain ordre d'émotions, elle aura sa place, tandis que la vertu DE CRÉATION ET D'ANIMATION les dominera toutes.

C'est ainsi que l'art moderne, sortant du temple après avoir été admis au plus haut degré de l'initiation, est venu se mêler plus complétement à la vie pour la réfléchir ensuite dans sa plénitude, dans toutes ses apparences, dans toutes ses formes variées, en colorant cette vie si étendue, si animée, de toutes les lumières qu'il lui renvoyait resplendissantes du fond du sanctuaire.

Et pourtant, lorsqu'on envisage le rôle immense dont les beaux-arts ont pu s'emparer sous de telles influences, et lorsque l'on s'est assuré que ces mêmes véhicules ne sont plus aujourd'hui assez puissans pour exciter en nous cette ardeur de conception qui nous a valu tant de chefs-d'œuvre; quand l'on sait que l'action communicative est nulle vis-à-vis de l'enthousiasme qui les accueillait avec de saints transports, si l'art est en péril, en accuserons-nous le sentiment religieux? Non, la pensée humaine, en rompant un à un les liens qui l'ont retenue long-temps attachée à son berceau par une sollicitude providentielle pour la préparer de plus en plus à la lutte dont elle doit sortir triomphante, a grandi enfin. Elle a grandi comme un enfant élevé par une mère attentive, et dont les mamelles étaient gonflées par un lait puissant. Si sa vie devient pendant quelque temps aventureuse, elle ne cessera néanmoins de se développer, et elle conservera toujours en elle les signes rassurans de cette abondante sève qui l'a d'abord nourrie.

Ainsi que dans l'antiquité, l'art, après avoir décoré le temple, après y avoir introduit toutes ces créations sublimes qui forment une chaîne non interrompue entre l'homme et la divinité, est venu doter plus complètement la liberté individuelle de cette merveilleuse extension de la parole qui reproduit d'une manière si puissante tout un ordre d'idées, d'impressions et de sentimens. Et, sans cesser de satisfaire aux jouissances sociales et individuelles, l'art, n'en doutons point, remontera vers Dieu, et laissera sur son passage de nouveaux témoignages de son perfectionnement et de son inépuisable fécondité.

Des législateurs, pénétrés de leur mission, viendront sans doute étendre des mains pures sur les futures destinées du corps social, et nous apporter les nouvelles tables de la loi; mais en attendant, le sentiment religieux qui semble aujourd'hui si éloigné d'un centre harmonique universel, siége toujours au cœur de l'artiste, de l'homme poète, comme une chaleur latente que le moindre contact va faire jaillir en traits de feu.

Le sentiment religieux est un amour immense, instinctif comme celui qui rapproche deux êtres par les plus heureuses sympathies. Il révèle aux ames, les plus expansives et les plus fortes, la pensée la plus haute, la plus généreuse, et il dispose les autres incessamment à adopter avec enthousiasme les promesses qui ont pour fin le bien être de tous. Si le lien qui rendait cette pensée commune à tous, si le lien qui faisait de tous une seule volonté se brise, ces ames ardentes se sentent rejetées au loin pleines d'effroi, errantes, désolées. Mais bientôt, par un ascendant irrésistible, et comme sans le savoir, elles reprennent doucement les chemins qui aboutissent à cette CITÉ désirable qu'elles ont vue en rêve, et qui sans doute sera une réalité.

Chemin faisant, elles se prennent à tous les objets, à

toutes les rencontres qui réveillent leurs sympathies; elles trouvent dans tout ce qui les entoure le souvenir des émotions vives qui les ont d'abord initiées à la vie. Alors elles élèvent de nouveau la voix, et elles disent chacune isolément, et dans le langage qui leur est naturel : leur douce conviction, leur espoir trahi, leur dégoût, leur généreuse colère, ou le doute affreux dont elles sont encore troublées.

Une ame religieuse est une expression vivante de tous les rapports de l'homme avec ses semblables, avec Dieu. Si l'art est en péril, ce n'est pas le sentiment religieux qui lui manquera. La nature sera toujours là pour nous répéter ce que nous avons appris, pour nous dire ce que nous ne devons pas oublier.

Le sentiment religieux a présidé au développement de l'intelligence et de la raison. Craint-on que le rameau d'or, en nous conduisant de plus en plus vers LA VÉRITÉ, ne fasse trop tôt disparaître tous les fantômes qui se dessinent dans la nuit? et, LA VÉRITÉ, si nous allions la saisir, la voir face à face!... serait-ce donc une apparition insignifiante et qui tiendrait notre cœur glacé?

La vie, la vie toute entière, le spectacle de la nature, ses grands effets, ses phénomènes variés et imprévus, ceux mêmes dont les retours nous sont les plus familiers, tous ces mouvemens divers auront toujours une puissance magique sur notre imagination.

Malgré les conquêtes de la science, malgré ses envahissemens jusque dans la mesure du temps et de l'espace; malgré le flambeau qui projette au loin de si vives lumières, il y aura toujours des mystères ineffables; il y aura toujours des ténèbres; il y aura toujours quelque chose de formidable entre l'homme et ses destinées.

L'amour, l'admiration et la terreur secoueront encore long-temps l'interprète endormi ou rebel. L'homme se demandera encore long-temps quelles sont ces lois qui déterminent le développement de la plante la plus délicate, la plus insignifiante à ses yeux, avec une puissance de prévision aussi insondable que celle qui ordonne le développement de l'être le plus compliqué dans son organisation. Il ne donnera plus aux forces cachées, contre lesquelles il ose opposer les siennes, des formes mensongères; il ne se prosternera plus devant elles. Mais, si une force indomptée déchire encore la nue, si elle fait chanceler les monts, si elle courbe le front imposant des forêts, si elle brise leurs membres gigantesques, ou chasse au loin leurs troncs puissans comme l'herbe arrachée; si la nature, tout-à-l'heure gémissante, éperdue, reprend enfin sa sérénité ; si elle se pare de nouveau à ses yeux, tandis que des pas joyeux s'égareront à travers des ruines, heurteront des tombeaux; les sons que rendront en même-temps les cordes de son ame, auront un sens distinct : toutes ces tristesses et toutes ces joies la briseront, peut-être, comme une lyre voluptueuse qui doit se monter tout-à-coup aux terribles accords d'une danse funèbre.

Mais, si la pensée essaie de planer au-dessus de tous ces actes alternatifs d'enfantemens et de destruction, l'homme conçoit alors une puissance sans bornes ; il conçoit un amour plus grand que son amour, une sagesse plus grande que sa sagesse. Il entrevoit enfin une lumière bienveillante : tout éloignée et incertaine qu'elle est, il veut s'en rapprocher. Si son intelligence semble souvent s'abîmer devant une intelligence infinie, il ne cessera cependant d'aspirer jusques à elle, comme si une voix secourable, lui parlant sans cesse d'une céleste origine, lui criait : Marche, — tu connaîtras les hauteurs qui te sont réservées.

Et, lorsque l'humanité se lève, le mouvement impatient de sa marche plus assurée pourrait-il nous annoncer quelque chose de fatal ?

La SCIENCE, en allégeant de plus en plus les lourds anneaux de sa chaîne retentissante, nuira-t-elle à ses destinées ?

L'art, en se ployant à toutes les formes, à toutes les volontés, aura-t-il renié toute expression sublime ?

Les sons, la parole et l'image, toujours frémissans de toutes les commotions de la pensée divine, n'enfanteront-ils plus des hommes religieux ?

Eloignons de tristes présages. Si les beaux-arts empruntent toujours à la nature même son langage, la nature, dans ses renouvellemens successifs, n'est-elle pas toujours primitive, toujours religieuse et toujours passionnée ?

§ 1er. DE L'AVENIR DE L'ART.

Afin de mieux saisir l'état actuel de l'art et de mieux entrer dans son avenir, établissons d'une manière plus précise que nous ne venons de le faire, la différence qui existe entre le but que se sont proposé les anciens et le but que se proposent les modernes.

Cette différence échappe toujours aux admirateurs exclusifs des anciens, ou du moins ils n'en tiennent aucun compte; et pourtant l'observation peut en tirer quelques inductions importantes relativement aux destinées de l'art.

Pour qui sait apprécier l'influence que la religion des Grecs et celle du Christ ont exercé, la différence essentielle dont nous voulons parler, et dont on ne saurait trop se pénétrer, nous montre dans les arts deux ordres de faits éclatans, et se lie étroitement au développement de l'intelligence humaine; nous verrons même quelle en est la condition nécessaire.

On sait que dès le premier élan du sentiment religieux, l'imagination créatrice et ingénue a besoin de fixer promptement dans des signes extérieurs, dans des figures visibles, tout ce qu'elle contient déjà de *vrai* et de fécond.

La forme matérielle, même la plus grossière, est le premier moule que l'idée accepte, et si cette forme s'épure, devient plus transparente avec le progrès de l'intelligence; si la pensée religieuse, de plus en plus précise, de plus en plus déterminée, s'élève ainsi de symboles en symboles; si ce besoin de l'ame, appelant à son secours tous les moyens de l'art, par la voix de ses plus puissans interprètes, fait descendre enfin dans la forme humaine les plus imposantes et les plus ingénieuses manifestations de la divinité; à qui donc appartiendra le privilége d'une si haute signification, si ce n'est à une nation que des institutions civiles et religieuses exciteront sans cesse à résoudre ce grand problème?

Si l'on avait bien senti cette vivante élaboration où la nature ne dévoile jamais qu'une partie de ses moyens, si l'on avait bien compris cet enchaînement de conditions, ce rapport absolu de l'effet à la cause, on n'aurait pas essayé, tout récemment encore, de renfermer tant de créations où toutes les puissances de l'ame ont eu une si grande part, dans *l'excellence d'une théorie* dont on prétend avoir retrouvé le secret.

Les anciens (nous parlons toujours des Grecs), ont rempli leur mission. Ils ont atteint le but qu'ils s'étaient proposé : la plus haute expression du *beau* dans l'ordre matériel, l'inspiration religieuse a présidé à ce grand fait de l'intelligence humaine.

Mais, nous l'avons déjà dit ailleurs, après ce sublime effort, l'art devait se féconder autrement que par la répétition sans *conscience* d'un symbole qui est venu se briser enfin dans les mains de ceux mêmes qui l'avaient créé. L'infini de la pensée s'est trouvé à l'étroit dans le fini de la matière; *l'esprit* a triomphé à son tour, et si une réaction violente a d'abord voulu une séparation complète, la raison s'est interposée; et l'art moderne a *signifié* aussi la nouvelle croyance par des caractères où la clarté, la précision et la beauté se sont élevées comme chez les anciens, au plus haut degré de la perfection qui leur était propre.

Toutes déclamations en faveur des anciens à l'exclusion des modernes, ou bien une injuste dépréciation de leur gloire, sont donc sans aucune application fondée.

Mais, si nous nous rendons maîtres du présent, nous ne pouvons cependant renier le passé. Nous ne priverons point l'arbre de vie de ses plus profondes racines : nous le laisserons s'étendre et grandir à l'aise, car il n'est pas un fruit précieux qui n'ait été greffé sur lui par une main prévoyante : que chaque fleur vienne en sa saison; un jour, sans doute, tous les temps favorables le couvriront spontanément de ses immenses richesses.

Nous avons indiqué les premières causes déterminantes qui ont donné aux productions des Grecs un caractère tout particulier. Il sera facile d'apprécier la valeur d'une théorie qui prétendrait aujourd'hui obtenir les mêmes résultats, si l'on se rappelle que les Grecs sont arrivés à ce haut degré de perfection qui souvent nous déconcerte, en s'emparant tout naturellement, dès leurs premiers pas, et progressivement, de toutes les significations énergiques que leur vue religieuse, politique et philosophique rencontrait dans la forme matérielle: entremise absolument nécessaire alors pour saisir fortement l'imagination.

Ces significations peuvent-elles avoir pour nous la même valeur, la même importance? Peuvent-elles nous entretenir dans le même enthousiasme? Ce que nous devons en admettre, peut-il être le but essentiel de l'art? Evidemment non.

Dieu, l'homme et l'univers, le beau et le sublime, voilà toujours pour le génie les points culminans de toutes les conceptions qui sont du domaine des beaux-arts. Mais chez les anciens, l'homme indépendamment de ses qualités morales, devenait surtout d'une haute importance par ses qualités physiques; chez nous les qualités intellectuelles ou la valeur de l'ame lui donnent seules cette importance. La beauté, la force, la grâce, la souplesse, l'agilité nous plaisent, mais ce n'est plus de la même manière. Notre amour, notre enthousiasme, notre admiration, notre intérêt ne sont plus excités et soutenus par les mêmes vues générales. La beauté de l'ame nous fait oublier souvent les difformités, les misères du corps. Nous suppléons à la force corporelle par des moyens qui sont en dehors de l'individu, et le dieu du passé, du présent et de l'avenir, échappe de plus en plus au compas et à la vue plastique de notre intelligence, à mesure que nous dévoilons son immensité.

Et nous ne croyons point pour cela que l'art soit en chemin de rétrograder, la science poursuit glorieusement sa route, le sentiment religieux pénétrera plus avant dans l'œuvre mystérieuse de la création, et l'art, pour en révéler toutes les grandeurs, se revêtira librement de toutes les formes variées du symbole divin.

Ce symbole, c'est tout ce qui est par cette pensée une et diverse, immense, insondable, qui se produit en images variées, mobiles, changeantes, périssables, sans cesse détruites et sans cesse renouvelées; c'est ce drame universel, cet acte continu que chaque chose et chaque existence limitée et successive déroule dans le temps, et qui révèle à l'homme seul deux mondes à la fois, le monde physique et le monde moral.

Ces deux mondes reflètent également la pensée divine; ils reflètent aussi la pensée humaine qui se symbolise à son tour, prend mille formes variées pour se produire, et s'initiant de plus en plus dans la connaissance d'elle-même et des choses, participe de plus en plus à l'accomplissement d'une loi relative à sa propre destinée, et sans doute aussi à la fin générale de tout ce qui est.

Toutes les existences tendent instinctivement ou *fatalement* vers une œuvre commune, aussi les existences humaines, comme abandonnées à leurs seules forces, mais toujours dans l'attente des impulsions qui associent, adoptent-t-elles avec ardeur les conceptions empreintes de ces grands caractères d'ordre, d'harmonie et de prévision. Mais, lorsque la raison suffisante manque à la puissance qui entraînait toutes les activités, toutes les espérances, et les maintenait dans une dépendance volontaire, le sentiment de la liberté agit providentiellement à son tour. Le sentiment religieux n'est jamais anéanti, il se replie sur lui-même, et par conséquent, dans la diversité; c'est-à-dire, que chaque individualité rentre dans son unité pour en faire jaillir sa propre raison, expression sainte de la liberté qui lui appartient, jusqu'à ce que toutes ces sphères rentrent de nouveau dans la sphère générale par un acte solennel.

Il en est de même du sentiment du beau et du sublime dans les arts. C'est maintenant dans l'individu qu'il faut l'aller chercher pour savoir ce qu'il est et ce qu'il sera; ce n'est point encore dans un acte solennel, c'est dans les actes divers, c'est dans LA RAISON de chacun, c'est dans chaque synthèse individuelle.

L'individualité est puissante; elle est puissante de

tout le développement et de tout l'affranchissement de l'esprit humain.

Une idée immuable et une forme absolue ne pourront plus être imposées à sa force virtuelle. Le sentiment du beau et du sublme sera plus complétement abandonné à toutes les puissances de l'ame et à toutes les puissances de l'intelligence. Ce sera dans le *fiat* magique et mystérieux qu'il faudra le chercher, ce sera là où il faudra le reconnaître, le comprendre, le sentir, et non dans les formes *extérieures* des choses. Chaque individu rayonnant alors dans sa force et dans sa liberté, et ne cessant pourtant d'être gouverné par les lois éternelles, acceptera d'autant mieux l'influence du centre commun de toute vie et de toute lumière, qu'il s'en rapprochera de plus en plus lui-même par l'aggrandissement de sa propre lumière, par le développement de sa propre vie.

DEUXIÈME PARTIE.

CAUSES RÉTROGRADES.

IMPUISSANCE D'UNE THÉORIE A LA GRECQUE ET DE SA MAUVAISE INFLUENCE SUR L'ART DANS LES TEMPS ACTUELS. — CAUSES DÉTERMINANTES DE L'ADMIRATION DES GRECS POUR LA BEAUTÉ DU CORPS HUMAIN. — LA PERFECTION DE L'ART GREC N'A POINT SA SOURCE DANS L'EXCELLENCE DES MAXIMES. — INJUSTICE DE PLUSIEURS ÉCRIVAINS VIS-A-VIS DE NOS CHEFS-D'ŒUVRE. — IMITER LES ANCIENS, C'EST FAIRE DE L'INDUSTRIE. — L'ÉCOLE EST TOUT. FAUSSETÉ DE CETTE ASSERTION. — MAXIMES CONTRADICTOIRES DES DÉTRACTEURS DU GÉNIE MODERNE. — RÉFUTATION D'UN DERNIER ARGUMENT CONTRE LES MODERNES, RELATIVEMENT A L'ARCHITECTURE.

CHAPITRE PREMIER.

IMPUISSANCE D'UNE THÉORIE A LA GRECQUE ET DE SA MAUVAISE INFLUENCE SUR L'ART DANS LES TEMPS ACTUELS.

Nous avons fait voir déjà que nous ne partageons point l'opinion de ceux qui veulent opiniâtrement faire dépendre les destinées de l'art d'un asservissement continuel aux idées des anciens, et en posant cette question : *quelles ont été les causes de la perfection de la sculpture antique, et quels seraient les moyens d'y at-*

teindre. L'institut, comme tous les admirateurs exclusifs des anciens, croyant la science de la forme inséparable de la beauté, n'a point su poser la question dans les véritables termes qui auraient rendu les recherches des savans qui l'ont traitée, beaucoup plus fructueuses, beaucoup plus en rapport avec les nécessités actuelles et *l'universalité* que l'art veut définitivement embrasser.

Aussi, quoique cette question ait été traitée d'une manière très-savante, sa solution n'a point eu sur l'art moderne l'influence que l'auteur du mémoire couronné aurait eu surtout le droit d'en attendre.

Et pourtant la route que l'auteur enseigne, est à n'en point douter, celle que les anciens ont suivie, il l'a expliquée avec une grande sagacité, l'éloquent écrivain a été soutenu dans ses recherches par un amour sincère de l'art et une connaissance profonde de toutes les qualités que les anciens ont mises en évidence. Mais, nous pensons que si ces chefs-d'œuvre doivent être un jour égalés, ou du moins surpassés, (telle est notre croyance,) ce ne sera certainement pas en passant par le même chemin, car l'esprit humain ne peut rétrograder.

Prenons dans l'auteur même du mémoire couronné (M. Emeric-David) la preuve de ce que nous avançons.

« Depuis deux mille ans, dit-il, quelques morceaux de marbre, taillés à la ressemblance du corps humain, excitent l'admiration du monde; les Romains les enlevèrent aux Grecs, et s'avouèrent vaincus par les artistes qui les avaient travaillés. Au milieu des guerres et des triomphes, les nations modernes les plus éclairées s'en emparent par des victoires, les obtiennent ou y renoncent par des traités publics, comme s'il s'agissait de villes et de provinces. Les anciens qui en ont écrit, l'ont fait, comme nous, avec les expressions hyperboliques de l'enthousiasme; et par un consentement général, chez les Grecs, chez les Romains, parmi les barbares : c'est à ces ouvrages de l'art que l'on a toujours comparé ceux de la nature elle-même, pour en apprécier la beauté. »

« Ce qu'il y a de plus étonnant, relativement à ces admirables figures, c'est que depuis quatre siècles on s'efforce de les imiter, et elles demeurent supérieures à tous les efforts; on se demande par quel art elles ont été produites, et ce problème n'est pas clairement résolu. Ce qu'il y a de plus étonnant enfin, c'est qu'après la multitude de beaux ouvrages que ces quatre siècles ont pu produire, l'institut national de France, entouré de ses propres chefs-d'œuvre, propose lui même cette question : *quelles ont été les causes de la perfection de la sculpture antique, et quels seraient les moyens d'y atteindre?*

« Quelles ont été en effet les causes de la perfection de la sculpture antique? Quelles sont les causes de notre infériorité? Ces hommes qui ont fait des dieux, n'étaient que des hommes! N'y a-t-il pas une route qui puisse conduire au terme où ils étaient eux-mêmes parvenus? »

« Il ne suffit pas, pour répondre d'une manière satisfaisante à cette question, de montrer en quoi consiste la perfection des statues antiques, et par quelles règles tenant à l'art elles ont été rendues si parfaites; il faut prouver encore quelles ont été les causes de cette perfection, c'est-à-dire, par quelle suite de *faits et d'opinions* les Grecs étaient parvenus à se former et à mettre en œuvre les principes qui les ont produites. L'institut reconnaît que les moyens employés jusqu'aujourd'hui pour élever l'art statuaire à la perfection de l'antique, ont été insuffisans : il s'agit d'en indiquer de nouveaux. »

CAUSES DÉTERMINANTES DE L'ADMIRATION DES GRECS POUR LA BEAUTÉ DU CORPS HUMAIN.

L'auteur, après avoir établi tout ce que l'on peut, suivant lui, raisonnablement attribuer à l'influence du climat, à la religion, à la liberté politique, à la facilité de voir le nu, aux récompenses accordées aux artistes, continue ainsi :

« Chez les Grecs, la nécessité où l'on se trouva de demander au corps humain tous les services auxquels la nature l'a rendue propre, et de découvrir par conséquent, dans les formes de toutes les parties, les signes de leur convenance avec leur destination, établit sur la beauté une opinion générale justement sentie. Cette opinion, ou plutôt ce jugement, avoué par la raison comme par l'amour, fut adopté par les philosophes, solemnisé par les artistes, sanctifié par les législateurs. Les fantaisies particulières furent impuissantes pour les détruire. Tous les Grecs *adoraient* Vénus; tous, tous reconnurent Vénus sous les traits de Phrynée, tous adorèrent Phrynée dans le chef-d'œuvre de Praxitèle. »

« Non-seulement les Grecs ne connaissaient ni les armes à feu, ni les diverses inventions qui ont été la suite de celles-là ; mais, malgré les prix accordés aux coursiers olympiques, les chevaux furent toujours rares dans leur pays. Il était en général trop sec et trop stérile, si l'on excepte la Thessalie et la Béotie, pour qu'il fut possible d'en élever un grand nombre. »

« Ces circonstances physiques qui contribuèrent, suivant l'opinion des philosophes grecs, à déterminer la forme du gouvernement, produisirent un effet remarquable sur les mœurs.

« Dans les temps héroïques, les premiers combattaient sur des chars : tout le reste des troupes combattait à pied. Les armées étaient peu nombreuses. On ne connaissait pas l'art d'en faire mouvoir, suivant un même plan, les différentes parties. On se battait corps à corps; la vigueur des membres et la justesse des mouvemens, en déterminant le succès des combats particuliers, décidait de celui des batailles. »

« On avait vu, dans les premiers temps, qu'un homme grand et robuste, renversait, suivant l'expression des poètes, des bataillons de héros; qu'un coureur rapide portait dans quelques instans l'importante nouvelle d'une victoire. On remarqua bientôt, avec la même facilité, en considérant l'extérieur de ces hommes utiles, que leur force, leur souplesse, leur légèreté, que leur aptitude particulière enfin, pour des exercices différens, dépendaient de la différence de leur conformation. L'ins tinct avait reconnu le beau; guidé par la nécessité autant que par l'attrait du plaisir, un jugement éclairé ne tarda pas à en apprécier la convenance. »

« L'intérêt public et l'émulation des guerriers firent attacher un grand prix aux qualités corporelles; les villes se félicitèrent de posséder beaucoup d'hommes bien faits, c'est-à-dire, beaucoup de soldats agiles et robustes. »

« Des fêtes brillantes furent consacrées à honorer la mémoire des héros; à rappeler à des peuples rivaux, ou éloignés les uns des autres, le souvenir de leur fraternité; à faciliter quelque commerce; à réchauffer sans cesse deux passions nécessaires à la chose publique, l'orgueil national et l'amour de la gloire. »

« On distingua d'abord cinq exercices : la course, le saut, le disque, le javelot et la lutte. On joignit ensuite à ces cinq exercices le pugilat, et ils furent alors divisés en deux classes, les exercices pesans et les exercices légers. »

« Tous les hommes n'étaient pas propres à ces exercices différens. Tous les anciens s'y appliquent, dit un ancien, juge habile dans cette matière, et on n'en voit qu'un petit nombre y réussir. »

« Les athlètes s'attachaient particulièrement à celui pour lequel ils avaient le plus d'aptitude, selon la conformation de leur corps. Quand un homme se présentait aux maîtres de palestre : « déshabille-toi, lui disaient-ils, montre-moi ta poitrine, tes épaules, tes reins, pour que je voie avec exactitude à quoi tu es propre. » S'il se rencontrait un homme assez bien fait dans toutes les parties de son corps pour remporter tous les prix, on l'appelait *Penthathle*, c'est-à-dire, propre aux cinq exercices; l'admiration et les applaudissemens de la Grèce entière se réunissaient sur lui. »

« En distinguant des qualités utiles pour tous les exercices, des qualités nécessaires pour chacun, on reconnut avec justesse en quoi consistait le beauté physique en général, et on se fit une idée particulière des formes par lesquelles chaque membre était plus ou moins *beau*, c'est-à-dire, plus ou moins capable de rendre les services auxquels la nature l'a destiné. »

« Non-seulement on remarqua bientôt la forme que devait avoir chaque partie principale du corps, pour être parfaitement convenable à sa destination, et l'on sentit l'harmonie qui devait se trouver entre les différentes parties, mais on distingua dans celles dont l'utilité n'est qu'au second rang, telles que les cheveux, les oreilles, les sourcils, des formes qui correspondaient au caractère particulier de chaque personnage. »

« De plus, exposés à une foule de revers, les Grecs dûrent apprendre à les supporter. Cette nécessité devint utile à la morale. On exerça son ame à la modération dans la joie, à la résignation, au mépris des souffrances et de la mort. On joignit, aux efforts de la philosophie pratique, les secours de la philosophie spéculative. Les écoles se remplirent d'hommes qui voulaient apprendre l'art d'être heureux malgré la fortune; et par une suite de principes que l'on y puisait, on mit au premier rang, parmi les qualités corporelles qu'il fallait admirer, les signes extérieurs d'une ame ferme et généreuse. »

« La science physiognomonique, si convenable à la sagacité des Grecs, fut aussi portée fort loin, et peut-être même au-delà de ses justes bornes. Platon remarquait dans les mouvemens extérieurs du corps une vérité, une certaine grâce, qui était, disait-il, la marque ordinaire d'un bon esprit et d'un bon cœur. Aristote fit un traité pour enseigner à découvrir le caractère moral dans la forme des membres et dans les traits du visage. Anaxagore voyait des signès particuliers d'intelligence dans la forme des mains et dans celle des pieds. »

« Tel fut enfin l'effet de ces diverses opinions, que pour admirer l'extérieur d'un homme, les Grecs voulurent y reconnaître les signes d'une parfaite constitution physique, de la santé, de la force, de l'adresse, de l'agilité; qu'ils voulurent y reconnaître les signes de la sagesse, sans laquelle la force corporelle d'un homme serait nuisible au bonheur de ses semblables; qu'ils voulurent y reconnaître, pour tout dire en un mot, ces apparences de bien-être, de force physique et morale, de dispositions douces et humaines, qui font qu'un homme est agréable à voir, et si agréable, qu'on ne se lasse pas de le regarder. Celui-là seul fût beau, en qui l'on reconnu les signes d'une ame vertueuse dans un corps plein de vigueur : celui-là seul fut beau, en qui la perfection de l'ame répondit à la perfection du corps. »

« Le goût général, enfin, découvrit deux règles pour apprécier la beauté du corps humain. L'une déterminait la valeur proportionnelle de chaque partie, relativement à l'harmonie générale et au plaisir de l'œil; elle voulait que chaque membre fût grand, ainsi que l'ensemble, ou le parût par les proportions, autant et plus, en quelque sorte, que ne le permettait son étendue réelle. L'autre règle première, dont celle-là n'est, à proprement parler, qu'une application, enseignait que, pour être belle, chaque partie du corps humain devait être conformée d'une manière convenable à sa destination physique et morale. »

« C'est cette convenance parfaite de la forme des membres avec leur destination, que Ciceron, d'accord avec les Grecs, appelait *la beauté*, c'est cette beauté accomplie que Zénon appelait *la fleur de la vertu*, parce qu'il voyait les signes d'une beauté plus admirable et vraiment divine. »

« On ne s'étonne plus, en considérant cette définition de l'enthousiasme qu'inspirait la beauté, des honneurs extraordinaires, des hommages *religieux* que lui rendaient les Grecs. Les Spartiates, tous guerriers, ces mêmes Spartiates, qui négligaient les arts, étaient les appréciateurs les plus délicats de ce genre de mérite. Les habitans de la ville d'Egeste en Sicile, trouvèrent un Crotoniate, nommé Philippe, si beau, qu'ils lui élevèrent un temple, et établirent des sacrifices en son honneur. Les plus graves historiens vantent les hommes pour leur beauté, comme font les poètes. Les philosophes plaçaient la beauté au nombre des biens, la laideur au nombre des maux qu'on pouvait recevoir de la fortune. Le *beau* Callias, le *beau* Xénophon, étaient honorés de ces surnoms dans les écoles. Les politiques, s'occupant eux-mêmes de l'art de la callipédie, recherchaient les moyens d'assurer des générations de beaux enfans. Non, ce n'était pas une passion aveugle et passagère qui dictait ces jugemens du peuple et des législateurs. Ces hommages étaient rendus à la force corporelle qui défendait les républiques, aux signes extérieurs des vertus qui les faisaient chérir. O le plus sage des hommes! ô Socrate! tu songeais à l'intention de la nature dans la formation de son plus bel ouvrage, à la gloire de ta patrie, au bonheur du genre humain, quand tu disais ces paroles que l'on a si souvent remarquées : « je ne puis voir un beau jeune homme sans admiration. — Mes yeux se tournent vers le bel Autoliens, comme vers un flambeau qui brille au milieu de la nuit. (1) »

Nous voyons par toute cette marche si bien exposée et ces observations si judicieuses, quelles furent les circonstances et les nécessités qui déterminèrent les Grecs à reconnaître les avantages des qualités physiques de l'homme, et l'esprit qui les dirigea de bonne heure à rechercher les élémens de ces mêmes qualités. Les législateurs, les philosophes et les artistes marchèrent tous vers ce même principe de beauté : et en effet la convenance des parties, leur disposition vers une même fin, exalte nos affections, exerce sur notre intelligence excitations puissantes, suivant l'importance de l'objet, en lui-même, et relativement à nous.

L'admiration pour la beauté des formes était générale, et la religion poétique, en même temps que populaire, enseignait que les dieux *avaient des formes sem-*

---

(1) Émeric-David.

blables à celles du corps de l'homme, « et ils n'eussent pas été des dieux pour les Grecs si leurs corps n'eussent pas offert des modèles accomplis de force, de souplesse, de grandeur et de majesté. »

L'auteur des *recherches sur l'art statuaire* conclut de la perfection où les Grecs arrivèrent, et du goût général qui maintenait les artistes dans une nécessité absolue de tendre continuellement vers le même but, qu'il devait y avoir des principes certains, et que ces principes devaient être à la portée de tout le monde et connus de chacun. « On ne peut douter, dit-il, que le goût des peuples ne fût uniforme. Cela est prouvé non-seulement par les jeux athlétiques, mais par les concours où l'on décernait des prix à la beauté. On célébrait ces fêtes singulières jusque dans les plus faibles bourgades. Dans l'Élide, c'était des hommes qui concouraient les uns contre les autres : le prix était une armure; le vainqueur, accompagné de ses amis qui le couronnaient de myrthe, allait sur le champ en faire offrande à Minerve. C'était aussi des hommes qui concouraient à Epicure, à Isménie, à Tanagre. Quoique le prix fut pour les femmes, à Sparte, à Délos, dans l'île de Ténédos et ailleurs, le but de l'institution n'était pas moins héroïque. Ces hommages, rendus à la beauté, n'ayant partout qu'un même but, la beauté que l'on admirait devait être partout la même. La vierge que l'on couronnait à Sparte n'eût pas été sans doute rejetée à Délos. »

Oui, le goût des peuples était général. Oui, des jugemens uniformes supposent des principes certains. Oui; mais de quoi était-il question? de la beauté des formes humaines, de cet état dans lequel le corps humain était censé se rapprocher le plus de l'*exemplaire* original que la nature, suivant eux, offrait pour modèle, toutes les fois qu'agissant en pleine liberté elle accomplissait dans un individu toutes les conditions de développement et de destination. Une foule de causes générales et particulières firent naître et entretinrent cette direction particulière de leur génie. Le beau des formes fut une passion et une nécessité; le plaisir et l'utile en déterminèrent le culte, les usages civils, les lois, les mœurs le voulurent; la religion le sanctifia. Les jugemens se formèrent successivement, et des suffrages de la multitude, et de la consécration que les artistes donnèrent à ces décisions. Les principes passèrent dans les habitudes de tous les esprits par la répétition des mêmes causes et des mêmes effets.

Le beau se constituait lui-même par la victoire, par le triomphe qu'il obtenait dans tous les concours, aux jeux olympiques ou dans toutes les fêtes instituées pour lui rendre hommage. Les hommes et les femmes couronnés dans les concours ne furent-ils pas des types donnés par la nature elle-même? *Une ressemblance parfaite de toutes les parties de leurs corps* (1) apprit à des peuples enthousiastes à reconnaître fréquemment la convenance des par-

---

(1) *On érigeait une statue à l'athlète couronné trois fois à Olympie.* — Cette ressemblance de tous les membres était exigée avec rigueur. Les statuaires devaient s'abstenir de toute flatterie, de toute fraude. Il leur était défendu, dit Lucien, de faire ces statues iconiques (statues-portraits) plus grandes que leurs modèles. Les hellanodices

ties avec leur destination, et leurs sentimens passionnés, maintenus sans cesse dans la rectitude par l'observation et par l'adoption de faits irrécusables, rendirent souvent des jugemens auxquels les plus grands artistes n'hésitèrent pas de se conformer.

LA PERFECTION DE L'ART GREC N'A POINT SA SOURCE DANS L'EXCELLENCE DES MAXIMES.

La perfection de l'art grec ne doit donc pas être considérée comme ayant sa source presqu'exclusivement dans l'excellence des maximes et dans la constance avec laquelle les artistes surent, dit-on, s'y conformer, mais bien dans la direction constante de toutes les volontés vers un but unique : celui de rendre hommage à la *beauté corporelle* que les peuples, les législateurs et les philosophes regardaient comme inséparable du *bon et de l'utile*. La méthode n'est qu'une marche scientifique qui cherche à maintenir l'art dans son état. Elle se complète avec le progrès de l'art, mais elle n'est point la cause première de ce progrès, et même elle peut lui nuire, si elle devient tyrannique, si elle force le génie à se diriger vers un but qui a cessé *d'être bon et utile*.

Or, lorsqu'on propose de suivre les *règles excellentes* des anciens, il est important de s'enquérir si le *beau des*

---

veillaient soigneusement à ce qu'ils ne s'écartassent point de la simple ressemblance. Les statues, avant d'être mises en place, étaient soumises à un examen sévère. Si le sculpteur avait voulu en imposer par des proportions exagérées, son ouvrage était rejeté.

formes, le beau extérieur, est encore aujourd'hui le but de l'art. Evidemment non. Le but de l'art moderne est *le beau intérieur*, comme nous l'avons dit, enveloppé de toute forme quelle qu'elle soit, et se réfléchissant au dehors par LA VERTU DE CRÉATION ET D'ANIMATION. Nous avons trouvé les motifs, les causes sacrées de cette différence, dans le développement même de la raison humaine. Les détracteurs de l'art moderne ont donc tort de placer la question entre *le culte du beau* et ce qu'ils affectent d'appeler *le culte de la laideur*.

INJUSTICE DE PLUSIEURS DE NOS ÉCRIVAINS A L'ÉGARD DE NOS CHEFS-D'ŒUVRE.

C'est en refusant d'entrer dans les nouveaux besoins de l'ame et dans la direction de toutes les facultés intelligentes qui doivent y correspondre, c'est en refusant d'entrer dans cette voie, ou en la méconnaissant, que des écrivains ardens ont fait de vains efforts pour redonner à l'art sa splendeur antique. Leurs yeux toujours éblouis par la gloire du passé, n'ont point su distinguer la splendeur nouvelle.

Cette préoccupation a même rendu ces écrivains injustes en présence de nos chefs-d'œuvre ; n'en comprenant point le caractère propre, ils n'ont pu y reconnaître la beauté; ils n'ont pu y appliquer, comme ils l'ont fait pour les anciens, ce même principe qui s'y trouve à un si haut degré : *L'accord expressif d'un tout avec ses parties. Un ordre de choses analogues à notre nature, en harmonie avec les besoins de notre intelligence et de notre ame.*

Estimons à leur juste valeur les argumens portés contre l'art moderne par l'auteur *des recherches*, et renouvelés par un écrivain dont les travaux étendus renferment une foule de documens précieux, et des vues très-profondes.

« L'art des Grecs, dit ce dernier, dans son *Traité de Peinture*, était pur et excellent; leur sensibilité était extrême; ils ont dû repasser dans leur esprit toutes les combinaisons dont l'intelligence humaine est susceptible. Leur grand savoir, la finesse de leur tact et de leur jugement leur a fait rejeter ou adopter précisément ce qu'il convenait d'adopter ou de rejeter. » Nous conviendrons de tout cela avec l'auteur du *traité*, en nous plaçant toutefois au véritable point de vue des anciens. « Rien de nouveau, continue cet auteur, ne peut être ajouté à l'art antique, que des dégradations et des flétrissures; et si, après les périodes grecques, où l'on a vu l'art atteindre à la perfection, des artistes pleins de talens n'ont pas ambitionné autre chose que de marcher sur les traces des Phidias, des Polyclète, des Praxitèle, des Cysippe, des Protogène et des Apelle, devons-nous rougir de nous aider des mêmes réserves, et de suivre ces mêmes guides? Non, ce droit d'aspirer à des perfectionnemens de notre choix ne nous sera accordé que lorsque ces anciens, que nous voulons corriger, auront été imités et égalés. »

Tout cela est de la plus grande vérité, *si nous voulons continuer à faire des* ANTIQUES, si nous voulons refaire tous les dieux de l'Olympe, nous inspirer encore de tous les mystères et de toutes les fables qui ont inspiré les anciens,

Heureusement pour l'art, cette prétention s'affaiblit de plus en plus ; l'impuissance d'une telle entreprise, si souvent constatée, laisse enfin triompher la saine logique. Nous continuerons d'admirer des chefs-d'œuvre si justement admirés, mais au lieu de chercher à les *imiter*, à les égaler, nous serons, comme les anciens, conséquens dans la direction et l'usage de notre liberté ; nous permettrons définitivement à notre génie de puiser dans sa propre nature, dans sa véritable forme, dans sa propre vie, tous ses élémens de création ; nous lui permettrons d'être lui ; et, jusque dans les moindres productions de l'art, notre nature, libre enfin de se prononcer, viendra détruire elle-même la monotonie et le désenchantement qu'une science industrieuse ne peut manquer d'apporter, toutes les fois qu'elle exerce un empire trop absolu, là où le sentiment, l'enthousiasme et l'inspiration doivent marcher en première ligne.

IMITER LES ANCIENS, C'EST FAIRE DE L'INDUSTRIE

Imiter les formes antiques (1), ou même imiter une forme quelconque, c'est employer les moyens mécaniques de l'intelligence, ce n'est pas encore créer. Créer, c'est

(1) L'art n'est pas l'imitation de la nature (car à quoi bon imiter la nature ?) Si nous y parvenions, ce serait encore la nature et pas autre chose, rien de nouveau, rien de produit, rien de créé, mais un monstre qui nous tromperait par son identité avec la nature. De même l'art n'est pas la représentation de l'art, car ce serait encore le même tort que pour l'imitation de la nature.

(P. LEROUX, *Revue Encyclopédique*).

faire passer sa vie dans l'objet représenté ; or, la vie d'un individu ou d'une nation se compose de ses habitudes, de ses passions, de ses amours, de ses antipathies, de ses croyances, de ses préjugés, et en un mot de toutes les causes extérieures qui viennent la modifier. Sans doute, comme l'a dit un écrivain éloquent, « les hommes avant nous, c'est nous; les hommes en même temps que nous, c'est nous; les hommes après nous, c'est encore nous. » (BALLANCHE). Mais que l'artiste se reporte dans le passé ou qu'il devance l'avenir, il faut qu'il rende actuel ce qui n'est plus ou ce qui sera. Or, l'art compris sous le rapport de la beauté absolue des formes était actuel chez les anciens; chez les modernes, aucune forme n'est exclue du domaine de l'art, et si nous nous imposons à tous la beauté absolue des formes, non-seulement nous restreignons le domaine de l'art, mais nous nous mettons nous-même en opposition avec nos habitudes, nos besoins, nos passions, nos croyances, nous abdiquons notre propre vie, ce que ne firent pas les anciens que l'on nous conseille d'imiter.

---

(1) On ne peut ici se méprendre sur le sens que le critique donne au mot *imiter*. Il nous conseil positivement de nous faire Grecs ou Romains; et David, et Girodet lui-même, sont morts à la peine. « Les Grecs sont nos maîtres, dit M. Paillot de Montabert, parce qu'ils ont tout fait pour obtenir cette supériorité. C'est donc pour la leur faire perdre, qu'il est de notre dignité de lutter fièrement avec eux et de tâcher de vaincre, s'il est possible, ces rivaux qu'on appelle tous les jours inimitables. » Et ailleurs, le même écrivain nous dit : *Nous n'avons pas encore pu seulement restaurer convenablement le nez d'une figure grecque*. Ainsi nous sommes encore loin de compte.

Donnons plus de force, s'il le faut, à notre argument, en appliquant ici les observations très-profondes que le critique emprunte lui-même à M. Suë (au sujet de l'unité dans les parties des corps).

« Tout ce qui tient à l'homme dérive d'une même source, tout est homogène en lui : la forme, la stature, la couleur, les cheveux, la peau, les veines, les nerfs, les os, la voix, la démarche, les manières, le style, les passions, l'amour, la haine, il est toujours un, toujours le même. Il a sa sphère d'activité dans laquelle se meuvent ses facultés et ses sensations ; il peut agir librement dans cette sphère, mais il ne saurait en franchir les limites. Il faut cependant convenir que chaque visage change, ne fût-ce qu'imperceptiblement, d'un moment à l'autre, jusque dans ses parties solides ; mais ces changemens sont encore analogues à la mesure de mutabilité et aux caractères propres qui lui sont assignés, il ne peut changer qu'à sa manière, et tel mouvement affecté, emprunté ou hétérogène, conserve encore son individualité, laquelle, déterminée par la valeur de l'ensemble, n'appartient qu'à celui-ci, et ne serait plus le même dans un être différent. Lavater dit qu'il rougit pour son siècle de discuter des vérités aussi palpables. »

« La nature ne s'amuse pas à apprécier des parties détachées : ces organisations ne sont pas des pièces de rapport ; elles se composent d'un seul jet, ses plans sont d'un même moment ; c'est toujours la même idée qui domine ; le même esprit s'y fait sentir jusque dans les plus petits détails ; il s'étend à tout le système et en parcourt toutes les branches. Un ouvrage qui ressemble à une *mosaïque*, et dont toutes les parties ne dérivent pas d'une tige commune qui porte sa sève jusque dans les rameaux les plus éloignés, n'est l'ouvrage ni du *sentiment ni de la nature.* »

Ceci ne doit-il pas se dire également de la personnalité, de l'individualité d'une nation ? N'est-elle pas de même déterminée par la valeur de l'ensemble ? L'artiste, le poète qu'elle a enfanté, est l'expression vivante de cette individualité : c'est sa voix, sa forme, sa stature, son style, ses passions, son amour, sa haine, sa propre vie. Voilà pourquoi l'art chez les modernes ne doit être ni grec ni romain.

On dit cependant : « La supériorité des Grecs dans toutes les parties qui constituent le domaine des beaux-arts n'est due qu'à la supériorité de leur doctrine. Les écrivains qui ne pouvaient nous indiquer les secrets de la théorie antique, nous ont donc exposé, chacun à leur manière, et avec plus ou moins d'importance, leurs conjectures sur des causes qui ne sont que secondaires, telles que l'enthousiasme de la liberté, leur vie pastorale, leur religion, l'habitude de voir le nu, etc. (1) »

Suivant nous, aucune des causes ne peut être distraite sans un changement manifeste dans le tout.

L'ÉCOLE EST TOUT : FAUSSETÉ DE CETTE ASSERTION.

On nous dit : L'école est tout. La théorie, excellente ou vicieuse, produit l'excellent ou le vicieux. On nous dit : « Le Bernin, lors de son talent, aurait retrouvé l'an-

(1) M. Paillot de Montabert.

cienne Athènes ou le beau ciel de l'Ionie, y serait allé exercer son art à sa façon, y serait devenu mythologue ou républicain, qu'il n'en aurait pas moins exprimé sur le marbre de Paros des chairs flasques et des os douillets; et Michel-Ange, transporté au milieu de ces pays délicieux, en présence des plus élégantes courtisannes de l'Attique, n'en eût pas moins bosselé ses contours et torturé ses déesses (1). » Cette supposition spécieuse ne prouve rien. Si un arbre vigoureux, dans la plénitude de sa force productive, est tout à-coup transporté sur un terrain *tout-à-fait étranger* au sol qui l'a nourri, il y mourra indubitablement. Ecoutons cependant ce que dit ailleurs le même écrivain : « Les statuaires, dans leurs premiers ouvrages, ou dans ceux qui ont été faits par des artistes qui ne savaient qu'ébaucher, font voir de grossières erreurs et de grandes négligeances; et malgré cela, tous ces signes ne tendent qu'à un but qui est l'expression des idées *dominantes* dont est occupé l'esprit de l'auteur de ces premières tentatives. » Où ces *idées dominantes* se sont-elles formées, si ce n'est dans le milieu même où l'artiste s'est trouvé placé? C'est ce que l'auteur du *traité* va nous affirmer lui-même : « Pourquoi, dit-il, les anciens, qui avaient constamment le nu sous les yeux, soit dans les palestres, soit dans les *temples*, où ils ne voyaient que les plus belles figures et les plus beaux vêtemens, pourquoi n'eussent-ils pas préféré de représenter ces beautés? et bien qu'ils ne pussent le faire qu'avec peine et grossièrement, pourquoi ne se fussent-ils pas arrêtés à

(1) Paillot de Montabert.

ce choix des plus beaux objets? » Et à la page suivante :

« Les législateurs s'emparèrent des beaux-arts : cela nous donne la raison pour laquelle les Grecs portèrent la peinture et tous les autres arts à un si haut degré de perfection. Les prêtres et les législateurs de la Grèce rendirent les beaux-arts utiles, en les faisant agir sur l'imagination des peuples dans un sens favorable à la beauté et à la grâce des images. » Et ailleurs :

« Les Grecs captifs, pour ainsi dire, à Rome, y fondèrent une école, et y apportèrent leur philosophie, leur science profonde, leurs documens précieux; mais les artistes n'y recevaient plus ces couronnes immortelles d'Olympie, ce n'était plus *l'air natal de l'Attique*, ce n'était plus la gloire nationale qui inspirait leur génie (1). »

Ainsi donc, on languit et l'on meurt privé de *l'air natal;* ainsi donc, les bonnes théories ne suffisent pas.

Au reste, elles ne sauvèrent pas ceux qui les *avaient faites* de l'influence des causes générales qui en changèrent l'application.

On nous dit encore, pour nous prouver la supériorité des Grecs par la puissance de leurs doctrines : « Quoi de plus poétique et de plus imposant que les images dont sont remplies les Ecritures et l'Evangile? *Le Christ était le plus beau des enfans des hommes.* La beauté des anges est tout ce que l'imagination peut se représenter de plus admirable. En quoi la majesté de l'Eternel le cède-t-elle à la grandeur du Jupiter d'Homère? Une vierge remar-

(1) Tom. 2 du traité, page 19.

quable par sa beauté entre les filles de Jérusalem, belle au milieu de ses compagnes comme un lys parmi les épines; un Enfant-Divin, des martyrs, des prophètes, un Homme-Dieu sortant triomphant du tombeau où il consentit à descendre: que manque-t-il à ces nobles sujets, pour inspirer de grandes idées? Nos artistes ont représenté lés héros et les dieux des Grecs, pourquoi ne l'ont-ils pas fait avec le même succès que les artistes de l'antiquité? Si le génie d'Homère anima Phidias, pourquoi n'a-t-il pas animé de Phidias parmi nous? » Laissons l'auteur *des recherches sur la statuaire* se réfuter lui-même.

NAÏVES CONTRADICTIONS DES DÉTRACTEURS DU GÉNIE MODERNE.

Il s'est livré dans le ciel un combat terrible, Michaël avec ses anges ont combattu contre Satan.

« Raphaël, inspiré par ce texte d'un des livres saints, a représenté le dernier moment du combat des anges, celui où saint Michel va écraser Satan vaincu et précipité du ciel; toutes les grandes idées que pouvait offrir ce beau sujet, il les a saisies, il les a exprimées avec une énergie admirable. Raphaël a composé des tableaux plus achevés, plus corrects dans toutes leurs parties; il n'a montré dans aucune plus d'élévation et plus de vigueur. Toujours noble, toujours gracieux, dans cet ouvrage il est sublime. »

« L'archange est revêtu d'une cuirasse formée d'écailles d'or, décoré d'écharpes et de brodequins, armé d'une pique et d'une épée. Il offre, dans ses mouvemens et dans ses traits, une grandeur surnaturelle. Les parties supérieures de son corps s'élèvent au-dessus de l'horizon; elles remplissent le haut du tableau; l'espace qu'il renferme est insuffisant pour les contenir; les ailes et la pique ne se découvrent pas entièrement. Tel était, dans le temple d'Olympie, le Jupiter de Phidias; le dieu n'aurait pu se lever de son trône sans entrouvrir le comble de l'édifice. »

« Comment représenter le visage de saint Michel? Quels traits pouvaient convenir *au chef invincible et invulnérable des milices célestes*, *au héros de diamant.* (Sanct. August.) »

« La tête de ce héros du ciel est un des chefs-d'œuvres les plus accomplis de Raphaël : elle est si noble, si lumineuse, si imposante, qu'à peine ose-t-on la regarder. On y retrouve toute la fierté de *l'Apollon Pythien; elle présente en même temps dans chaque trait la sévérité, la vigueur, la finesse dont les têtes antiques de Minerve offrent seules la réunion.* »

Le même critique, en voyant *les neuf Muses* de Le Sueur :

« A l'exemple du berger d'Ascra, l'artiste a représenté les filles de Jupiter assises au sommet du mont sacré, auprès des eaux de l'Hippocrène, et chantant ensemble les louanges des dieux. Une lumière tranquille, répandue avec ménagement, rappelle l'air frais et pur que respirent les Piérides. La naïveté des poses, l'élégance des costumes, la finesse de l'expression, la grâce, la candeur, la noblesse, imprimées sur les traits de ces vierges divines, excitent une égale admiration. Chaque regard découvre des beautés nouvelles. »

Au sujet de la *descente de croix* de Rubens :

« Si l'on s'attache d'abord à la composition, quel mouvement! quel vaste et imposant ensemble! quelle majestueuse unité! Si l'on porte successivement ses regards sur les figures principales, *comment ne pas admirer la beauté de celle du Christ!* quelle dignité, quel touchant abandon dans la chute de ce corps sanglant, qui semble respirer encore! quelle vérité dans l'action de tous les personnages! quel feu dans leurs traits! quelle vivacité dans l'expression de leur amour et de leur douleur! Si on examine le coloris, quel éclat! quelle vigueur! quelle harmonie! quelle finesse même, dans la touche, sorte de mérite que Rubens ne crut pas toujours devoir rechercher! Que d'intérêt, enfin, dans la représentation d'un sujet très-dramatique, sans doute, mais dont l'effet n'est plus que douloureux et presque repoussant, aussitôt qu'il cesse d'être sublime! A peine, en considérant *ce prodige de l'art,* a-t-on le loisir ou la pensée d'y remarquer quelques imperfections. »

Et en parlant de Rembrandt :

« Il est facile, sans doute, de découvrir des imperfections dans le plus beau tableau; mais où retrouver *les beautés inimitables* de Rembrandt (1)! »

---

(1) Voyez les notices sur les tableaux de différentes écoles, imprimées à la fin des discours historiques sur la peinture moderne, 1812, par EMERIC-DAVID.

En vérité, tous ces aveux étaient bons à consigner vis-à-vis des *beautés inimitables* des Grecs, et des inculpations contre l'art moderne.

Du reste, toutes ces naïves contradictions se font aisément pardonner dans l'auteur estimable des *recherches* et des *discours historiques*. Elles prouvent seulement qu'il n'a pas su se placer philosophiquement entre les deux grandes données de l'art antique et de l'art moderne, et que des impressions immédiates ont été plus fortes que des préventions.

Nous en dirons autant de l'auteur du *Traité sur la peinture*: Nous sommes bien aise d'apprendre de sa bouche même, que, malgré le manque de doctrines traditionelles, l'art moderne s'est élevé à une hauteur immense; que Michel-Ange est un géant qu'on n'ose attaquer; qu'il est grand, fier et terrible; que, devant certaines figures sculptées, sa critique a été anéantie; que son esprit et ses yeux se sont trouvés comme enchaînés par un magnétisme dont il ne savait découvrir la cause; ce qui le fait s'écrier : O Michel-Ange! ici ta puissance semble être un mystère, ta force une magie, et ton savoir un secret,.... *Sois toujours fière, heureuse Italie, de ton Michel-Ange; la Grèce elle-même en eût envié la gloire..*

Nous sommes bien aise d'ouïr encore que Raphaël fut un être *privilégié;* que dans tous ses tableaux, exécutés soit à l'huile, à fresque, soit en grand, soit en petit, il fut toujours savant, plein de nerf, de sentiment et de génie; que l'on trouve dans ses compositions quelque chose *de philosophique, de saint* et *de solennel; qu'il y faisait passer son ame ; et qu'il possédait, comme Apelle, une grâce particulière.* Que cet homme excellent eût probablement surpassé tous les peintres de l'antiquité, et Apelle lui-même, s'il eût vécu de leur temps.

Si, devant ces deux grands génies, nous voyons cependant le critique déplorer l'absence des émules et du maître grec, si nous le voyons regretter qu'ils n'eussent pas été complètement initiés dans la théorie *fixe et déterminée* des Grecs, dans cette théorie qu'il regarde comme infaillible, et qu'il croit avoir retrouvée, nous lui dirons que cette théorie *fixe et déterminée* ne put garantir, chez les Grecs, ceux mêmes, qui sans doute la connaissaient le mieux, des justes atteintes de la critique. C'est ce que nous prouve ce fait connu et rapporté par l'auteur *des Recherches :*

Phidias lui-même, après avoir modelé son Jupiter Olympien, appela le public pour le juger. Le public trouva des défauts dans la figure, quelque belle quelle dût être. L'artiste célèbre se soumit à ce jugement. Renfermé de nouveau dans son atelier, il corrigea son ouvrage d'après les observations de la multitude. « Il ne crut pas, dit Lucien, devoir négliger le sentiment de tant de personnes réunies, il reconnut que le plus grand nombre voyait mieux qu'un seul homme, cet homme fût-il un Phidias. »

La convenance est une généralité, voilà pourquoi la multitude peut indiquer un oubli dans son observance. L'artiste, malgré sa tendance à l'universalité, ne saurait être à lui seul l'expression de tous les rapports. Ainsi, la théorie fixe et déterminée ne put éclairer suffisamment ce grand statuaire. Or donc, il est bien prouvé maintenant que *l'école n'est pas tout*, qu'avec une théorie fixe et déterminée on n'est pas encore complet, et que sans cette théorie, on peut s'élever à une hauteur où beaucoup ne pourrons jamais atteindre, où l'on peut mériter le nom de *divin*.

Ne donnons donc pas à la théorie des Grecs plus de vertu qu'elle n'en a. Connaissons là parce qu'il est bon de connaître tous les efforts, toutes les conquêtes de l'esprit humain, mais si la *science* a su décomposer toutes les parties constituantes d'une œuvre de génie, rappelons-nous que ce n'est pas elle qui est le *moule intérieur*, l'*instinct formatif*, la *vertu plastique*.

RÉFUTATION D'UN DERNIER ARGUMENT CONTRE LES MODERNES RELATIVEMENT A L'ARCHITECTURE.

Terminons ces considérations par la réfutation d'un dernier argument tendant toujours à prouver la supériorité des Grecs sur les modernes et l'excellence de leur doctrine ; cet argument a rapport a une des branches des beaux arts trop liée avec la peinture et la statuaire pour que nous le passions sous silence.

« Les Grecs n'avaient point de modèles pour les mo-
« numens d'architecture. Cependant le même caractère
« produit les mêmes principes, se montre dans leur ar-
« chitecture et dans leurs statues ; il se fait voir aussi
« dans leurs vases, dans leurs meubles, dans tous leurs

« ustensiles : où avaient-ils puisé ces principes? pourquoi « ne les avons-nous pas rencontrés comme eux? » (1)

« L'architecture grecque qui est la plus belle (au « moins on n'a jamais osé contesté cette vérité), est « aussi la plus simple. » (2)

« Dans l'architecture il y a deux conditions principales « à remplir, la solidité et la beauté. Si la première qua- « lité a été obtenue par les modernes à l'aide des sciences « positives qui se rapportent à l'art de bâtir, la seconde « n'a été que rarement et peut-être jamais rapportée « parmi eux à une théorie fixe et telle que l'avaient dé- « couverte et pratiquée les Grecs et les Romains. Or, par « la beauté j'entends ce qui plaît à la vue et ce qui plaît à « l'esprit, autrement dit la convenance (3). »

Si la beauté de l'architecture des Grecs provient de l'excellence de leur doctrine, la beauté de notre architecture n'a rien à lui céder. Quelle que soit la beauté de leurs temples, certes on peut leur opposer la majesté des temples chrétiens.

En quoi seraient-ils inférieurs?

Harmonie merveilleuse entre la forme et la destination; admirable symétrie du tout. Principe unique, original, simple, organique, disposant jusqu'aux moindres parties, réglant tout, donnant à tout la force et la grâce, s'appuyant sur les fondemens de la science posi-

(1) Emeric-David.

(2) Paillot de Montabert.

(3) Idem.

tive et satisfaisant à tous les mouvemens d'une âme qui touche, encore à la terre mais qui s'essaie dans l'infini. (1)

Ici la pensée des modernes devait être formulée d'une manière plus étonnante que ne le fut jamais la pensée des Grecs, car elle est plus vaste que la leur, plus libre des liens qui retiennent la pensée humaine.

Qui osera dire que la destination, l'aspect et la forme n'ont pas ici toutes les conditions qui doivent satisfaire la vue et l'esprit ?

Fallait-il que les lignes dominantes de nos édifices religieux fussent horizontales comme celles des Grecs, au lieu d'être perpendiculaires et pyramidales ?

Ces arcs qui s'élancent vers le ciel devaient-ils, pour être dans une convenance plus réelle, se rapprocher de la terre ?

Et cette immense végétation, cette forêt gigantesque dont le feuillage silencieux ne s'écarte que pour laisser passer des rayons de lumières destinés à rappeler à la piété des chrétiens toutes les gloires du ciel! Que manque-t-il donc pour enchaîner davantage le regard, pour satisfaire plus sûrement l'exaltation de la pensée ? Fallait-il que le génie moderne rentrât de préférence dans ces excavations souterraines, qu'une belle imagination su reproduire à la surface du sol, mais sur lesquelles la terre pèse encore malgré les brillans prestiges d'un art savant et ingénieux ?

Laissons donc à chaque nation la part qui lui revient

---

(1) Lisez les savantes recherches de Boisseré sur la cathédrale de Cologne.

dans le développement successif de toutes les puissances de l'esprit humain; et convenons, en admettant la nécessité de ne point ignorer les bonnes maximes qui résultent d'un examen savant et approfondi de tout ce que l'art des Grecs a produit, convenons, dis-je, que si il a fallu pour ajouter à des qualités déjà éminentes, à des conditions déjà acceptées, un Phidias, un Praxitèle et un Apelle, que s'il a fallu de tels hommes pour donner à l'art une si grande portée, il faut un peu plus que la soumission à des règles antérieures lorsqu'on se détermine à entrer dans une route si difficile. L'auteur du *traité* dit lui-même fort judicieusement, en parlant de Phidias, que pendant la vie de ce grand artiste, les circonstances les plus favorables à la sculpture se développaient; et que s'il dut à *son propre génie* et aux excellentes leçons de ses maîtres *la plus grande partie de son prodigieux talent*, il dut à son siècle ce qui élève toujours les artistes *habiles* à un degré supérieur, l'amour de tout un peuple pour les grandes choses, la protection du premier citoyen de l'état et les applaudissemens de toute une patrie ivre de gloire et idolâtre de chefs-d'œuvre.

Nous croyons avoir suffisamment démontré en rappelant aux partisans des Grecs les illustrations de l'art moderne, que nous avons pu nous passer de la théorie fixe et déterminée que la spéculation sait faire découler aujourd'hui de tout ce qui nous reste de l'art ancien. C'est qu'il est de ces vérités qui sont de sentiment lorsque la philosophie n'en a point encore rendu l'évidence palpable. Ce sont des élémens que l'on respire, que l'on possède en soi, mais dont il n'est pas donné à tous de faire une heureuse application. Phidias lui-même, comme nous l'avons vu plus haut, fut rappelé à un principe certain par la multitude, sans doute relativement à des conséquences qui lui avaient échappées.

Pourquoi lui avaient-elles échappées? pourquoi les reconnut-ils nécessaires? en voici la raison :

Les Grecs assemblés pour juger un chef-d'œuvre n'eurent pas besoin de recourir à une doctrine complète. Lorsqu'un grand peuple doit prononcer sur des intérêts qui le touchent, la vérité est dans la multitude, l'erreur est toujours individuelle. Phidias s'adressait à des juges qu'il savait compétens; ce grand artiste était celui de tous les Grecs qui possédait le plus de rapports nécessaires, et qui était le plus capable de les lier entre-eux, mais ce peuple tout entier, cet être collectif les possédait tous. La soumission de Phidias et l'unanimité de la critique prouvent la gravité de l'observation. Le grand sens de Phidias lui fit comprendre qu'en effet il avait failli, mais ôtez à Phidias ses juges naturels, et la force de sa théorie ne le sauvera pas de son imperfection.

Il est vrai, nous dira-t-on : Sa théorie ne l'eut point sauvé de l'erreur qu'il avait commise, mais elle fut cause, sans doute, qu'il adopta une observation juste et importante pour le progrès de l'art. Bien, mais reconnaissons alors que chez les Grecs, l'art puisa toute sa force dans *la valeur de l'ensemble*, dans l'accord naturel de tous les besoins et de toutes les impulsions de la nation qui le vit s'élever à une si grande hauteur, dans la correspondance de toutes les excitations vers un même but.

Une théorie grecque sans les Grecs ne peut donc avoir d'importance pour nous que par les recherches savantes qu'elle a nécessitées; elles rentrent dans la science physiologique de l'esprit humain, dans les connaissances de toutes ses forces vitales, des échanges et des métamorphoses de cette vie dont le repos apparent n'est jamais que le précurseur d'une activité nouvelle et progressive.

Quant à l'application positive de cette théorie, nous demanderons aux partisans des Grecs si le peintre des Thermopyles et des Sabines, par des rapprochemens immédiats, a établi sa renommée sur des fondemens plus durables que Raphaël ne l'a fait en se tenant à une plus grande distance. Quel que soit le regret que l'auteur du *traité* a exprimé si formellement vis-à-vis des œuvres du peintre divin, et son admiration sans restriction pour le continuateur du style antique, nous croyons que la réponse est facile et décisive.

Du reste, les vérités de tous les temps sont bonnes à répéter et à démontrer sans cesse; nous tâcherons de les présenter d'une manière claire et précise. Mais nous ne craindrons pas de le redire, nous ne sommes pas de ceux qui croient qu'une science de formules, un calcul rigoureux, une adroite imitation est le secret du génie. Cette pensée rétrécie, émise par des écrivains qui veulent rendre ainsi les abords faciles, n'a servi jamais qu'à confondre tous les droits et à favoriser souvent le triomphe des intelligences les plus vulgaires. Mais la médiocrité qui parvient à se tapir dans une aire, ne possède pas encore, du maître, la royale demeure.

CHAPITRE II.

DE L'INCOMPÉTENCE DE L'ACADÉMIE. — CONDITIONS NÉCESSAIRES POUR ÊTRE JUGE OU PROTECTEUR. — MARCHE VICIEUSE DE L'ENSEIGNEMENT ET DESPOTISME. — SINGULIER EXERCICE COMMANDÉ PAR LE PROFESSEUR. — CONFUSION DANS LES JUGEMENS.

DE L'INCOMPÉTENCE DE L'ACADÉMIE.

On trouve dans le traité de peinture, le plus récemment publié, et à la tête d'un petit vocabulaire analytique des mots techniques, cette définition du mot ACADÉMIE : société d'artistes constitués pout *cultiver, enseigner et faire fleurir les arts.*

En admettant cette définition avec confiance, il faudra croire nécessairement que cette société, constituée depuis longues années, est riche d'expérience, et qu'elle n'a sans doute recueilli constamment dans son sein que les plus hautes capacités, afin de remplir dignement une si noble mission. Ce ne sera donc point ailleurs qu'il faudra chercher des garanties, et l'art y trouvera toujours un port assuré.

Il en a été autrement : il faut que les gardiens aient manqué d'habileté ou de surveillance, puisque naguères, un pouvoir qui n'est point émané de leur sein a jugé nécessaire de faire un appel au dehors, dans des vues d'amélioration urgente.

C'est presque un lieu commun aujourd'hui que de diriger des attaques contre l'autorité académique. Je le ferai cependant, non avec cet esprit de révolte qui nie audacieusement toute autorité, mais avec ce libre et légitime examen qui s'attache nécessairement à censurer tout ce que les institutions humaines ont de faux dans leur principe, ou d'incomplet dans leur développement et dans leur application.

Une institution sans garantie pour l'avenir, d'abord protectrice en apparence, devient nuisible tôt ou tard par une déviation inévitable.

Cette déviation est de plus en plus patente. Aussi l'incompétence de l'académie, comme cour judiciaire, est-elle un fait reconnu généralement. En présence du tribunal suprême, on cherche des juges compétens; mais les clameurs qui repoussent les voix du temple ne sont pas toujours des signes d'impiété, car la confusion s'est introduite aussi dans le sanctuaire : les prêtres ne s'entendent plus, et, ne voulant pas cependant se dessaisir du pouvoir, on les voit, dit-on, se l'arracher l'un à l'autre par des moyens qu'ils n'oseraient avouer, et donner en un mot le scandale d'une lutte dont le but est de faire triompher son propre goût, son choix, son bon plaisir.

Un tel désordre peut-il représenter dignement l'autorité ?

Evidemment non; aussi certaines voix du dehors cherchent-elles à intervenir dans la lutte qui se renouvelle chaque fois qu'il est question d'un débat dont l'issue aventureuse peut être l'exclusion d'un talent supérieur, quel que soit le but du concours.

Si cependant des hommes spéciaux ne peuvent s'accorder, comment des hommes d'une autre classe apporteront-ils la solution du problème, et en même temps la conviction?

L'évidence des obstacles ne peut pas être et ne sera jamais une cause définitive d'abandon, de renoncement à de nouvelles tentatives.

Les opinions les plus diverses se sont offertes pour démolir, restaurer ou rebâtir :

Lorsqu'on se trouve en présence de ruines, l'idée la plus simple est de reconstruire à neuf. C'est à celle-ci que nous nous arrêtons : cependant nous ne donnerons que quelques idées fondamentales jusqu'à ce que la force des choses ait déblayé suffisamment la place et permette une importante construction.

L'insuffisance de l'academie date de loin, elle a eu en elle-même, de bonne heure, la conscience de la faiblesse de ses moyens pour remplir dignement la mission qui lui était confiée. Néanmoins, dans des efforts généreux, elle a su, il faut le dire, provoquer et récompenser des travaux utiles, lorsqu'une vaste érudition et un ardent amour pour les arts venaient s'offrir et promettre les plus heureux résultats.

Ce ne serait pas sans quelque fruit pour l'expérience que l'on passerait en revue tous les travaux qui ont été fait dans l'intérêt de l'art, mais si l'on se rappelle seulement que l'institut national de France a proposé lui-même en 1805 cette question, sans doute jugée opportune : *Quelles ont été les causes de la perfection de l'art chez les anciens, et quels seraient les moyens d'y atteindre?* On sera conduit à se demander comment la solution de cette question, ayant été couronnée, et l'auteur du mémoire étant devenu lui-même membre du corps savant, le MINISTÈRE se trouve de temps à autre contraint de faire, en signe de détresse, un appel à toutes les réflexions et observations qui auraient pour but d'importantes améliorations.

Si l'auteur du mémoire couronné en 1805, en traitant la question ci-dessus, et en réclamant pour elle l'intérêt des amis des arts, celui des moralistes et celui des législateurs, a en même temps proposé des moyens puissans; les amis des arts, les moralistes et les législateurs, ont-ils donc jusqu'à présent refusé de concourir au succès d'une si belle entreprise? Le corps savant a-t-il donc été inhabile à mettre à profit un travail qu'il a cru devoir accueillir par un suffrage éclatant, ou bien la question elle-même ne renfermerait-elle pas dans sa donnée une cause d'inertie inaperçue et insurmontable? Nous aurons occasion de jeter quelques lumières sur ces différentes présomptions que doit faire naître la détermination assez récente du ministère des beaux-arts.

J'ai dit déjà, dans les quelques pages que j'ai publiées sur la nécessité de l'intervention du gouvernement dans les beaux-arts, que nous n'étions plus au temps où il fallait favoriser au hasard toutes les tentatives et regarder toutes ces tentatives comme des succès; qu'il s'agissait maintenant de protéger la *langue* dans ce qu'elle avait d'inspiré, de fier et d'éloquent, et qu'alors il lui serait facile de remplir dignement le rôle qu'on lui destinerait; et, embrassant l'intérêt général et l'intérêt particulier, j'ai dit que sans restreindre les ressources industrielles, il était important de signaler des envahissemens préjudiciables, et que, sous ce rapport, la manière dont on avait procédé jusqu'à ce jour dans les concours et dans les études préparatoires, était vicieuse. Je vais donner ici le développement de cette opinion : elle est en opposition avec celles de plusieurs écrivains dont les influences légitimes, jointes à la routine de l'école, sont des difficultés qu'il est nécessaire d'aborder de front.

Les beaux-arts ont une trop haute puissance d'émotion pour qu'ils soient abandonnés entièrement aux caprices, et mis au rang des occupations frivoles. Suivant notre conviction, il faut aujourd'hui qu'ils se retrempent dans la liberté individuelle pour qu'une sève plus nouvelle vienne y affluer de toutes parts, mais il faut aussi que cette nouvelle vigueur soit dirigée de bonne heure vers des travaux utiles pour la société; il faut qu'ils donnent du plaisir et d'utiles leçons, qu'ils contribuent non-seulement à l'ornement de l'état, mais encore à sa gloire.

Il appartient donc à ceux qui sont chargés de gouverner de tels intérêts, de prévoir et de pourvoir. Il s'agit donc pour eux de protéger d'heureuses vocations et de reconnaître ensuite les hommes les plus capables de répondre aux vœux d'une nation qui jugera elle-même sévèrement les protégés et les protecteurs.

C'est dans l'éducation que se trouvent en germes la seconde nature de l'individu et la nature unique du corps social. Ces deux natures sont de notre fait; c'est sur elles que reposent toutes les idées et les espérances de bien-être et de perfectionnement; c'est donc vers l'éducation qu'il faut tourner ses regards lorsque l'on sent la nécessité d'une amélioration, d'une réforme ou d'une rénovation.

Lorsque nous nous présentons, comme beaucoup d'autres, pour signaler comme vicieuse la marche que l'on a suivie depuis la fondation de l'école, dans l'enseignement ou dans la direction donnée aux beaux-arts, on ne manquera pas de se retrancher dans l'énumération des hommes de talent ou de génie que les moyens adoptés jusqu'à présent ont laissé triompher, et l'on nous demandera peut-être où sont ceux à qui elle a nui. Nous répondrons à la première objection : le hasard a fait ce que le discernement n'était pas en mesure de faire, et d'ailleurs, il serait peu convenable d'entrer dans l'examen positif des réputations du jour, sans que des dénégations ne fussent des personnalités, que le grand mot de l'intérêt de l'art ne peut, dans l'ordre de choses actuel, autoriser suffisamment. Il n'en serait pas de même relativement aux existences passées : on sait que déjà beaucoup d'idoles ont été renversées, et que la vénération des fidèles s'accoutume à les voir gissantes sur le pavé : elles sauront bien se relever elles-mêmes, si les mains qui ont secoué le piédestal ont été sacriléges.

Quant à la seconde objection qui porte sur un doute fort commode, nous rappellerons qu'un grand maître a dit que souvent les circonstances faisaient les hommes, nous tirerons de ces paroles la conséquence toute simple que ceux que les circonstances étouffent peuvent difficilement donner signe de vie.

Le gouvernement se propose, en ouvrant au public des salles d'étude pour les arts du dessin, d'offrir aux jeunes gens de toutes classes, et surtout à ceux qui n'ont point de fortune, des occasions favorables au développement de certaines prédispositions heureuses, qui, faute de protection, pourraient être anéanties ou détournées de leurs véritables voies; ces jeunes gens y trouvent une émulation utile, et cette excitation ne contribue pas peu à rendre évidentes leurs vocations.

Cependant, cette institution n'est dans le vrai qu'une école préparatoire d'artistes industriels; et sous ce point de vue, toute la sollicitude du professeur devrait être uniquement dans la démonstration circonspecte des moyens les plus sûrs et les plus expéditifs pour arriver à l'imitation positive de la forme (1). Car ce n'est pas là où l'élève apprendra à penser et à sentir, il y apprendra le signe, l'*écriture* nécessaire. Mais la vue des ouvrages que le temps a consacré, la lecture, les rapports fréquens avec le monde *extérieur* et avec le monde *intérieur*, la vie de relations, et enfin la vie morale disposeront de toutes les facultés qui doivent distinguer sa personnalité, sa vocation D'ARTISTE de celle de L'ARTISAN.

Tous les exercices de compositions, d'esquisses, commandées et exécutées à point nommé sous les yeux du professeur et censurées par lui, sont des moyens fort bons

(1) Ce qui comprend aussi toutes les études qui tiennent à la partie matérielle de l'art.

pour continuer le professeur ou certaines manières d'école; mais il s'agit d'avoir des hommes d'une nature franche, à découvert dans leur propre manière d'être, de sentir, et l'élève échappera d'autant moins à une ressemblance toujours fâcheuse ou fort suspecte, qu'il se sentira plus intéressé à faire le sacrifice de son individualité par l'espoir d'un avantage ultérieur.

Je sais que l'élève pourra un jour secouer le joug, mais bien des gens ont gardé soigneusement leur livrée.

Sans doute l'importance de l'individualité est reconnue, elle a même été protégée religieusement par des hommes bien capables de l'apprécier; mais des routines vicieuses viennent contredire à chaque instant le principe, et même l'anéantir complètement; ce sont donc ces routines qu'il faut attaquer.

Nous nous hâterons de faire remarquer qu'il ne s'agit pas seulement de l'intérêt de l'individu, que c'est aussi de l'avantage que la société pourra retirer elle-même du choix qui aura été fait par ses mandataires; car il ne faut pas oublier que cette institution est nationale, et que c'est dans les coffres de tous que le gouvernement puise les fonds destinés à cet emploi. Et ici, ce n'est point des aumônes que la nation a intention de faire, ce sont des *avances* qui doivent profiter ou à L'INDUSTRIE ou aux BEAUX-ARTS.

CONDITIONS NÉCESSAIRES POUR ÊTRE JUGE OU PROTECTEUR.

Il est une vérité incontestable, c'est que ceux qui sont chargés de répartitions importantes, doivent être en état de remplir dignement leur fonction. Il faut que leur conscience soit parfaitement éclairée. Il faut donc que ceux qui se déclarent les conservateurs, les dépositaires ou les représentans des beaux-arts, distinguent parmi des émules, appelés à leur succéder, les hommes les plus capables de rendre à la société, par les actes les plus dignes, les fruits qu'elle a droit d'en attendre.

Cela posé, voyons si toutes les garanties se trouvent renfermées dans les modes d'éducation, d'élection et de distribution de travaux dont on s'est servi jusqu'à présent.

1° Tous ceux qui sont chargés des hautes fonctions dont nous venons de parler, ceux qui sont tenus de mettre un poids dans la balance le jour du concours solennel, peuvent-ils se dire : oui, je suis éclairé suffisamment dans toutes les parties de l'art pour lequel je suis appelé comme juge compétent?

2° Les élèves choisis, élus, ont-ils subi un examen conforme aux véritables exigences d'une institution si importante?

On pourrait, méchamment à la vérité, avoir des professeurs eux-mêmes et des autres membres admis à donner leur voix, une réponse péremptoire : ce serait de leur demander, à chacun en confidence, de se faire eux-mêmes juges de leurs collégues; et, en comparant le relevé substantiel avec le nombre agissant, on connaîtrait alors la part du hasard dans les choix qui se font habituellement.

On serait d'autant plus fondé à essayer cette épreuve, que depuis long-temps les dispensateurs se plaignent eux-mêmes du défaut d'harmonie qui existe entre eux, ou de l'insuffisance des moyens qu'ils mettent en pratique.

Mais sans recourir à l'épreuve dont je viens de parler (elle serait dans son application, je l'avoue, plus spécieuse que concluante) ; je puis aisément tirer de l'état actuel des choses des inductions décisives, et, pour me placer même sur le terrain le plus difficile, je n'envisagerai d'abord la question que dans les rapports de professeurs à élèves, écartant la question d'incompétence positive.

MARCHE VICIEUSE DE L'ENSEIGNEMENT, ET DESPOTISME.

Les étudians dessinent d'après le modèle, d'après l'antique ; ils font des études peintes de torse, de tête d'expression, de figures entières. On les exerce à la composition ; mais toujours sur des sujets donnés et dans une improvisation dont le temps est fixé et limité ; et enfin on permet, à ceux que l'on en croit les plus capables, de concourir pour le grand prix.

Alors tous les concurrens réunis reçoivent le programme d'un sujet historique ; et, séance tenante, ils sont obligés de réaliser leur pensée par une esquisse, qui plus tard sert religieusement de confrontation, et qui enchaîne irrévocablement l'imagination de l'élève, quelle que soit d'ailleurs l'excellence des changemens importans ou des idées toutes nouvelles que la réflexion a pu apporter.

On a dit à l'élève : voici le but qu'il faut atteindre, frayez-vous, vous-même, la route que vous croirez la plus convenable pour y arriver, mais dépêchez-vous; vous avez tant d'heures pour vos occupations topographiques, Placez vos jalons, mais prenez garde : vos jalons une fois placés, vous n'en pouvez sortir. Si votre jugement vous fait découvrir plus tard une route plus certaine, eh bien, vous utiliserez cela une autre fois.

On voit déjà que les élèves sont condamnés à des *tours de force* que ne risquent même pas les hommes les plus consommés.

Quand on fait cette première objection à ceux dont l'affaire est faite, on sourit, on dit que ces difficultés sont inévitables, et *on passe*. Enfin, les esquisses bien et dument enregistrées, les élèves entrent en loges, et ils se mettent à l'œuvre sous surveillance. Le terme expiré et le jour du concours arrivé, on prononce solonnellement le nom de l'élève dont l'œuvre a le mieux rempli les conditions exigées, et le public qui est appelé enfin à faire connaissance avec le nouveau lauréat, se sent naturellement disposé à fonder en lui de grandes espérances d'avenir.

SINGULIER EXERCICE COMMANDÉ PAR LES PROFESSEURS.

En vérité, que l'on nous pardonne la comparaison triviale que nous allons faire : après des exigences de cette nature, il nous semble voir des professeurs d'équitation qui, par un système tout particulier, et après avoir donné à leurs élèves quelques leçons de pondération et surtout de maintien, les feraient ensuite attacher tour à tour sur un superbe coursier dont les mouvemens nobles et réguliers ne pourraient jamais dépasser la mesure d'un parallélogramme formé par ses quatre pieds : sans doute, à ce compte, n'est-il pas vrai que de très-dociles élèves pourraient hardiment chevaucher ; mais sans plus prétendre, car Dieu sait s'il y aurait là de quoi se disputer aux uns aux autres quelque supériorité. Et l'on prétend que rien n'est mieux inventé que ce singulier exercice ! Chaque année on en perpétue l'usage et la mémoire, on prétend qu'on a choisi avec connaissance de cause l'élève qui a le mieux mérité ; il est élu solennellement : protection, faveur lui sont promises ; et, il faut en convenir, le tout est scrupuleusement observé, non pas seulement pendant cinq années, mais à tout jamais.

Assurément, c'est là un bel exemple de foi gardée, mais est-il bien vrai que l'on ait fait ce que l'on appelle un bon écuyer ?

Ne préjugeons rien de l'avenir, mais, pour le quart-d'heure, est-ce à tort ou à raison ; si l'on prend à partie messieurs les professeurs, et leurs auxiliaires et leurs adjoints circonvenus ou non circonvenus ?

Ne peut-on leur dire : Eh ! messieurs, messieurs, connaissons-mieux notre homme. Protestez tant que vous le voudrez de l'excellence de votre méthode, mais donnez un champ plus vaste à votre manége, à vos évolutions ; et, aujourd'hui, si vous voulez juger votre cavalier, laissez un peu chacun choisir et mener sa monture. Mais voyez aussi cet éternel uniforme dont vous voulez toujours, opiniâtrément, les emmailloter ! il guinde leur mouvement, il nuit à leur allure. Croyez-nous, laissez ces jeunes gens s'habiller à leur gré, à leur taille, du moins, gesticuler à leur guise; et vous, pendant ce temps, épiez-les, surprenez-les dans leur abandon, dans leur laissez-aller. Ne jugerez-vous pas mieux de leur force, de leur naturel, de leur dextérité, de leur souplesse ?

Nous savons qu'à toutes ces observations la plupart de ces messieurs répondent froidement : « Nous avons d tous temps marché ainsi vêtus, ainsi montés. Il faut que la coutume en soit bonne, et l'on ne change pas sans danger des habitudes que le temps a consacrées. »

Rentrons sérieusement dans la discussion et estimons cette réponse à sa juste valeur.

CONFUSION DANS LES JUGEMENS.

Sur quels indices a-t-on jugé et auguré ? est-ce d'après l'ensemble des travaux de chaque élève ? est-ce seulement d'après le dernier effort qu'il vient de faire dans le tableau du concours ? Ces deux questions sont extrêmement importantes.

Ce ne peut être, d'après l'ensemble des travaux de l'élève, car on sait que tous les membres de la section des beaux-arts n'ont pu suivre les concurrens dans l'exercice de leurs facultés, la progression de leur talent, et les tendances particulières à chacun d'eux : ce qui est un inconvénient extrêmement grave; ce qui, enfin, doit empêcher absolument que la conscience des juges de toutes classes soit suffisamment éclairée.

Nous ajouterons que si, parmi les concurrens, il se trouve des élèves qui ne sortent pas de certains ateliers privilégiés, ils courent le risque de perdre la partie, quand même ils ne se trouveraient pas aux prises avec de certaines considérations, de certains égards, de certains préjugés, dont on prétend que quelques-uns *des conservateurs de l'art* ont par fois beaucoup de peine à se défendre.

Depuis long.temps cette position, remarquons-le en passant, ne déconsidère-t-elle pas un peu la mission honorable que des hommes de talent ont à remplir? ne les fait-elle pas ressembler un peu trop à des hommes qui ne cultiveraient les beaux-arts que comme une branche d'industrie, dont l'exploitation leur serait advenue en propre, parce que, dans de certaines circonstances, ils seraient investis du droit de faire un choix parmi les travailleurs, et qu'il leur appartiendrait de distribuer quelques brevets.

En y réfléchissant bien, on peut déjà voir effectivement que, malgré certaines apparences d'équité, il peut y avoir dans les concours, et des trompeurs et des trompés.

Poursuivons : chaque tableau exposé au concours est bien positivement regardé comme l'effort le plus grand que l'aspirant ait pu manifester; et, si l'on joint à cela un torse, une tête d'expression, on prétend avoir le résultat de toutes les études matérielles, scientifiques, et la mesure suffisante de tous les talens acquis, en un mot, le développement de toutes les puissances du concurrent.

Nous avons déjà dit, et nous le ferons encore remarquer, que ces messieurs mettent pourtant, par une habitude peu digne du progrès, tous ces jeunes concurrens, au début même de leur carrière, dans la dure nécessité de triompher d'un obstacle au-dessus de leur force; car cet obstacle est encore la pierre d'achoppement pour les hommes les plus consommés dans l'art, pour les hommes les plus heureusement partagés sous le rapport des moyens intellectuels, et les plus favorisés souvent par de certaines circonstances de position : nous voulons parler de la nécessité d'exercer son imagination sur un sujet donné. Léonard de Vinci, dans son *Traité de peinture*, chapitre v, a dit *qu'un peintre devait être universel, et ne se point borner à une seule chose.* Mais remarquons qu'il n'a voulu parler que de la partie *matérielle* de l'art, et non de la *composition*, et n'oublions pas que le sujet *donné* doit être composé dans un temps *donné.*

Nous allons démontrer que les professeurs, déjà si économes dans les indices qui leur seraient nécessaires, diminuent encore bien bénévolement, par ce seul fait de la désignation d'un sujet, le peu de moyens offerts aux juges pour faire consciencieusement usage de leur discernement.

Mettons-nous en présence de l'un de ces sujets de prédilection qui forment le répertoire académique : ce fait, par exemple, qui nous représente Ulysse reconnaissant Achille, malgré son déguisement, à la cour de Lycomède : Ulysse présente aux femmes des bijoux et des armes. Achille se trahit lui-même en préférant les armes aux bijoux.

Ce sujet, qui a passé sous les yeux ou par les mains des professeurs, renferme déjà en lui-même une condamnation formelle de leur manière d'agir pour trouver des hommes capables.

Ne voyons-nous pas là, précisément mis en pratique les soins d'une prudence et d'une finesse de pénétration, dont nous pouvons croire capables des hommes d'un mérite incontestable, et dont l'influence pourrait entraîner dans des voies meilleures, si des volontés fermes s'occupaient quelquefois d'amélioration?

Voyons, pourtant, que faites-vous, dirons-nous aux professeurs, en imposant un sujet aux concurrens? et songez que, vous aussi, vous avez à reconnaître un Achille! Pour arriver à cette fin, remarquez que vous employez, avec confiance, un moyen dont Ulysse n'a pas jugé à propos de se servir : Vous n'offrez à tous les concurrens qu'un seul motif d'émotion ; et, qui pis est, vous excitez vous-mêmes vos élèves, ceux qu'il vous importe d'étudier profondément, vous les excitez à dissimuler, à revêtir la même cuirasse, à prendre le même panache, la même épée ; vous les forcez tous à faire entendre le même accent, le même langage haut et superbe, votre langage de prédilection.

Comment trouvez-vous, dans cette uniformité d'impulsion, un moyen plus facile de faire un choix équitable? n'est-ce pas, au contraire, par de semblables routines que l'on court le risque d'avoir de fort mauvais comédiens? En faisant d'un tel exercice une condition *sine quâ non*, vous nivelez d'un seul coup tous les sentimens, toutes les intelligences : vous dressez vraiment tous ces malheureux concurrens, comme on dresse de certains animaux, même très-rebelles de leur nature, à faire, dans un temps donné, à certain signe, tel ou tel mouvement, à se conformer à la même nourriture, au même régime, abstraction faite de leurs besoins, de leur humeur, de leurs goûts dominans.

Et, qu'on ne ne nous dise pas que celui qui à le plus de sentiment et le plus d'intelligence, a toujours le plus de chances de succès, ce raisonnement est évidemment faux. On sait très-bien que le sentiment n'est vrai, fort, évident, que dans sa liberté; et l'on sait très-bien aussi que l'intelligence seule, si elle est susceptible de résignation, de docilité, de souplesse, est aussi capable d'hypocrisie et d'artifice. Nous avons eu souvent sous les yeux les fâcheux résultats d'une telle contrainte. Et ne voyons-nous pas, parmi les ouvrages commandés, des tableaux, exécutés par des hommes qui ne sont pas sans mérite, fort inférieurs à ce qu'ils auraient pu faire, sans doute, dans des conditions toutes différentes? Et cependant, ces travaux, quelquefois chèrement rétribués, n'auraient dû être répartis qu'avec des garanties de succès, puisque, je le répète, la société tout entière fait elle seule les fonds nécessaires pour l'exécution de ses monumens. Mais une administration fort peu éclairée, et fort embarassée déjà, lorsqu'il s'agit de satisfaire quelques intérêts individuels, peut-elle être guidée par l'intérêt social? Elle ne serait pas capable de supporter cette complication.

CHAPITRE III.

PROPOSITION D'AFFRANCHISSEMENT. — OPPRESSION. — IMPORTANCE DE L'ESQUISSE.

PROPOSITION D'AFFRANCHISSEMENT.

REVENONS aux améliorations premières et de simple bon sens. Nous avons démontré que les professeurs, vis-à-vis d'un problême déjà très-difficile de sa nature, prennent à tâche de le rendre si embarrassé, qu'ils en détournent par avance les conséquences nécessaires. Pourquoi, au moins, les concurrens ne sont-ils pas libres de *raconter*, dans cette série d'événemens où l'on s'obstine à les parquer, le sujet qui serait à leur convenance ? est-ce que déjà, dans ce seul choix, il n'y aurait pas quelqu'indice à tirer du caractère moral de chaque individu ? Donnez, donnez un champ vaste et moins rebattu ; l'on verra alors la pensée revêtir la forme qui conviendra à sa nature; et, s'il y a désaccord, ce sera du fait des concurrens, et non d'une exigence qui ne peut avoir aucun prétexte plausible.

Si l'on prétend que les professeurs ont pris des moyens pour consulter des travaux antérieurs et successifs, il faut avouer cependant que l'examen général ne mettant point toutes les parties intéressées dans cette confidence si essentielle, les précautions antérieures sont nulles pour le plus grand nombre des juges appelés, et qu'alors, le concours n'est qu'un jeu puéril et abusif.

Ce que je viens de dire relativement à la peinture de l'histoire est également applicable à la statuaire. La liberté dans le choix du sujet ne pourrait qu'établir plus de variété dans les efforts des concurrens, et des différences plus tranchées dans la manière de sentir et de réaliser ses conceptions.

Pour l'un et l'autre art, ce mode de concours ne saurait nullement atteindre le but que l'on doit se proposer : celui de reconnaître par les signes les moins équivoques le concurrent qui donne le plus d'espérance d'avenir.

La routine que l'on a suivi jusqu'à-présent n'est pas seulement suspecte, elle est abusive, despotique, arbitraire. En exigeant de plusieurs élèves qu'ils exercent leur imagination sur un sujet *donné*, c'est ne tenir aucun compte de la diversité des aptitudes. Et, si l'on joint à cette nécessité celle de se maintenir dans des formes traditionnelles, on continue la famille des Dédalides, l'on ne considère l'art que comme un métier qui peut se transmettre à toute espèce d'intelligence, et l'on multiplie jusqu'à satiété les productions insignifiantes, ou mortes d'avance.

Mais, prouvons maintenant que cette routine est en opposition constante avec l'ordre naturel du développement de l'être moral et intellectuel.

OPPRESSION.

Nous avons dit que ce premier concours, entre des élèves, avait pour but de reconnaître, *par les signes les moins équivoques*, *le concurrent qui donne le plus d'espérance d'avenir*, et je ne saurais trop rappeler l'attention sur le véritable objet de ce concours, car l'on sait que, sur les fonds alloués pour les distributions de travaux, la première sollicitude est toujours pour les élèves de Rome, quelle que soit d'ailleurs leur médiocrité. Les administrations chargées des répartitions, trouvant un pont tout fait pour leurs déterminations, se débarrassent ainsi de toute responsabilité (1).

Cherchons donc de plus en plus les causes d'incertitude dans les jugemens qui ont donné des droits de cette importance à des hommes que la voix publique a souvent apostrophé dans des termes assez significatifs, mais sans qu'il en résulte d'utiles leçons.

Pour peu que l'on apporte quelque attention à l'énergie avec laquelle la pensée intime sait se faire comprendre, s'expliquer, avant que l'être soit parfaitement en possession de la parole, on verra que cette énergie, dans son expression naturelle et primitive, l'emporte pendant toute la vie sur la parole même, c'est-à-dire, sur l'expression conventionnelle. Aussi, une mère atten-

---

(1) Dans l'article sur les concours, inséré dans la *Revue de Paris*, l'auteur (M. Raoul-Rochette) que j'aurai occasion de citer plus au long, dit à ce sujet une chose qui paraîtra sans doute fort juste.

« L'état ne doit rien aux artistes après qu'il leur a généreusement fourni tous les moyens d'instruction, après qu'il a fondé pour eux des écoles, des prix, des académies. Mais l'état se doit à lui-même de ne demander à l'art que les meilleurs ouvrages en tout genre, quand il consent à emprunter à l'art une partie de son éclat. »

tive est-elle une interprète bien autrement habile que l'homme qui connaît le mieux toutes les ressources de la langue, quand elle répond si précipitamment à des désirs indiqués seulement par des sons à peine articulés. Si cet enfant, objet d'une tendre et intelligente sollicitude, ne sait pas encore se prononcer intelligiblement pour tous, dirons-nous qu'il ne sait pas ce qu'il veut, et qu'il ne peut pas vouloir ?

Dans les beaux-arts, il faut d'abord être susceptible de profondes émotions, ensuite éprouver le besoin de les communiquer, et enfin apprendre à dire le mieux possible ce que l'on sent, ce que l'on pense. Donc, nous croyons que d'enseigner de très-bonne heure à dire ce que l'on n'a point senti, à travailler sur des données que l'on n'a point eu le temps de s'incorporer, et qu'une disposition toute particulière peut repousser, sans que ce soit un symptôme de maladie ou de vice de conformation cérébrale, nous croyons que c'est une pratique funeste pour les arts. Ou cette pratique favorise par hasard, accidentellement, un petit nombre d'individus, ou elle tend à ne faire triompher que le métier; et ceux qui ont réussi de cette façon, n'ayant aucun intérêt à la trouver mauvaise, et étant appelés à leur tour à être juges en pareille matière, n'accordent leur suffrage qu'aux mêmes conditions qui leur ont été imposées, et aux qualités qui leur ont valu leur bonne fortune, c'est-à-dire au métier.

On a bien dit :

> Ce que l'on conçoit bien s'énonce clairement,

mais ce que l'on sent?

Eh bien! je le demande : la pensée activée par le sentiment, brûlant de jaillir en dehors, n'a-t-elle pas eu de tout temps à se plaindre de la faiblesse, de la lenteur de la parole, comme moyen communicatif? Si l'on m'accorde que cette observation est vraie de toute vérité, si le sentiment est le sol fécond sur lequel la pensée en germe ne fera autre chose, par l'étude et le travail, que donner la plus évidente manifestation de ce qu'elle est dès son principe, n'est-il pas de la plus haute importance de lui rendre le plus doux possible les liens d'une parole qui, par la suite, arrivera nécessairement à son plus haut degré d'expression, puisque les élèves doivent tendre de plus en plus à se rendre familières toutes les ressources du langage qu'ils ont adopté, et qui doit les rendre intelligibles à la multitude? Mais vous, les initiateurs, n'est-il pas de votre fait de les deviner, de les comprendre même lorsqu'ils balbutient, et est-ce donc en forçant toutes les pensées à marcher sur une seule ligne, que vous reconnaîtrez l'ardeur impatiente; ou bien, est-ce en les abandonnant toutes à leurs propres mouvemens?

C'est donc en résolvant la question d'une toute autre manière que l'on ne l'a fait jusqu'à-présent, que nous insistons sur la suppression de *toutes conditions imposées.* Nous ne nous bornerons pas à cette proposition de réforme : nous présenterons, comme absolument nuisible, l'injonction de ne paraître au concours qu'avec un tableau terminé, et nous répéterons ici ce que nous avons dit ailleurs relativement à ces questions importantes : il faudrait admettre au concours, d'une part, un nombre illimité d'esquisses, fantaisies, sur quelque sujet que ce fût; de l'autre, des études sur nature, nombreuses, variées, consciencieuses, et faites avec toute liberté, dans une académie ou partout ailleurs, et sans que le patronage d'un professeur fût une condition absolue lors du concours général. De cette manière, évidemment les qualités spontanées ne seraient point mises en danger. L'on aurait, d'un côté, les connaissances positives que l'on est en droit de demander, et de l'autre, une perspective beaucoup moins obscure ou mensongère des espérances d'avenir. Des opinions influentes se sont élevées contre les jugemens qui porteraient sur des esquisses. Ceci a besoin d'examen.

IMPORTANCE DE L'ESQUISSE, ET RÉFUTATION DE CE QUI A ÉTÉ ALLÉGUÉ A CE SUJET.

On a dit (1) : « Si le mérite d'une esquisse consiste à indiquer tout ce qu'on peut faire, il consiste plus souvent encore à dissimuler tout ce qu'on ne sait pas faire. Le peintre habile, qui ne fait des esquisses comme l'auteur fait des brouillons, qu'afin d'arrêter les premiers traits de sa pensée, n'attache à ce travail que le degré d'importance qu'il a pour lui-même, et non pour les autres; il dédaigne de s'y appliquer, il ne cherche point à y réussir. Mais la médiocrité excelle à faire des esquisses, parce qu'elle ne peut faire que des esquisses. C'est dans cette sorte de production où l'indécision est obligée, où

(1) (RAOUL-ROCHETTE) *Revue de Paris*, tom. 20, 4e l. 2e année.

la facilité est un mérite, où l'incorrection même a d
charme, qu'il est le plus aisé d'imposer aux autres et
soi-même, de faire illusion sur le talent qu'on n'a pas
et pour peu qu'on possède quelque adresse dans la mair
de cacher sous des défauts qui plaisent toutes les qualité
qui vous manquent. S'agit-il d'une esquisse terminée
d'un tableau qui ne diffère que par la proportion
par le cadre de celui que l'on demande, mais qui n
sait pas encore combien cette épreuve peut-être trompeuse ? Qui n'eût adjugé au Poussin tous les tableaux
faire d'après ses petits tableaux ? Cependant il tomba
au-dessous de lui-même quand il s'élevait au-dessus de l
mesure accoutumée. Que de gens ne savent produi
une grande esquisse après avoir exposé un petit tablea
Dans l'épreuve sur esquisse peinte, tout l'avantage e
donc pour la médiocrité, et toute la présomption cont
le talent. »

« Je défie, continue l'auteur de cet article, qui q
ce soit au monde de juger, sur une simple esquisse,
qu'il faut de talent et de savoir pour conduire et exécut
un bas-relief, d'entrevoir sur un pareil essai quelle s
la statue qui se trouve cachée dans cette imparfa
ébauche, presque autant que dans le bloc informe qui
recèle. Dès-lors que sert une esquisse qui vous promet
bel ouvrage, sans vous garantir que la main qui l'a pr
duit peut réaliser la promesse ? et si l'esquisse est insu
fisante ou trompeuse, comment le concours serait-il uti
et juste ? vous devez donc exiger, à l'appui des esquisse
les garanties qui n'y sont pas. »

Nous rappellerons d'abord à l'auteur de ces réflexio

l'opinion d'un ancien, qu'il se plaît à rapporter ailleurs, et dans laquelle il trouve l'expression de la vérité même : « Il n'y a qu'un artiste qui puisse prononcer, en toute connaissance de cause et avec pleine autorité, sur le mérite d'un peintre, d'un sculpteur, d'un statuaire (1).

L'auteur de l'article cité n'est point artiste ; cette remarque, qui n'est nullement offensante, nous la faisons pour noter comme un fait bien reconnu et consenti, que des artistes qui le contrediraient en quelques points, auraient sur lui un avantage de position qui rendrait leurs opinions plus déterminantes. L'auteur de l'article ne se pose pas comme juge direct, il sait qu'il ne peut remplir cette mission, mais il intervient pourtant, avec une apparence d'autorité, pour régulariser le mode de jugement que peuvent adopter des juges compétens : la logique pourrait déja lui disputer cette intervention.

Quoi qu'il en soit, examinons ce que les assertions qu'on vient de lire ont de fondé, et en quoi elles peuvent égarer ; faisons-le comme peintre, usant, dans l'intérêt de l'art, d'un droit reconnu par l'écrivain lui-même.

Diderot, qu'il est bon de citer aussi (malgré quelques écarts) à cause de sa verve franche et de son étonnante sagacité, dit quelque part : « Les esquisses ont communément un feu que le tableau n'a pas ; c'est le moment de chaleur de l'artiste, la verve pure, sans aucun mélange de l'apprêt que la réflexion met à tout ; c'est l'âme du peintre qui se répand librement sur la toile. La plume du

---

(1) PLIN. JUN. Epist. lib. I.

poète, le crayon du dessinateur habile, ont l'air de courrir et de se jouer. Le pensée rapide caractérise d'un trait. Or, plus l'expression des arts est vague, plus l'imagination est à l'aise. Il faut entendre dans la musique vocale ce qu'elle exprime. Je fais dire à une symphonie bien faite presque ce qu'il me plaît; et comme je sais mieux que personne la manière de m'affecter, par l'expérience que j'ai de mon propre cœur, il est rare que l'expression que je donne aux sons, analogues à ma situation actuelle, sérieuse, tendre ou gaie, ne me touche plus qu'une autre qui serait moins à mon choix. Il en est à peu près de même de l'esquisse et du tableau. Je vois dans le tableau une chose prononcée : combien dans l'esquisse y supposerai-je de choses qui y sont à peine annoncées? »

Diderot rapporte ailleurs le mot profond d'une des célébrités de son temps : *Il faut trente ans de métier pour savoir conserver son esquisse.*

Ainsi, voilà une opinion de quelque poids, entièrement opposee au dédain que l'auteur de l'article inséré dans la *Revue de Paris* a manifesté pour les esquisses. Et quoique ce dédain soit partagé par quelques personnes de mérite, il n'en est pas moins vrai que les esquisses ont toujours été recherchées par le plus grand nombre. Diderot donne très-bien le motif de cet empressement.

Nous trouvons, nous autres peintres, une raison satisfaisante du goût général pour les ébauches, pour les croquis, et en un mot pour tous les essais spontanés. Nous ne regardons plus ce goût comme une manie; *nous ne voyons pas cependant dans les esquisses ce qui n'y est pas*, mais si l'ébauche est d'un homme de génie, nous voyons qu'elle contient toute sa pensée en germe, et si, pour la développer plus tard il l'altère, nous disons qu'il a manqué de force nécessaire : car il faut que la science du positif ait une puissance prodigieuse pour se maintenir à la hauteur de l'élan primitif.

On pourrait donc mettre ici les détracteurs des esquisses au pied du mur en leur faisant cette question bien simple : Lequel est préférable, ou d'écouter un discours insignifiant, exprimé dans des termes parfaitement choisis, ou d'entrer dans la confidence d'une pensée pleine d'intérêt et dont on se plait à suivre tous les développemens et toutes les conséquences, quoiqu'elle ne soit encore présentée que sous une forme timide ou incomplète ?

Du reste, nous n'avons point l'intention de nous retrancher uniquement dans ce dilemme. Nous savons qu'il est nécessaire de faire la part de ce que l'on appelle le positif.

Dans la peinture et dans la sculpture, la science de la forme est d'une importance incontestable, mais elle n'est, en définitive, que la faculté d'exprimer clairement une pensée féconde par elle-même ; la forme, comme nous l'avons dit tant de fois, n'est que le moyen. C'est dans l'essence même de la pensée qu'il faudra chercher l'homme de génie, l'homme capable, et non dans l'exécution purement matérielle, quelque brillante qu'elle soit. Les beaux diseurs de rien pullulent et assomment. Ce sont donc les intelligences substantielles qu'il faut tâcher de comprendre, et qu'il faut protéger. Alors elles parviendront, n'en doutons point, à rendre clair pour tout le monde ce qui n'était qu'indéterminé en apparence, ce qui n'était que vague pour des yeux peu exercés.

L'auteur de l'article inséré dans la revue de Paris se méprend d'une manière évidente pour l'artiste, sur ce qui constitue le véritable mérite d'une esquisse, quand il assure que la médiocrité excelle à faire des esquisses et qu'elle ne peut jamais faire que des esquisses. On voit que le critique parle d'une langue qui ne lui est point familière, et qu'il confond encore l'adresse de la main avec le travail de l'esprit. Enfin, ne voyant qu'un brouillon d'auteur là où Diderot voit, comme il aurait pu le dire, *un enfant de fait*, il défie qui que ce soit au monde de porter un jugement certain sur de simples esquisses. J'accepte volontiers le défie, et je ne me croirai pas *le seul capable au monde* de la pénétration nécessaire.

Ceux qui peuvent juger des ouvrages d'arts sans connaître le nom de l'auteur, doivent reconnaître dans une œuvre, sous quelque forme qu'elle se présente, le mérite qu'elle renferme et qu'elle doit renfermer au point où elle en est de sa manifestation. L'esquisse d'un homme de génie, indéterminée dans des apparences que *l'imitation* se réserve de rendre fideles autant que les conditions de l'art le prescrivent, est aussi positive que possible dans *les conditions* qui doivent caractériser *une composition bien conçue et bien ordonnée;* et je défie, à mon tour, la médiocrité de jamais produire quelque chose de semblable. Quoiqu'en ait dit le critique, aucun escamotage sur ce point ne saurait tromper l'œil exercé, et aucune habileté de main ne saura jamais suppléer à ces qualités.

Quant aux esquisses terminées, autrement dit les tableaux d'essai, dont les dimensions se trouvent réduites, afin d'épargner le temps et les frais, le critique éprouve encore de la défiance et il donne pour exemple l'infériorité du Poussin lorsqu'il entreprenait de grands tableaux. Je crois que si Le Poussin avait été suffisamment protégé, excité, il n'aurait pas fourni l'occasion d'un à-propos qui d'ailleurs est peut-être sans fondement; car ce serait, sans doute, dans l'essence même du génie de ce grand peintre que l'on pourrait trouver la raison de la difficulté (je ne dirai pas : *l'impossibilité*) qu'il aurait éprouvée à s'étendre sur de grandes surfaces.

« Que de gens, dit encore le critique, ne savent produire qu'une grande esquisse, après avoir exposé un petit tableau ! » Je conçois la répugnance du critique pour les esquisses de 25 à 30 pieds, mais j'avoue que j'ai encore plus d'aversion pour les grands apparats de manequins bien confectionnés.

Enfin, l'auteur de l'article se résume ainsi : « si l'esquisse est insuffisante ou trompeuse, comment le concours serait-il utile et juste ? Vous devez donc exiger à l'appui des esquisses les garanties de capacité qui n'y sont pas. »

Je crois qu'il est très-facile de donner satisfaction complète à toutes les exigences qui ressortent du but que l'on veut atteindre ; mais, pour s'entendre, il est surtout nécessaire de bien poser la question, et il me semble qu'elles peuvent être réduites à ceci :

Les esquisses faites par des hommes de mérite peuvent-elles contenir en elles des preuves de capacité?

Dans quel cas ces preuves n'offrent-elles pas des garanties suffisantes?

Ces deux questions doivent être également résolues pour le concours du grand prix et pour le concours des travaux ultérieurs.

J'ai suffisamment, je crois, démontré que l'esquisse d'un homme de génie et l'esquisse d'un homme médiocre devaient offrir, l'une et l'autre, des différences évidentes; je ne crois pas qu'un artiste puisse me démentir. Mais je n'entends pas parler de ces esquisses où le peintre n'a *travaillé que pour lui et comme memento*, j'entends parler de ces esquisses où l'auteur, sentant toute l'importance d'être compris et goûté, a apporté à son travail les soins nécessaires. Et le critique semble ignorer que c'est ainsi que les artistes procèdent toutes les fois qu'ils se présentent à un concours.

Toutes les réflexions que nous venons de faire, et tous les développemens que l'on trouvera dans les chapitres suivans, pourront de même s'appliquer spécialement à la sculpture et à la statuaire. Le sculpteur peut également donner séparément, et comme garantie, des études de formes d'une suffisante dimension, et être jugé ensuite, relativement à l'invention et à la composition, sur de simples esquisses.

CHAPITRE IV.

CONCOURS POUR LE GRAND PRIX. — EMPÊCHEMENT REGARDÉ COMME INSURMONTABLE. — DISTRIBUTION DE TRAVAUX. — PEINTURE MONUMENTALE ET PEINTURE COMMERCIALE. — CONCLUSION.

DU CONCOURS POUR LE GRAND PRIX.

Dans le concours pour le grand prix, il faudrait multiplier le plus possible les différences dont je viens de parler, aussi proposons-nous d'admettre un nombre illimité d'esquisses, fantaisies, dessinées ou peintes, terminées ou non terminées, sans aucun patronnage et en toute liberté de choix et d'invention, de manière à connaître au juste ce que chacun a dans les *poches*.

Vis-à-vis d'élèves qui n'ont point encore fait leurs preuves, je ne borne pas là les moyens de vérification; j'ai dit qu'il faudrait en outre requérir des études faites sur nature, nombreuses, variées, consciencieuses.

Donc, ces deux séries d'exercices : les études simples, variées, actuelles, faites sur nature, et l'expression de la pensée dégagée de tous liens, formeraient en même temps et au même jour d'exposition publique, l'ensemble des faits sur lesquels on serait appelé à juger. D'une part, la force, l'étendue, la variété de conception, et de l'autre, les moyens assurés de manifestation.

Telles sont les garanties de capacité qui peuvent ne point être assez évidente dans une esquisse, et qui doivent être réclamées vis-à-vis de nouveaux débutans; je ferai voir plus tard dans quel cas ces garanties ne sont nullement nécessaires.

EMPÊCHEMENT REGARDÉ COMME INSURMONTABLE.

Voici la difficulté que l'on va nous opposer : et la fraude?

Pitoyable objection! On appelle des jeunes émules à se disputer la palme dans une carrière honorable, et on commence par les regarder comme incapables de loyauté!

C'est en affectant de ne pas croire à des sentimens élevés que l'on rend la bassesse moins dégradante. Accoutumez les jeunes gens, de bonne heure, à sentir de quel prix est la confiance que vous leur accordez, et ils vous la paieront par de la franchise et de la dignité. Et d'ailleurs de deux choses l'une : ou les hommes qui sont appelés à juger sont *éclairés*, ou ils ne le sont pas. Si les juges sont *éclairés*, ils ne peuvent se laisser prendre à aucun subterfuge. La multiplicité des ouvrages de chaque concurrent et leur identité renfermeront en elles-mêmes tous les moyens de vérifications.

Si les juges ne sont pas *éclairés*, que signifient les précautions que l'on prend vis-à-vis des élèves? elles donneraient dans ce cas, plus facilement encore, des chances à la médiocrité et à la faveur.

Cependant, afin de ne pas laisser de prétexte au

soupçon, les lauréats pourraient être tenus de donner eux-mêmes une plus complète justification du choix qui aurait été fait d'eux, en produisant, le jour de la séance solennelle, une nouvelle étude peinte, exécutée sous surveillance, et qui le jour de l'exposition publique serait jointe aux ouvrages qui auraient déjà servi de base au jugement prononcé.

JUGEMENT SUBIT.

Le jour de l'admission de tous les objets qui seraient destinés au concours, des signes, nécessaires pour maintenir la propriété, seraient tracés derrière chaque objet, et les mêmes signes seraient remis aux personnes qui auraient été chargées de faire le dépôt, sans aucune exibition de nom. Tous les travaux du même auteur seraient placés de manière à former un ensemble distinct. Chaque ensemble de travaux aurait un numéro qui lui servirait de dénomination; et les juges, sur la foi du serment, ne se communiquant en aucune manière des jugemens anticipés, motiveraient (séance tenante) chacun le leur par écrit, ou donneraient simplement leur choix revêtu de leur signature. Tous les écrits étant réunis, lecture en serait faite sur le champ, et les lauréats seraient aussitôt proclamés.

Cette décision, ainsi que tous les jugemens ou désignations signés, seraient mis à la connaissance du public le jour de l'ouverture des salles d'exposition.

Parmi une foule d'écrivains qui pourraient donner par leur autorité plus de poids à notre propre manière de voir dans cette circonstance, et aux raisons philosophiques sur lesquelles nous voulons nous appuyer, nous citerons de préférence, et on comprendra notre choix, un passage *du traité complet de la peinture* (1).

« Le sentiment du beau est un chez tous les hommes, dans tous les pays et dans tous les âges. Ce sentiment du beau méconnait l'empire des préjugés, et malgré leur influence, il agit de lui-même à la première impression qui le frappe; la décision alors est portée. »

Partant, les admirateurs exclusifs de la beauté des formes n'ont rien à craindre d'un jugement spontané; et si pourtant le choix des juges se porte sur quelque genre de beauté qui ne sera pas celui de la forme, il faudra croire que vis-à-vis des hommes les plus compétens, le concurrent qui fondait de grandes espérances sur les recherches de la beauté des formes, n'aura pas su, malgré ses bonnes intentions, être assez puissant pour captiver et entraîner les suffrages.

Le public, à son tour, s'exercerait sur les motifs déterminans, il y aurait examen profitable et matière à réflexion pour toutes les parties intéressées.

Le jugement subit, ainsi que l'observe très-bien M. de Stendhal, sera la meilleure précaution contre ce qu'on appelle à Paris les *concurrences*, *les injustices à répéter*, *les influences des professeurs* dont chacun à son tour place un élève favori (2). J'ajoute à cette précaution,

---

(1) Paillot de Montabert.

(2) Le jugement subit, après la convocation, me semble éloi-

comme on a pu le voir, la suppression des noms des concurrens, et l'isolement *par serment* de chaque opinion pour combattre encore plus victorieusement les influences : chaque juge compétent serait livré à sa propre judiciaire. Je pense qu'avec cette précaution on pourrait être sobre sur l'admission des personnes qui *passent pour comprendre les arts*, et que parmi les artistes, y compris ceux qui ne sont ni professeurs ni membres de l'institut, on trouverait surtout les lumières nécessaires, les garanties que promettent l'observation jointe à une pratique habituelle (1).

Après avoir plaidé pour l'affranchissement de la pensée dès les premiers pas que l'on fait dans la carrière des beaux-arts, après avoir fait comprendre la nécessité et l'importance de la liberté individuelle comme droit naturel et dans une vue d'avenir, pour la chose publique, j'ajouterai, comme conséquence des vœux que je viens de faire, qu'il sera encore de l'intérêt de l'art que ceux qui auront obtenu un premier triomphe jouissent dans une pleine liberté de tous les avantages qui y sont attachés.

Le monde entier appartient à l'imagination de l'artiste ; pourquoi faudrait-il suivre éternellement les

---

gner ce qu'il y a de plus dégoûtant dans les décisions actuelles.
M. DE STENDHAL (Promenade dans Rome).

(1) Voyey, pour *la compétence*, le chapitre qui traite de la nécessité d'une organisation centrale des beaux-arts.

mêmes filons? Laissons ceux qui espèrent encore y trouver de l'or par des procédés qui leur appartiennent, se livrer librement à une exploitation qui peut être féconde entre leurs mains, mais laissons aussi de soudaines inspirations, des entraînemens irrésistibles, diriger les pas de l'artiste vers les lieux qui conviendront à la nature, aux besoins de son imagination, nous y gagnerons tous de nouvelles richesses (1).

Cette liberté que je réclame pour l'artiste, pour celui sur lequel on fonde les plus grandes espérances, cette liberté, dirai-je encore, offrira des inductions bien plus certaines et sur un champ bien plus vaste pour choisir, parmi les hommes ainsi formés, ceux qui réellement peuvent contribuer à la gloire nationale. Ces hommes se seront expliqués nettement sur leurs carac-

---

(1) La *Revue Encyclopédique* (octobre 1832) publie une *lettre sur la campagne de Rome* de M. CHARLES DIDIER. Elle est écrite avec une sombre énergie et une puissance de SOUVENIRS qui saisit la pensée et l'élève. Nous la recommandons aux artistes qui se proposent de visiter les lieux que le voyageur a traversés dans tous les sens, et aussi à ceux qui en sont revenus. Ils y suivront avec le plus grand intérêt le déroulement tracé à grands traits de l'imposante trilogie dont ces lieux ont été le théâtre, et qui commence par ce cri d'émancipation dont un esclave à l'ame libre et fière a donné le signal. Ils y verront ce pâtre de Thrace, vendu au marché, acheté pour être façonné au combat de gladiateurs, et réservé aux yeux atroces de l'amphithéâtre. Ils palperont ses bras nerveux, ils sentiront battre un cœur D'HOMME sous une écorse endurcie et flexible qui semblerait devoir protéger un sang pur et généreux. — Mais, toute transformation de L'HUMANITÉ doit être sanglante. — Quels sont ses jours de gloire qui n'ont point leurs tristes souvenirs?

tères, sur leurs croyances, sur leur foi intime; et leurs expressions, éloignées de toute contrainte, seront éloquentes et persuasives, quel que soit l'ordre dans lequel elles se seront manifestées, et quel que soit le genre auquel elles appartiendront.

DISTRIBUTION DE TRAVAUX ET RÉFUTATION DE CE QUI A ÉTÉ DIT A CE SUJET.

La sollicitude qui doit favoriser l'étude de l'art et reconnaître *l'artiste*, a cessé d'être le but de nos réflexions. Maintenant, en nous occupant des moyens de distribuer des travaux importans à qui de droit, nous ferons remarquer que ce sont de nouvelles avances à faire au nom de la société qui, comme nous l'avons dit, fait les frais de ses monumens. Nous ne pensons pas, avec l'auteur de l'article inséré dans la revue de Paris et l'auteur de l'article inséré dans le journal des Débats, (21 octobre 1830,) que ce rôle appartienne à un ministre ; il appartient encore à des hommes compétens (1) tels que ceux qui ont été chargés d'entourer de leur protection les efforts des jeunes étudians appelés à suivre glorieusement la carrière des beaux arts. Mais ici je dois faire une observation particulière à la peinture.

Nous nous sommes expliqués déjà sur l'importance de la forme, comme moyen d'exprimer clairement une pen.ee. La science de la forme est une nécessité de tous les temps ; le beau de forme qui est tout autre chose

---

(1) Nous nous expliquerons ailleurs sur la compétence.

n'est point et ne peut être le but exclusif de la peinture moderne. La peinture moderne peut aujourd'hui et doit, comme par le passé, idéaliser la forme quand cette nécessité ressort du sujet; mais autrement son domaine est immense, car toute forme actuelle lui sert de moyen, avec la condition cependant d'en soumettre le choix à de certaines convenances.

Nous reviendrons ailleurs sur ces considérations, mais ici nous nous bornerons à dire que, dans les moyens de manifestation la forme humaine quelle qu'elle soit par la haute importance de son aspect et du rôle qu'elle remplit, donne à celui qui sait la rendre avec *vérité*, indépendamment des autres qualités qui peuvent distinguer un artiste, un rang très-élevé. Les difficultés qu'elle présente, sont en effet de nature à donner à celui qui sait en triompher une réputation méritée, et l'on conçoit que la science de la forme, portée à un degré supérieur, doit imprimer à tous les ouvrages d'un homme de génie, un caractere puissant et ineffaçable.

Pour arriver à cette supériorité, il faut que les difficultés soient abordées franchement comme on attaquerait un ennemi de front, et ce n'est pas en descendant à de petites dimensions que l'on aura rempli sa tâche : on aura esquivé les difficultés.

Plus une forme a d'importance par elle-même, plus elle perd à être réduite, plus elle gagne au contraire à être représentée dans tous ses développemens. Et, quant à la forme humaine, on peut juger ce qu'elle perd dans une réduction, par le triomphe que l'artiste a obtenu de tout temps quand il a pu dépasser la grandeur natuelle, et répondre néanmoins à toutes les conditions de perfection dans l'exécution.

En peinture, si une idée est grande, si elle requiert la participation immédiate de la créature humaine, comme moyen de manifestation, (comme symbole vivant et non comme signe conventionnel,) la forme ne doit être ni vague ni négligée. Si elle est réduite à une petite dimension, l'idée subsiste, mais la manifestation n'a pas, comme peinture, le rang qui lui était destiné; c'est ainsi que l'on peut avoir en peinture des philosophes, des poètes, des littérateurs, des historiens, des antiquaires, sans que ce soit des peintres dans la juste acception du mot. LESSING a fort bien remarqué que lorsque la figure humaine est réduite à une petite dimension, l'idée du signe est plus présente, à son aspect, que celle de la chose signifiée.

Pour conserver au langage de la peinture son caractère distinctif, il est donc nécessaire de maintenir la représentation de la forme dans la dimension qui convient à son importance.

On comprend que je n'ai nullement l'intention de présenter cette nécessité pour en faire ressortir uniquement le mérite d'une difficulté vaincue, car on sait d'ailleurs que la grandeur de dimension est par elle-même un moyen d'action sur l'imagination; et, lorsque dans une entreprise quelconque, les difficultés qui se présentent peuvent réellement donner, par leurs solutions, un plus haut degré d'intérêt et rendre le succès plus étonnant, il faut les vaincre ou se tenir dans des conditions inférieures.

Dans un art quel qu'il soit, le moyen technique averti de ce que l'on peut et doit tenter, et de même qu'on ne peut sans danger essayer de dépasser certaines limites, de même on renonce à des avantages réels, si on dédaigne quelqu'une de ces prérogatives. Or, la peinture et la sculpture dans l'imitation pure et simple des objets qu'elles ont à représenter, sont arrivées à un tel degré de puissance de réalisation, qu'il est à lui seul un témoignage intéressant du progrès de l'intelligence humaine. Il y a dans ce progrès où *l'industrie* a une si grande part, une prise de possession de l'intelligence dont l'artiste ne peut plus se désaisir; et même, c'est une force désormais connue, dont l'emploi ne lui est pas seulement offert, mais qui lui est imposé. Ainsi au point de vue élevé de l'art, l'importance de l'idée et le développement de la forme sont deux conditions inséparables; c'est le corps imposé à l'ame, c'est l'ame révélée par la manifestation matérielle qui lui est propre. Dans l'art comme dans la nature, c'est là le *procédé*, c'est là ce qui constitue l'apparence avouée par la science positive, servant à révéler, de la manière la plus complète, tout ce qui se passe dans la profondeur de la pensée.

Le moyen aussi dignement employé est difficile, mais, pour me servir ici des expressions de l'auteur de *Cromwel*, il faut quelqu'étude, quelque labeur pour en venir là : il est bon que les avenues de l'art soient obstruées par des ronces devant lesquelles tout recule, excepté les volontés fortes.

Ceci ne contredit nullement la préférence que j'ai accordée aux exquisses, sur les tableaux terminés à l'occasion du concours pour le grand prix. J'ai séparé momentanément deux conditions destinées plus tard à compléter l'acte : la chaleur créatrice, l'invention qui révèle l'artiste et la science de certaines formes qui ne le révèle pas. J'ai ainsi affranchi la pensée artiste de certaines entraves; parce que la science pour en triompher, est incomplète chez celui qui n'est encore que dans ses débuts; et j'ai enlevé une parure d'emprunt, un reflet trompeur à la force matérielle, en forçant de la considérer isolément; car la science de cette forme, séduisante sous de certains rapports, en la réduisant à sa simple expression, peut ne faire que des artisans.

J'ai fait voir que les esquisses faites par des hommes heureusement organisés devaient contenir en elles *des preuves de capacité*; et en dehors des esquisses, j'ai désiré et j'ai exigé les garanties qui ne s'y trouvent pas et que l'on était en droit d'exiger.

Maintenant, à l'occasion du concours pour la répartition de travaux importans, je demanderai encore des esquisses et le *jugement subit.* Mais ici les esquisses devront être terminées, et toutes les garanties nécessaires seront produites par ce seul fait, si l'auteur dont l'ouvrage est préféré a fait ses preuves; si non, il sera tenu de produire des études de formes d'une dimension convenable.

LA VOIE DU CONCOURS EST LA MEILLEURE.

La répartition des travaux importans par la voie du concours, me paraît une excellente institution quelles que soient les oppositions qui se sont prononcées à cet égard.

Suivant moi, et sans doute, je ne serai pas le seul à émettre cette opinion, *une idée simple dans son principe, morale dans son objet* ne peut être déclarée spécieuse et inféconde, parce que l'on n'aura pas encore trouvé son véritable moyen d'application. Pour la rejeter définitivement, il faudrait être assuré que l'on a passé en revue tous les moyens abordables, et je dis plus : par cela même que l'idée est *simple* et *morale*, la solution du problème doit être possible (1).

Le journal des Débats (21 octobre 1830) s'est aussi prononcé contre le concours dont il est ici question.

« Il faut reconnaître, a dit le critique, que jusqu'ici on « n'a pas fait attention qu'un *jury* chargé de prononcer en « dernier ressort sur le mérite relatif ou absolu d'un ou« vrage d'art, assure les fonctions de *jurés* et de *juges*, « et que de plus il porte lui-même *la loi* en vertu de « laquelle il prononce sa sentence. Or, cette *loi*, ou ce « qui la remplace, n'est rien autre chose que ce *bon* « *goût* sur lequel chacun s'accorde si peu, et dont cha« que artiste, chaque amateur, et, par conséquent, « chaque juge se prétend cependant dépositaire exclusif. « Selon nous, l'établissement de ces prétendus *juges* est « injuste et absurde. Il y a injustice, parce que ce sont « les mêmes hommes qui font la loi, qui l'interprètent

(1) Voir la *Revue de Paris*, articles déjà cités, et voir aussi le *Journal des Débats*, articles de M. Delécluze.

« et qui l'appliquent. Quant à l'absurdité, elle consiste « dans l'idée d'assimiler une chose sur laquelle on con- « teste depuis que le monde est civilisé, *le bon goût* à « une autre chose qui, bonne ou mauvaise, et établie « et rédigée de manière fixe, *la loi*. En matière de juris- « prudence, quand on suit la loi, on est toujours juste; « mais en fait d'art, avec de la conscience, de la pro- « bité et des lumières, on peut souvent commettre une « injustice, parce que, en dernière analyse, on ne « juge que d'après son goût.

« Il nous semble que lorsque *l'état*, par l'organe « d'un ministre *qui est responsable de ses actions*, com- « mande une statue ou un tableau, il faut lui laisser « faire le choix de l'artiste *qu'il préfère*, parmi ceux qui « lui ont été désignés comme les plus habiles, *par la voix* « *publique. Si son goût s'égare*, s'il commet des passe- « droits, s'il protége la médiocrité, — *avec la liberté* « *de la presse*, *chacun a le droit* de faire connaître la « vérité. Mais il faut le dire, un ministre chargé de « faire exécuter des monumens nationaux, a toujours « un grand intérêt *à ne se fier qu'aux hommes du pre-* « *mier mérite*, et c'est en cela surtout que le choix direct « des artistes est bien plus favorable aux arts, que la « voie du concours qui, *en pratique*, *protége ordinai-* « *rement la médiocrité.* »

Il y a dans tout ceci des assertions contradictoires, des mots dont il faudrait bien déterminer le sens pour connaître la valeur d'une telle conclusion. Qu'est-ce que la responsabilité d'un ministre? Si le goût d'un ministre s'égare, — Qui se chargera de le remettre dans la voie, *puisque le bon goût est une chose dont on conteste depuis que le monde est monde?* Si le ministre commet des passedroits, s'il protége la médiocrité, — Qui s'élevera contre l'injustice assez puissamment pour faire autre chose que la constater? Qui repoussera la médiocrité? La liberté de la presse! — Quest-ce que la liberté de la presse? est-ce quelque chose qui ne permet que l'expression de la vérité? — *Un ministre a toujours un grand intérêt à ne se fixer qu'aux hommes du premier mérite;* soit. — Mais qui lui désignera ces hommes du premier mérite? La voix publique? Qu'est-ce que la voix publique?

Si le critique veut bien répondre à toutes ces questions d'une manière claire et précise, je crois qu'il aura de la peine à tirer de ses réponse des déductions favorables à ses argumens contre le concours.

Si je reproduisais ici tout ce qui a été dit contre le concours en question, on verrait que les argumens mis en œuvre peuvent se résumer ainsi :

Le goût est ce qu'il y a de plus arbitraire et de plus despotique; l'opinion publique est la seule force légitime.

Donc, que l'opinion publique impose un Raphaël, par exemple, ou un Michel-Ange, on verra si un ministre *responsable* osera résister à cette volonté. Mais si le siècle ne fournit pas un homme plus grand que tous les autres de quelque pieds, si il faut chercher à tâton, dans la foule, ou bien si la *Reine du monde*, fort changeante de sa nature, devient tout-à-coup fantasque, si il lui arrive de déraisonner, — eh bien, un ministre, toujours *responsable*, au lieu de consulter une écervelée ou une sotte, aura le plus grand intérêt à reconsulter ses propres lumières, c'est-à-dire son goût. Donc le concours, *idée simple dans son principe, morale dans son objet*, est illusoire; *donc l'institution d'un jury est injuste et absurde.*

Qu'il me soit permis de terminer cette longue exposition des plus fortes objections qui ont été faites, par la conclusion qui appartient en propre à l'auteur de *l'article inséré dans la Revue de Paris;* afin de donner une plus grande évidence à la confusion qui règne encore dans toutes les parties de la question, et dont on ne trouve d'autre moyen de sortir qu'à la faveur du bon plaisir d'un ministre, c'est-à-dire, la plupart du temps, par l'arbitraire et le privilége.

« L'histoire s'accorde, dit-il, avec la raison pour « proscrire l'institution du concours (1); elle nous ap- « prend que les grands travaux en tout genre, devenus « en tout temps le partage des grands artistes, ont été « adjugés, d'après la voix publique, par l'autorité qui « *daignait* entendre, ou qui savait prévenir cet *oracle* « *populaire*...... (2)

« D'après tant d'objections on sera surpris de l'espèce « de faveur qui s'attache à cette idée nouvelle, et l'on « se demandera sur quel motif peut être fondée une « disposition qui semble devenir populaire.

« Ce n'est pas à *l'opinion publique séduite* par une

---

(1) Notez que le critique cite plusieurs exceptions fort importantes.

(2) Qu'est-ce qu'un *oracle* qui se laisse séduire et que l'autorité doit prendre pour conseil?

« induction erronée d'un principe juste en soi; ce « n'est pas *au peuple trompé par des apparences d'é-« quité et par des illusions de gloire*, qu'on doit impu-« ter le tort de cette aberration, qui deviendra, si l'on « n'y prend garde, si funeste à l'intérêt de l'état et à « celui de l'art. C'est aux hommes chargés de veiller à « ce double intérêt par la direction éclairée des travaux « publics, et toujours prêts à rejeter sur autrui une *res-« ponsabilité qui les accable;* c'est à ces hommes qui ne « savent que quêter dans la foule des talens qui s'y ca-« chent encore, quand leur devoir est de distinguer ceux « qui en sont sortis (1); à ces hommes, habiles seulement « à mettre aux prises toutes les petites rivalités, toutes « les petites passions qui se démènent dans l'empire « des arts pour mettre à couvert leur propre médio-« crité, et à se donner ainsi quelqu'importance aux dé-« pens des réputations qu'ils compromettent, qu'il faut « attribuer toutes les fautes du concours; et c'est à eux « seuls que j'impute formellement l'erreur de l'opinion « qui le favorise. »

Ainsi, tantôt l'opinion publique est infaillible, tantôt il faut la mâter, car elle se laisse *séduire;* tantôt l'*autorité* est fortement tansée pour manquer de goût et de lumières, et esquiver une responsabilité qui l'accable; tantôt l'*autorité* est seule capable d'entendre l'intérêt de l'art.

(1) Le critique ne dit pas que l'opinion publique qui a d'abord déterminé le choix de ces hommes de talent, s'élève souvent en vain contre une permanence essentiellement préjudiciable à l'art,

Enfin, au milieu de tant de contradictions, il reste évidemment deux conditions bien importantes à remplir, pour lesquelles les critiques citées n'ont pas donné leur mot : résumer chaque jour *l'opinion publique* par *un nom personnel*, et trouver un ministre qui *daigne* l'accueillir, ou qui sache aller au-devant *de l'oracle populaire.*

En attendant cette bonne nouvelle, je crois qu'il ne peut guère y avoir de *danger, pour l'état et pour l'art*, que l'on utilise le mieux possible l'institution du concours pour les travaux importans.

PEINTURE MONUMENTALE ET PEINTURE COMMERCIALE

Ici je crois indispensable d'établir une distinction fondamentale entre les productions qui méritent l'attention du gouvernement et qui peuvent devenir l'objet de son intervention.

Tous les travaux de grandes dimensions exigent des frais considérables, et en outre ils mettent l'artiste dans la nécessité absolue de se mettre entièrement à découvert, relativement à toutes les parties de son art.

Nous avons dit que pour arriver à l'exécution d'une grande dimension, il fallait que les *é udes* préparatoires eussent été faites de manière à rendre l'entreprise plus assurée dans ses résultats, et nous avons insisté pour que, dès les premiers pas dans la carrière, toute forme fût étudiée dans la dimension la plus convenable à une connaissance positive de la manifestation matérielle.

Sans vouloir ici faire ressortir la supériorité qu'un ouvrage de grande dimension peut obtenir sur des ouvrages de petite dimension, je ferai remarquer l'utilité de pareils travaux sous le rapport monumental, et l'on conviendra que le gouvernement seul peut protéger l'art sous ce rapport.

Il n'en est pas de même des petites dimensions, elles permettent à tous les intérêts individuels de spéculer sur des besoins qui ne peuvent être satisfaits que par ce genre de productions; enfin, de spéculer sur des chances de commerce.

Je distingue donc les productions des artistes en peinture monumentale et en peinture *commerciale*, sans que cette dernière expression soit en rien dédaigneuse. Et, de cette distinction naturelle, découlera nécessairement des différences essentielles dans les modes d'intervention du gouvernement.

J'appellerai peinture monumentale toute peinture où l'art, considéré dans son essence et dans le plus haut degré de son application et de sa perfection, conserve à tous les signes qu'elle emploie toutes les prérogatives et toutes les qualités qui ressortent de leur propre puissances représentative ; et, ce haut degré d'application et de perfection, c'est dans la peinture qui représente la créature humaine que l'art peut l'atteindre.

Ainsi, une seule tête, ou une figure entière, sera pour moi une peinture monumentale, si en elle se trouvent réunies toutes les conditions d'une imitation *vraie*, avouée par l'art, dans une dimension qui ne sera pas au-dessous de *nature*, et si cette imitation a en même emps pour but de compléter l'histoire, de consacrer les raits d'un personnage d'un haut intérêt.

Mais si la condition de développement est nécessaire elativement à la créature humaine, on comprend aisément qu'il ne saurait en être de même pour les autres bjets de la création, et en général pour toutes les onceptions qui n'ont pas pour moyen la représentation e l'homme lui-même, soit isolé, soit en rapport avec 'autres objets. La condition de grandeur naturelle ne erait pas toujours exécutable, et lorsqu'elle peut être emplie, il n'en résulte aucun avantage pour l'art; on e jette dans la décoration qui a son mérite incontestable our le théâtre, mais non dans une galerie de tableaux, u dans un lieu consacré à toute autre représentation. Et, au contraire, la peinture, qui a pour but l'ame umaine dans toutes ses formes, dans tous ses mouvemens et sous tous ses rapports, a obtenu son plus grand riomphe quand elle a su dépasser la grandeur naturelle t satisfaire néanmoins à toutes les autres conditions de 'art. Toute peinture où l'homme n'est pas au-dessous le la grandeur naturelle serait une peinture monumentale, et toute autre serait peinture de petite dimenion ou *commerciale*.

Enfin, pour faire sentir la différence des deux divisions, n pourrait dire que, dans la premiere, dans la peinure de l'homme, il faut triompher malgré l'esclavage, t que dans l'autre, il faut savoir faire un bon usage de a liberté.

Je pourrais m'étendre davantage sur ce que l'on est onvenu d'appeler la peinture de l'histoire et ce que

l'on appelle peinture de genre, si je ne craignais qu
l'on se méprît sur mes intentions, car je professe un
admiration sincère pour tous les genres dans lesquel
l'artiste a réussi, je pourrais dire que mon admiratio
va même jusqu'à l'enthousiasme. Mais quel que soit l
succès de l'artiste, il est pourtant vrai de dire qu'il n'
eu à remplir que les conditions du genre qu'il a adopté
et je pense que dans la peinture que j'appelle monu
tale, l'artiste accepterait toutes les conditions des autre
genres, et de plus celles qui lui sont particulières.

Cette distinction de genres, de destination et d
chances lucratives, une fois établie, la sollicitude d
gouvernement pourrait toujours s'étendre sur ces deu
sortes de productions, mais d'une manière très-diffé
rente : un tableau de petite dimension ne serait jamai
commandé ni offert au concours, mais il pourrait êtr
acheté par le gouvernement dans l'intérêt de l'art, lors
que des jugemens compétens se seraient accordés sur l
mérite de cet ouvrage. De cette manière, l'état pourrai
enrichir ses galeries en choisissant, comme un particu
lier, parmi les chefs-d'œuvre qui apparaissent lors de
expositions publiques.

Il n'en serait pas de même pour ce qui est de l
peinture monumentale, les ouvrages en seraient tou
jours commandés, et la voie du concours serait la seul
voie. C'est au gouvernement à protéger l'art sous c
rapport avec discernement, et en prenant en consid
ration les dépenses nécessitées par les difficultés d'un
grande entreprise, et en rétribuant avec largesse, c
n'est cependant pas précisément de la *fortune* d'un ind

du dont il s'agira; et sous ce rapport, il ne serait pas al que les concours éloignassent ces hommes plus avi-s d'argent que de gloire.

Ici j'ai à faire une observation importante : j'ai à ppeler l'attention sur une lacune que présente l'orga-sation actuelle des concours.

Dans les rapports du gouvernement avec les indivi-us, ce serait un inconvénient fort grave que les con-ours eussent toujours pour objet de n'exciter l'imagi-ation de l'artiste que sur des sujets donnés. Je crois u'il serait d'un grand intérêt qu'il y eut des concours ù plusieurs compositions pourraient être acceptées ntre toutes celles qui se présenteraient dans l'espoir de éaliser sur une grande étendue une pensée purement ndividuelle; car, dans toutes les langues de l'imagination, y a quelque chose de généreux qui ne peut toujours escendre à des spéculations commerciales; et, comme our toutes les grandes idées il faut un champ vaste, n champ capable de les contenir, et où elles puissent e développer, se remuer facilement, et paraître dans out leur éclat, c'est au gouvernement à faciliter ces ortes d'apparitions. Le gouvernement ne serait donc as le seul à proposer, l'artiste proposerait à son tour, t les intérêts de tous seraient plus complétement en-endus.

On dirait alors au peintre ce qu'un écrivain très-udicieux a dit au poëte :

« Aujourd'hui, l'art est de toutes les contrées, de tous les temps, de toutes les nations et de toutes les croyances. Son domaine est comme un vaste polythéisme où tous les dieux sont tolérés et invoqués tour à tour; c'est comme une conquête du monde entier. » La peinture monumentale ne serait donc pas consacrée uniquement à la représentation de faits nationaux. Elle embrasserait le monde actuel et les mœurs contemporaines. Non qu'il fût nécessaire que chaque peintre eût la majestueuse prétention de planer sur un si grand espace, mais ce serait l'œuvre de tous. Dans cette sphère immense, chaque peintre choisirait les degrés qu'il serait heureux de parcourir; il serait alors favorisé dans des tentatives généreuses, il serait favorisé dans sa croyance, dans sa foi, dans son enthousiasme, au lieu d'être excité souvent à se mentir à lui-même, à renier son Dieu.

Cette détermination de la part du gouvernement ne serait point le résultat d'une condescendance; elle donnerait au génie le droit de vie sans décrire autour de lui un cercle infranchissable; la critique n'aurait point à s'informer si l'œil vulgaire pourra le suivre dans son vol; et cette exigence inconsidérée qui taxe trop souvent d'impuissance tout ce qui n'est point populaire, se verrait forcée de changer de langage devant des beautés qui ne peuvent être connues de tous, quoique tous soient, néanmoins, appelés à les connaître, mais comme ce spectacle des hauts lieux, qui ne promet des émotions qu'à ceux qui gravissent la montagne.

CHAPITRE V.

DE LA NÉCESSITÉ D'UNE REPRÉSENTATION CENTRALE DES BEAUX-ARTS.

Si nous sommes entrés dans des considérations qui sembleraient ne devoir pas trouver place dans un ouvrage élementaire, c'est que nous avons pensé qu'il était bon d'entretenir de bonne heure, des hommes qui doivent se mêler aux choses et exercer sur elles une grande influence, des soins qu'elles nécessitent suivant leur nature. Ainsi, en leur démontrant la nécessité d'entrer franchement dans sa vocation, et, en faisant ressortir l'utilité d'une protection qui offrirait un vaste champ à l'accomplissement de toutes les dispositions naturelles, sans perdre de vue le grand but vers lequel elles doivent être surtout excitées, nous leur avons fait comprendre qu'ils auraient à leur tour à protéger et à ne concevoir aussi la LIBERTÉ que dans un développement harmonieux des forces individuelles et sociales.

Dans cette vue, et pour assurer la continuité d'une direction intéressante pour l'art, pour l'individu et pour la société, il nous restait à nous occuper de l'organisation d'une force CENTRALE qui rapprochât sans cesse les deux existences de l'artiste : son existence personnelle et son existence comme membre de la société, comme attribut d'une grande UNITÉ ; car ce sera toujours dans ce rapprochement que se trouveront les hommes vraiment forts, les hommes *religieux*.

L'importance du développement des facultés intellectuelles et morales se fait sentir tous les jours d'une manière plus pressante, en raison du droit d'intervention que chaque individu acquiert de plus en plus sur toutes les questions sociales. L'art n'est point étranger à cette progression vitale : les exigences que la politique soulève se font sentir aussi promptement et aussi impérieusement dans toutes les manières d'être de la société.

La nécessité d'établir l'équilibre entre tous les intérêts est de plus en plus patente; mais cette nécessité devient fort embarassante, il faut en convenir, pour ceux qui, se chargeant de coopérer à une si belle œuvre, n'ont en vue pourtant que leur intérêt personnel ; car la possibilité de sacrifier à sa guise tantôt l'individu à la société, tantôt la société à l'individu, ne constitue plus un droit, ne relève d'aucune autorité. Lorsqu'il faut qu'il y ait sacrifice, l'une des deux parties doit consentir librement, ou se courber devant une décision légitime, et cette décision doit émaner d'une voix irrécusable : la voix de la RAISON publique.

Cette voix devient de plus en plus distincte; son bégaiement, si long-temps favorable aux fausses interprétations, se change peu à peu en expression sonore et pleine D'AUTORITÉ.

Et en effet, L'HUMANITÉ acquiérant chaque jour *la conscience d'elle-même*, veut se gouverner enfin par ses propres forces. Elle n'a plus besoin, et par conséquent elle ne croira plus à la personnification d'une puissance qui se présenterait comme chargée providentiellement de *penser pour elle* et de la faire agir.

Chaque individu se *sentira* dans UNE PENSÉE et dans UN POUVOIR émané de tous ; il se soumettra à ce pouvoir d'autant plus volontiers qu'il aura contribué lui-même à le former, et qu'il aura le droit de contribuer encore à son mouvement vital et progressif.

L'initiation à cette nouvelle vie demande donc une éducation qui lui soit appropriée, et des institutions qui en assurent les heureux effets : ceci n'est pas seulement vrai relativement à la politique ; les beaux-arts réclament les mêmes soins et les mêmes moyens.

Essayons de donner quelques idées fondamentales.

Si nous nous reportons à la première formation de l'académie, nous trouvons dans ses statuts des tendances libérales auxquelles on a jugé à propos de ne pas donner une extension qui est commandée aujourd'hui par la force des choses : l'académie pouvait admettre un nombre indéterminé d'académiciens, de membres honoraires, amateurs et d'associés étrangers.

Pourquoi le nombre des académiciens, c'est-à-dire des hommes capables de cultiver, d'enseigner et de faire fleurir les arts, ne serait-il pas aujourd'hui illimité ou déterminé du moins progressivement et en raison de la masse des artistes ? Pourquoi cette élection ne serait-elle pas faite par les artistes eux-mêmes, et par un nombre suffisant de personnes bonnes pour le conseil, ou qui se seraient distinguées par des travaux relatifs aux beaux-arts (1)?

Cette réunion d'hommes acceptés par la masse générale, pouvant se recruter ou se renouveler à certaines époques, serait considérée comme une chambre représentative, et il y aurait alors une représentation réelle de tous les intérêts de l'art.

Les professeurs et adjoints seraient élus par elle; ils seraient pris dans son sein et seraient seuls rétribués (2).

Lors des concours pour le grand prix, les professeurs ne seraient point admis à porter leur jugement. Les autres représentans (artistes et critiques) prononceraient sans eux; ceux-ci seraient nécessairement aptes à juger les élèves, puisqu'ils auraient déjà, comme artistes et comme critiques, choisi les professeurs.

Le jugement serait subit et isolé, comme nous l'avons déjà dit, et tous les votes, motivés ou non motivés, seraient livrés à la connaissance du public.

Le concours pour la peinture et la sculpture (sous le point de vue monumental) ne serait ouvert qu'aux

---

(1) Ces personnes pourraient aussi devenir membres du corps constitué, dans un nombre proportionnel.

Les peintres, les sculpteurs, les architectes et les écrivains qui auraient traité de l'art formeraient cette réunion centrale.

(2) Les leçons publiques auraient pour but l'enseignement immédiat et toutes les connaissances accessoires de l'art. L'enseignement public est indispensable : sans cette disposition, l'art deviendrait le monopole de la classe aisée.

membres de cette *chambre représentative*, y compris les professeurs. Cette clause serait d'autant mieux fondée, que les concurrens seraient alors des hommes *faits pour se mesurer entre eux.* Le jugement subit et isolé serait également maintenu, et les votes divers, revêtus de leurs signatures, seraient livrés à la connaissance du public. Les professeurs seraient encore exclus du vote, afin d'éviter constamment les influences *d'école.*

Nous avons fondé notre détermination, relativement au jugement subit et isolé, sur l'avantage qu'il y aurait pour l'art de laisser au *sentiment* individuel toute sa prédominence, et pour mettre les hommes, dont le jugement deviendrait tout-à-fait personnel, dans la nécessité de se trouver dignes de la fonction qu'ils auraient acceptée.

La Bruyère a dit : « Nous n'approuvons les autres que par les rapports que nous sentons qu'ils ont avec nous-mêmes, et il semble qu'estimer quelqu'un, c'est l'égaler à soi. » Depuis, un homme d'esprit a répété la même pensée à sa manière : « Quand vous approcherez les artistes célèbres, vous serez toujours surpris d'une chose, leurs jugemens les uns sur les autres ne sont que des *certificats de ressemblance* (1). » Cette chose ne nous surprend pas ; elle nous fortifie au contraire dans la confiance que nous accordons au jugement subit et isolé ; elle nous assure un choix d'autant plus légitime : et ne sait-on pas que les réputations les plus solides sont celles qui sont consacrées par les artistes eux-mêmes ?

(1) Stendhal, promenade dans Rome.

Lors des EXPOSITIONS générales, l'admission des ouvrages serait on ne peut plus simplifiée. Il ne s'agirait que de prononcer sur les ouvrages des artistes qui ne feraient pas encore partie du corps constitué, ce corps serait lui-même *nombreux*, et ses ouvrages auraient le droit de présence sans examen. De cette manière, on n'aurait plus affaire *à ces jurys anonymes, à ces commissions introuvables qui disposent, si arbitrairement et sans responsabilité, de l'avenir de l'art et des artistes*, et qui excitent si justement l'indignation (1).

L'adoption d'un tel système est sans doute fort éloignée, mais nous n'attribuerons le retard de son application qu'à la puissance encore immense des privilégiés.

Dans cette *chambre représentative* de l'art, tous les intérêts, généraux et particuliers, se trouveraient balancés et discutés. Les hommes les plus capables, et pour le conseil et pour l'exécution, se trouveraient réunis, les artistes et les hommes nés pour la critique se trouveraient face à face et s'éclaireraient par un contact immédiat. Les arts pourraient être mieux définis; on en connaîtrait mieux tous les caractères, toutes les ressources; et, au point de vue monumental, il en résulterait des avantages réels pour la gloire nationale.

Ici, tous les genres se trouveraient représentés et protégés. Ils seraient distingués par les deux divisions que nous avons déjà établies (monumentale et commer-

(1) Tout artiste, qui aurait été admis à une seule *exposition*, deviendrait, par cela seul, membre de la réunion centrale.

ciale) afin de pouvoir maintenir l'art dans une haute direction, et pour faciliter la répartition des fonds alloués par la CHAMBRE LÉGISLATIVE. L'emploi des fonds alloués pour la division MONUMENTALE serait toujours motivé par le programme des concours. Ces concours seraient de trois espèces :

1° Les concours pour le grand prix ;

2° Les concours pour les sujets nationaux et déterminés d'avance ;

3° Les concours libres où chaque concurrent proposerait lui-même son sujet, apporterait sa propre inspiration, son idée (1).

Les acquisitions pour la division COMMERCIALE seraient déterminées par les apparitions fortuites *dans tous les genres*, lors des EXPOSITIONS générales. *Ces ouvrages n'auraient point été commandés.* Ici les jugemens ne pourraient être *subits* ; ils ressortiraient de la diversité des opinions formées pendant la durée des EXPOSITIONS ; mais les votes seraient toujours publiés et revêtus de leurs signatures.

Les fonds alloués par la CHAMBRE LÉGISLATIVE seraient alors répartis avec justice et discernement. Des travaux sans but ou de subites apparitions, soigneuses de cacher leur véritable origine, ne viendraient pas braver la risée

(1) A certaines époques solennelles, LE GOUVERNEMENT interviendrait à son tour Des récompenses nationales pourraient être justement distribuées. Il y aurait des antécédans irrévocables. Les décorations et les médailles signifieraient quelque chose.

des passans ou leur véhémente désapprobation. Les frais d'administration ne dépasseraient pas les sommes employées à continuer, à protéger, et à diriger une noble émulation vers un but utile et glorieux. Les décisions de ce corps constitué offriraient alors au public des enseignemens et des excitations salutaires. Le public y reconnaîtrait la sagesse et l'enthousiasme généreux de ces *nouveaux mandataires*. Alors la RAISON publique se distinguerait aussi relativement à l'art, de L'OPINION publique, cet ORACLE à double sens, fort commode pour le privilége et si fort encensé par les privilégiés. Cette impulsion, que les personnes inquiètes sur les destinées de l'art ont la fervente résignation d'attendre d'un seul individu, et dans ces phénomènes qui laissent souvent entre eux de longs intervalles, serait toujours produite et toujours spontanée dans un être collectif, progressif et permanent. La grande IDÉE de l'art trouverait toujours des représentans. L'expression de ce corps constitué en serait la manifestation la plus haute et en même temps la plus variée. La jeunesse et la force y seraient maintenues, non en satisfaisant à un nombre absolu que renferme toujours des causes d'injustice, de caducité et d'impuissance, mais en faisant circuler dans ses veines un sang toujours nouveau, en entretenant dans une constante activité toutes les puissances qui constituent la VIE.

L'ART *serait alors représenté, comme le sont ailleurs, la politique, la science, l'industrie et le commerce ; il discuterait lui-même et comme eux ses intérêts ; il demanderait et ferait comprendre ce qu'il lui faut ; il trouverait* 'éloquens interprètes, et nous aurions de belles peintures, : nouveaux et admirables palais, de nouvelles et magni-ques statues. Le goût du public serait formé par des dé-its intéressans et lumineux, par des *conversations libres animées,* et par de véritables *conférences* où l'on donne-it le temps aux orateurs frappés subitement de *vertige* : se remettre, où les paroles lancées au hasard, *souvent usses, exagérées,* n'auraient pas les honneurs de impression, où les MEA CULPA des Diderot mériteraient ielque confiance, et où les erreurs des Winckel-ann, vivement combattues, seraient séparées en-:rement de tout ce qu'il y aurait de sain et de néces-ire dans la critique.

Chez une nation comme la nôtre, où les lumières et s talens doivent être tour à tour protégés et protec-urs, nous croyons que des dispositions de ce genre se-ient parfaitement en harmonie avec nos besoins ac-iels, et une liberté bien entendue. Les beaux-arts, :stinés à recevoir une extension immense, pourraient re alors, sans danger, abandonnés aux empiétemens de INDUSTRIE; ils sauraient, au milieu de cette activité si ivahissante et pourtant si nécessaire, conserver leur nportance morale.

M. Ferdinand Denis ayant publié dernièrement dans l'ARTISTE (3e vol. 20 et 21e liv.) une notice sur les manuscrits orientaux à miniatures (bibliothèque royale), a composé depuis deux autres notices qui forment avec la première un travail plus complet. Je dois à son amitié la possibilité de donner ici cet ensemble, et de joindre ainsi, à l'ouvrage que j'offre au public, tout ce que ses études et son enthousiasme lui ont suggéré d'utile pour l'artiste, et d'intéressant pour l'histoire et la poésie de l'art.

Notre intention n'est point de chercher, pour ainsi dire, le salut dans le passé; ce serait contradictoire avec tout ce que nous avons dit précédemment; mais nous croyons que l'ART, intimement lié à la PENSÉE universelle, ne doit pas plus qu'elle prétendre à s'isoler de ses souvenirs; ils doivent se transformer peu à peu dans le présent, entrer corps et ame dans sa substance. Ainsi la dépouille des automnes séculaires élève le sol, elle empêche que les racines soient mises à nu; elle dispose à une élaboration nouvelle, à une nouvelle pousse, à de nouveaux fruits.

)ES MANUSCRITS

A MINIATURES

DE L'ORIENT ET DU MOYEN AGE,

ET

DES VOYAGES A FIGURES

'ANS LEURS RAPPORTS AVEC LA PEINTURE MODERNE;

PAR FERDINAND DENIS.

QUAND l'art se met en marche chez un peuple, [uand il commence à avoir une destination et un but, l se contente presque toujours de faire naître un seul eure d'émotion; ce sont les inspirations de la poésie eligieuse qu'il adopte; il essaie d'abord de frapper par a terreur. C'est ainsi que le fantastique apparaît d'a-)ord chez toutes les nations. Plus tard la formule reli-;ieuse prend son essor; les dieux sont formés à la ressemblance de l'homme; l'art s'ennoblit: il a fait un pas mmense; l'observation de la nature va lui dévoiler tous es mystères de la poésie plastique. Plus tard encore, il ;e fait historien, il retrace d'abord les grands événe-nens du pays; mais bien peu lui importent les variétés apportées par les usages et par les temps : c'est l'homme du siècle qu'il représente. Pourquoi le peintre serait-il plus savant que le poète? Pourquoi Paul Veronèse serait-il plus habile que Froissard et que Villani, Michel-Ange, que Le Dante et que Shakespeare?

De nos jours, la science est entrée dans l'art; la science a fait une autre poésie. On demande toujours du génie aux peintres et aux poètes, mais on veut que ce soit un génie voyageur, initié aux grandes scènes de la nature et de l'histoire. Ce qu'il y a de naïf, ce qu'il y a de simplicité poétique dans l'ignorance ou dans l'isolément d'un peuple, ne convient plus au siècle. Il faut toujours du génie, je le répète, mais ce génie doit embrasser de son regard tous les peuples de la terre.

Le siècle a raison, c'est à la poésie qui a interrogé l'histoire à multiplier ses jouissances, comme la religion multipliait autrefois les émotions profondes. Et voyez en effet, n'avons-nous pas maintenant vingt Homère au lieu d'un Homère ; le regard surpris ne s'élance-t il pas vers de nouveaux Olympes; n'a-t-on pas reconquis tout le moyen âge ; n'essaie-t-on pas de réhabiliter les temps nouveaux? toute poésie, toute religion, toute nature est grande aux yeux de l'art. Mais l'art a son labeur, le travail de l'atelier est immense et ne permet pas toujours aux peintres et aux sculpteurs les recherches longues, minutieuses, fatigantes de la bibliothèque. Voyageons donc un instant avec les peintres voyageurs, interrogeons un moment les artistes méconnus de l'orient et du nouveau monde.

Le temps approche où nos habiles orientalistes feront

entrer dans le domaine général de la littérature les grandes épopées de l'Inde et de la Perse : les poésies tour à tour terribles et gracieuses des Arabes; les comédies, les romans si ingénieux des Chinois; il ne sera pas plus permis alors d'ignorer les scènes imposantes du Ramayana et du Mahbarata; les peintures énergiques des Moallacat et du Hamasa, qu'il n'est permis d'ignorer Homère ou Hésiode, Virgile ou le Dante. Que dis-je! l'impulsion est déjà donnée, la délicieuse figure de Sacountalâ apparait comme la réalisation des plus gracieuses fictions de l'Inde (1). Yu-Kiao-li a fait entrer

(1) Bien peu de jours avant sa mort, j'allai voir au collége de France le savant Chezy; nous parlâmes avec enthousiasme de Sacountalâ, et dans ce court entretien il me révéla cette ame de poète qui a donné à de simples traductions le grandiose et le charme de compositions originales. Je l'avais trouvé travaillant sur un manuscrit hindou; il me dit avec sa gracieuse bonhomie, qu'il traduisait une pièce de théâtre fort curieuse; que c'était l'histoire d'un vaurien de l'Inde qui avait scandalisé du bruit de ses aventures une grande ville du Bengale, et qu'il y avait environ dix huit cents ans que ce mauvais sujet avait fait des vers et même des folies fort amusantes, mais que tout cela, comme on le pense bien, était fort difficile à entendre. Ce drame, on le voit, avait un caractère fort différent de la Sacountalâ. L'aimable et bon Chezy entra à ce sujet dans une multitude de détails que j'accuse ma mémoire infidèle de n'avoir pu conserver. Il m'avoua néanmoins, que dès cet instant, il se regardait comme en état de donner une traduction libre de la pièce dont il me parlait. Si je ne me trompe, ce drame était fort court, il était mêlé de vers et de prose, et les vers, selon l'usage, étaient écrits en *pracrit*. Espérons que la famille de Chezy retrouvera dans ses papiers quelques fragmens précieux de ce travail; car lorsque je le vis pour la dernière fois,

les gens les moins curieux de ces sortes d'études tout à la fois dans la vie réelle et idéalisée des Chinois. Le théâtre de cette nation, inconnu jusqu'à présent, va nous être révélé comme l'a été naguère celui des hindous. La chrestomatie arabe est pleine de fragmens poétiques qui saisissent l'ame, comme les plus hautes inspirations de Job; mais je m'arrête, si je portais mes regards vers les autres terres de l'Orient, il faudrait donner une longue liste de noms et de travaux.

Mais quand toutes les merveilles de l'Orient auront été vulgarisées parmi les artistes, quand les peuples si poétiques de la Polynésie et de l'Amérique leur apparaîtront aussi avec leur véritable caractère, où puiseront-ils sur leur nature, sur leurs mœurs caractéristiques, sur le costume de tant de contrées étrangères les renseignemens qui ne font point l'art, mais qui doivent l'aider? dans les manuscrits de nos bibliothèques si peu consultés, dans des voyages anciens et méconnus. Ces trésors sont près d'eux et souvent ils l'ignorent. Car on ne s'est occupé de leur en faire connaître que la plus faible portion. Il faut le dire en passant, si le besoin d'exciter de nouvelles émotions s'est fait sentir à un grand nombre d'artistes, si quelques-uns de nos peintres se sont occupés de l'Orient plus que l'intérêt du public

---

il écrivait, et il n'interrompit ses savantes recherches que pour me donner avec l'amabilité qui était le fond de son caractère, quelques-uns de ces détails qu'il ne refusait jamais même aux ignorans, pourvu qu'ils sentissent et qu'ils aimassent la poésie.

n'eût semblé l'exiger; si l'on s'est fatigué de ces compositions, où le vrai but de l'art disparaissait devant la recherche fatigante d'un costume vulgaire, il faut s'en prendre au cercle étroit dans lequel les artistes ont fait agir leur pensée. Après avoir retracé les grands faits de l'histoire de la Grèce moderne, quelques souvenirs peu variés de notre expédition d'Egypte ou de nos campagnes d'Alger, ils se sont arrêtés et ils ont négligé précisément les plus belles ressources offertes à l'art. Ont-ils étendu leurs regards, ils ont fait de l'indien avec des costumes persans, et de l'arabe avec des documens tirés de la Turquie; précisément comme on faisait impitoyablement du moyen âge il y a vingt ans, avec le siècle de François Ier.

Dans la revue que nous allons faire, une remarque importante frappe d'abord la pensée. C'est avec quelle constance le génie oriental a conservé les formes antiques de son architecture, la coupe du vêtement, et jusqu'à la disposition des meubles et des ustensiles. L'ardent besoin du progrès, la fusion des races, n'a pas, comme cela est arrivé parmi nous, jeté mille variétés dans les habitudes d'un siècle à l'autre, de sorte que très-souvent, en s'aidant néanmoins toujours de la chronologie et de la géographie historique, les costumes d'un temps assez rapproché de nous peuvent servir dans un tableau qui rappellerait un événement bien antérieur. Le génie inflexible de l'Orient semble formuler son art imparfait pour l'éternité.

Les peintures de l'Inde, proprement dites, ne sont pas en grand nombre à la bibliothèque du roi, surtout à la section des manuscrits, mais le cabinet des estampes renferme la belle collection rapportée par Manucci (1); outre ce précieux volume, des peintures hindoustani, d'un caractère plus fin, plus gracieux encore, sont mêlées à des peintures persanes et mogoles; dans l'ouvrage qui porte pour titre : *dames et seigneurs persans*, n° 2925, il y a là quelques têtes d'une ravissante expression, qui rappellent toute la pureté virginale de Sacountalâ et de Damayanti. Ces manuscrits appartiennent au temps de la domination mogole; les sujets sont alternativement tirés de l'histoire des vainqueurs et de celle des vaincus. Quelques européens, représentés dans leur costume, attestent la date du livre. Il est du XVIe siècle. Je citerai aussi, outre deux petits volumes sans krit, un précieux ouvrage intitulé : *abrégé historique des souverains de l'Indoustan ou de l'empire Mogol* (2). On le doit au colonel Gentil, qui l'écrivit en 1772, et qui le fit orner d'une multitude de miniatures par un artiste hindoustani. Ces peintures, minutieusement exactes, mais d'une exécution complète même dans le sentiment oriental, offrent une précieuse série de portraits et de scènes guerrières, où l'éléphant et ses diverses attitudes sont représentés avec plus de soin que de talent : Ici il faut oublier l'art, et n'user que de la partie technique.

---

(1) Manucci a rapporté ces admirables peintures indiennes exécutées par des peintres persans vers le XVIe siècle. Ce recueil n'est pas assez consulté. Voy. également le n° 2926.

(2) N° 108, Fond des traductions. Sect. des manuscrits.

Plusieurs cabinets d'amateurs renferment d'admirables miniatures isolées dues à des peintres hindous, mais je ne puis omettre ici une grande peinture à peu près monochrome, que l'on voit dans la belle collection de M. Lamare-Piquot. Ce tableau, qui est d'une grossière exécution, a été enlevé d'une pagode et représente un sujet tiré du Ramayana. Il est précieux, surtout comme étude de la peinture symbolique des hindous (1). Il serait à souhaiter du reste, que le gouvernement qui songe à former un musée ethnographique, ne laissât pas échapper l'occasion d'acquérir cette collection unique, où nos peintres pourraient étudier tout ce qui est relatif au culte de Brahma et du Bouddhisme. Les statues des divinités indiennes, les diverses figures de Bouddha, les coupes des sacrifices, de nombreux modèles de temples, des figurines revêtues des vêtemens du prêtre et du guerrier, tout est réuni pour donner à l'artiste et au savant des idées précises sur la terre la plus poétique de l'Orient.

Une traduction persane de l'épisode de Nala (2), en nous rappelant l'admirable poëme Sanskrit dont il est tiré, nous amène naturellement à parler des miniatures persanes. Les figures du Nala sont assez jolies, les scènes

(1) On voit parmi les peintures du cabinet de M. Lamare-Piquot, des figures peintes sur carton, qui, par le caractère de l'ensemble et le mouvement des draperies, sont certainement égales à tout ce qui nous est parvenu des Grecs et des Etrusques.

(2) Supp. Persan. Sect. des manuscrits.

qu'elles représentent sont gracieuses et variées; mais nous n'adopterons point ce manuscrit comme type de l'art chez une des nations les plus ingénieuses de l'Orient. Les Persans sont à coup sûr parmi les sectateurs de l'Islamisme ceux qui ont secoué avec le plus d'énergie les préjugés religieux contraires aux arts, et qui se sont livrés à la peinture avec le plus de succès. Chez eux ainsi que chez les Arabes, l'art atteint son apogée vers le XVIe siècle, et c'est sans doute une coïncidence curieuse avec la marche de l'art en Europe. C'est à cette époque que l'on peut rapporter le précieux manuscrit du Schanameh (1) (le livre des Rois), cette grande épopée des Persans, qui, paraissant au XIIe siècle, rappelle les grandes révolutions de l'empire et les hautes actions de ses héros. L'œuvre de Ferdouçy est ornée de nombreuses figures d'une exécution fine, intelligente; il est evident que l'artiste a voulu représenter les costumes en usage au moyen âge, et non pas ceux de l'antiquité. Le type de physionomie est essentiellement Mongol.

Après l'Homère persan, je citerai l'histoire des pro-

---

(1) N° 84. Supp. Persan Il y a sous le n° 38, fond Bruix, un autre manuscrit du Schanameh orné de 34 belles peintures.

Aux peintres qui voudraient descendre plus avant dans les antiquités de la Perse, nous indiquerons deux exemplaires du Virat Nameh, apportés de l'Inde par Anquetil-Duperron. Cet ouvrage religieux, à l'usage des guèbres (les adorateurs du feu), renferme un certain nombre de peintures grossières exécutées dans le Guzarate et représentant quelques scènes de l'enfer des Parsis.

hètes (1), beau manuscrit remarquable par les figures ont il est orné, et par le travail artiste de sa couverıre. Là, les scènes religieuses donnent aux compositions des miniatures un caractère plus grave que celui es peintures persanes en général. Toutefois, cette graité s'unit au merveilleux, et bientôt le merveilleux ombe dans l'emblême oriental, plus inexpliquable cent ɔis pour nous que les faits purement religieux ou hisɔriques. Le *Souz-u-Ghudez* (2) que les curieux examient sous les montres de la bibliothèque, renferme des cènes d'amour qui se terminent par une *suttie*. L'événeıent se passe dans l'Inde, et l'héroïne du livre se brûle ur le corps de son amant; mais ce serait une erreur de hercher dans cette peinture, d'un usage étranger aux Ausulmans, l'exactitude du costume et des localités. Ce nanuscrit, tout précieux qu'il peut être, est bien loin ɪour l'exécution d'un délicieux *khosrou* (3) dont on ne aurait assez vanter la grâce et la finesse. Il est difficile de voir quelque chose de plus élégant et de plus ingéıieux que les arabesques dont il est orné : des animaux, lessinés en traits d'or sur un fond de couleur, rappelent dans mille scènes gracieuses et animées, ce que Newton-Fielding a fait de plus naïf et de plus finement observé.

Quittons la Perse, passons la frontière, entrons en

(1) N° 59. Supp. Persan.

(2) N° 150. Supp. Persan. *Le souz-u Ghudez* (la brûlure et la liquéfaction).

(3) Ancien fond Persan, n° 245.

Tartarie : Le *Leilet El Mirage* ou la nuit de l'Ascension (1) nous révélera l'état de l'art chez les Tartares Ouïgours. Ferid Eddin-Athar écrivit ce grand ouvrage de théologie avant le VIIe siècle de l'hégyre, et il peut être rapporté au temps où florissaient les successeurs de Gengis-Khan. Les figures de ce manuscrit sont du plus haut intérêt sous le double rapport de l'art et de l'histoire religieuse. En effet, de nombreuses peintures d'une fine exécution y représentent le voyage que fit le prophète dans les sept régions célestes, où les fidèles goûtent la béatitude éternelle. Puis on le voit descendre dans un enfer que l'artiste tartare a voulu faire assez terrible pour effrayer une imagination ouïgour, mais qui le plus souvent n'est que grotesque. Mahomet, dans ces grandes miniatures, apparaît toujours monté sur une jument à tête de femme ; et l'ange Gabriël, aux ailes étincelantes, est son guide. Tantôt le prophète invite les hommes au repentir, tantôt il cause familièrement avec Abraham Moïse et Jésus-Christ : plus loin, c'est Adam qu'il interroge. En quelque lieu qu'il apparaisse il est facile à reconnaître, et l'artiste trouvera peut-être là un type précieux à consulter.

Si le peintre amoureux de l'Orient veut retracer quelques-unes des grandes scènes rappelées dans les sept poëmes antérieurs à Mahomet, qu'il consulte le manuscrit arabe de *Kalila* et *Dimna* (2), il se convaincra

(1) N° 73 Supp. Turc.

(2) N° 1483. A. Fond Arabe.

promptement que sous le rapport de l'art, les Arabes sont bien inférieurs aux Persans et même aux Tartares ouïgours. Néanmoins ces peintures, où l'on reconnaît dès le premier coup d'œil le type national, seront d'une grande utilité dans tout ce qui regarde l'étude du costume ancien, s'il est vrai, comme on l'affirme, que les Arabes, moins encore que les autres peuples de l'Orient, aient changé de costumes et d'usages. Les *Séances de Hariri* (1) seront consultées sous ce rapport avec utilité, et les figures en sont moins grossièrement dessinées que celles du Kalila. Comme dans les peintures grecques du moyen âge, les têtes des principaux personnages se trouvent environnées d'une auréole d'or, ce qui semble indiquer chez les Arabes quelques rapports avec l'école Byzantine. Dans tous les cas, l'antiquité de ces deux manuscrits les rend doublement précieux, puisqu'ils appartiennent au XIIe et au XIIIe siècle.

Je ne dirai rien d'une hippiatrique arabe dont les figures sont trop grossières pour être de quelque utilité, à moins que quelqu'un de nos peintres n'ait besoin de représenter le cheval fantastique du prophète.

Je passerai rapidement chez les Turcs. Parmi ces graves et indolens sonnites, l'art paraît avoir été regardé comme chose assez frivole; cependant il est moins imparfait que celui des arabes; et un manuscrit turc du

---

(1) Supp. Arabe.

XVIIIe siècle (1), qui contient les portraits des souverains ottomans, donnera du moins d'utiles renseignemens sur le costume exact d'Osman et de ses successeurs, dont la richesse s'accroît à mesure que les conquérans quittent leur rudesse primitive.

Ce serait sans doute ici l'occasion de nous occuper des manuscrits du Bas-Empire dont les peintures attestent bien un temps de décadence, mais qu'on ne saurait trop étudier comme un reflet de l'art antique. Toutefois ce serait presque nous éloigner de notre but et quitter l'Orient pour l'Europe. Je me contenterai, parmi les manuscrits byzantins, d'en indiquer un précieux par le caractère de ses miniatures et souvent par leur conservation (2). Là on trouvera tout le génie religieux du Bas-Empire et d'admirables traditions des temps anciens.

Disons un mot des ressources que peuvent offrir à la peinture des contrées orientales les manuscrits européens du moyen âge. Il faut bien l'avouer, ces ressources sont nulles quant à l'étude du costume. J'ai vu un grand nombre de ces manuscrits de nos voyageurs primitifs; jamais, à l'exception d'une des miniatures de Bertrandon de la Brocquière (3), je n'ai rencontré aucune peinture qui fût de quelque exactitude, et qui pût servir à la connaissance des lieux. Mais j'ai été émerveillé souvent de

(1) Supp. Turc, n° 55.

(2) N° 1528. Gr. ancien fond. Voy. les notes de la fin.

(3) N° 77.

la naïveté ingénieuse de ces petits tableaux façonnés à loisir dans le cloître.

En général, ces peintures étaient formulées d'avance; elles étaient les mêmes pour Rubruquis et pour Brienl; pour Hayton et pour Odric. On adoptait, pour toutes les régions de l'Orient, un costume fantastique, tenant du grec et du vénitien. Le moine convertisseur gardait son froc, puis çà et là venaient des chevaliers exterminateurs de monstres; des châteaux gothiques leur offraient un asile contre des bœufs à tête d'esturgeon, ou des crocodiles à têtes d'hommes. Le magnifique manuscrit *des merveilleuses histoires* offre des preuves nombreuses de l'étrange liberté d'imagination qui régnait dans ces peintures. Le manuscrit des voyages d'Hayton (1) est d'une délicieuse variété en ce genre. Mais je ne connais rien de plus curieux que *l'histoire du monde* (2) où l'univers fantastique du XVe siècle apparaît dans toute sa naïveté. C'est ainsi que l'Egypte est couverte de tours à crénaux comme en Sologne ou en Picardie, et qu'on y voit, au lieu d'immenses pyramides, de petites églises semblables à nos chapelles de villages. C'est encore l'adoration d'un veau d'or, puis la tentation d'un saint de la Thébaïde environné de démons hideux ou de gracieuses jeunes filles. Le paradis

(1) Supp. Franç. 632, 10.

(2) Ce manuscrit, sous le n° 7499, contient 57 figures.
Je citerai également une traduction française de Solin, ornée d'un grand nombre de peintures du même genre, Guaignères, n° 92.

terrestre y est *pourtrait dans ses naïves délices*, et l'on est obligé de regarder comme une tradition fortuite l'exactitude du peintre qui a représenté au chapitre de l'Inde un homme coiffé d'un turban et une *suttie* s'élançant dans un bûcher. Nous voilà de nouveau sur les bords du Gange, et au moyen de ces vieux manuscrits occidentaux, il nous serait facile d'entrer dans le Cathay : mais c'est de la Chine réelle, et non pas de la Chine fantastique qu'il nous reste à parler. Nous retournons donc aux manuscrits orientaux.

Dans ce vieil empire de la Chine comme dans l'Inde, l'art a suivi une route qui lui était propre : il s'est borné lui-même ; il a restreint sa mission, et l'on est étonné qu'avec tant de grâce et tant de naïveté, il ne se soit jamais élevé jusques aux conceptions du génie, jusqu'à la véritable peinture enfin. Il restait seulement un pas à faire ; ce pas n'a point été franchi, et l'on est tenté de croire qu'il n'était point dans l'esprit de la race de faire un tel progrès (1). Les Chinois copient nos peintures avec une admirable exactitude, et l'on conçoit qu'ils ne les imitent pas ; ils ont un caractère à part ; mais ce qui

---

(1) Un peintre assez célèbre d'Italie, le P. Castiglione, étant allé à Péking, se vit contraint de se modifier selon le goût du pays, et lors de l'ambassade de Macartney, les Chinois demandaient sérieusement, à propos des portraits qui leur étaient offerts, si en Europe on avait le visage de deux couleurs ; les Chinois cependant commencent évidemment à suivre une route nouvelle, mais jusqu'à ce que la fusion des deux arts soit complète, ils y perdront, et l'Europe n'y saurait rien gagner.

est plus extraordinaire, c'est que les mystères du clair obscur ne leur aient point été dévoilés. Ils s'en tiennent à la représentation nette et pure de l'objet; ils n'ont point su deviner les jeux de la lumière; néanmoins, je le répète, la grâce, la finesse, la variété dans les expressions, les Chinois l'ont dans leur peinture comme ils l'ont dans leur poésie.

Maintenant si l'artiste européen cherche dans les recueils que nous possédons la vérité du costume, il n'aura que l'embarras du choix. Dans ce rapide coup-d'œil, nous nous contenterons de signaler une curieuse antiquité, essentiellement utile à l'art, si l'art s'étend dans son universalité : Je veux parler d'une iconographie chinoise, conservée à la bibliothèque royale (section des manuscrits). Bien que l'exécution en soit grossière, bien qu'on n'y reconnaisse guère la minutieuse finesse que mettent ordinairement dans leurs productions les peintres du céleste empire, les figures traditionnelles qu'elle renferme sont trop précieuses pour ne pas les mentionner ici. Désormais il ne sera pas plus permis d'ignorer quel était le type de tête de Lao-Tseu ou de Kong fu-tzeu, qu'il n'est permis d'ignorer celui de Socrate ou de Platon, puisque les portraits des grands philosophes chinois sont conservés d'âge en âge, et que l'artiste nous les a transmis d'après des copies fidèles. Laissons un moment parler le peintre (1).

(1) Ce recueil n'a point de numéro, il a été donné à la bibliothèque par le célèbre Amyot, en 1771. Le savant missionnaire

« Au commencement de la vingt-quatrième année de Kang (c'est-à-dire sur la fin de l'année 1685), moi, Po-kié, surnommé Tchang-sieou, ayant achevé de copier les portraits de plus de cent personnages célèbres dont on conserve les originaux dans le temple où l'on apprécie sans partialité le mérite de ceux qui ont pra-

---

positivement qu'en faisant l'acquisition de cette iconographie, il a cru qu'elle pourrait avoir son usage, ne fut-ce que pour donner une idée du costume chinois. J'ajouterai que ce recueil est du plus haut intérêt pour l'étude de la physiologie historique et même de la phrénologie. Dans cette galerie des grands hommes chinois, Lao-tseu est représenté sous les traits d'un vieillard plein d'une céleste bonté, son teint serait clair même pour un européen; sa barbe est rare et d'une grande blancheur; il semble que le type primitif de la race des Sins n'eût point été altéré en lui. Kong-fu-tzeu (Confucius) est presque noir, et son regard est animé d'une intelligence pénétrante. Meng-tseu (Mencius), le plus célèbre des philosophes, après ces deux fondateurs de la morale chinoise; Meng-Tzeu a le teint jaune et une barbe très-noire, c'est un type à part. Quant à Yuen-che-tsou, fondateur de la dynastie des Mongoux, sa physionomie presque rouge offre de nouvelles variétés parmi ces figures purement chinoises. On voit par le costume de ce conquérant et par les figures qui suivent, la différence qui existe entre le costume importé par les Tartares et celui des anciens habitans du céleste empire.

Quand cette notice parut pour la première fois, je n'avais pas encore eu l'occasion de voir deux admirables volumes in-f°, intitulés *Plantes de la Chine et du Japon.* Les plantes usuelles et les fruits si pittoresques de ces deux pays y sont représentés avec une finesse et une grâce remarquables. Ces figures sont accompagnées d'oiseaux et d'insectes de la plus délicate exécution, et les mouvemens gracieux de la vie y sont conservés avec un art qu'on ne trouve presque jamais dans nos livres d'histoire naturelle et surtout dans ceux de zoologie.

tiqué la vertu, j'ai cru devoir dire quelque chose de chacun pour qu'on pût s'en former une légère idée. »

Nous terminons ce rapide coup-d'œil sur les peintures de l'orient, en rappelant une des plus récentes acquisitions qui aient été faites par la bibliothèque. Il s'agit d'un manuscrit cochinchinois de la plus belle conservation, et qui est orné de nombreuses figures soigneusement exécutées, mais où domine la partie fantastique : toutefois nous sommes bien obligés d'avouer que ce surcroît de richesse intéresse médiocrement l'art proprement dit; quelque à l'étroit que se trouvent nos artistes, ils seront probablement long-temps encore, sans aller chercher leurs sujets par-de là le céleste empire.

Si, comme au moyen âge, nous confondons un moment le nouveau monde avec l'Asie, nous interrogerons les manuscrits mexicains et ils nous rappeleront dans leurs peintures hiéroglyphiques, le culte, les habitudes sociales, le costume des nations que subjugua Cortès. Bien que sous le rapport scientifique, les ouvrages mexicains de la bibliothèque soient d'un haut intérêt, sous le rapport de l'art il est impossible de les comparer aux peintures de Velletri, de Rome, d'Oxford et surtout à celles que rapporta Boturini Benaducci, et que lord Kingsborough a fait figurer récemment dans son immense ouvrage. Je ferai observer seulement que la bibliothèque possède parmi ses manuscrits mexicains des peintures complètement semblables à celles du musée de Dresde. Ces peintures, par leur caractère, attestent, chez les anciens peuples de l'Amérique, une période de l'art fort différente de celle que suivirent les Toltèques et les Aztèques, peuples conquérans qui substituèrent à l'art antique d'un peuple maintenant inconnu, des formes et des idées nouvelles. Il faut bien l'avouer, c'est en vain que l'artiste chercherait dans les peintures mexicaines les plus habilement tracées, ce caractère naïf, gracieux, spirituel qu'on trouve dans les peintures hindoustani, persanes ou chinoises; il faudra nécessairement qu'il découvre la vérité sous le symbole. Ce n'est pas encore une écriture et l'on se demande si ces linéamens bizarres, entremêlés de figures humaines et d'ornemens si singulièrement coloriés, méritent le nom de peinture.

Pour en finir avec l'art si incomplet des orientaux, pour indiquer son vrai caractère et son genre d'utilité, nous dirons que chez les hindous, les Persans et même les Chinois, la peinture ne semble être qu'un métier, exigeant avant tout de l'adresse et une patience extrême, avec quelque sentiment de la grâce locale, quelque observation des mouvemens les plus simples de l'ame. On y trouve une minutieuse exactitude, un soin religieux à rendre les moindres détails; mais le peintre lui-même n'attache à ce genre de mérite nul sentiment de gloire. Il ne met pas son nom à ses œuvres, ou bien s'il le fait c'est presque accidentellement, comme le patient calligraphe inscrit le sien chez nous, en mémoire d'un travail exactement accompli. Les productions de ces artistes incomplets qui appartiennent à une civilisation si incomplète elle-même, sont à la peinture ce que les poëmes populaires sans nom et sans date, sont au génie puissant qui a su conquérir un nom et dominer une époque. On y trouve cette grace dont la naïveté est étouffée souvent chez nous par la science qui veut retrouver la simplicité en multipliant ses efforts; mais il ne faut jamais y chercher de hautes inspirations ou même le sentiment pittoresque de la nature. Rien, selon moi, n'atteste mieux le génie de la peinture européenne que les essais ignorés de ces peintres inconnus. Heureux le pays où l'enthousiasme donne un nom à l'artiste et un grand souvenir à son œuvre (1).

---

(1) Aux personnes à qui ces rapides détails sur l'art des orientaux ne suffiraient pas, nous conseillons de consulter l'ouvrage de M. Reinaud (*monumens arabes, persans et turcs* 1828, 2 vol. in-8°); elles n'y trouveront pas précisément ce qui fait l'objet de cet article; mais tout ce qui a rapport aux pierres gravées, aux ornemens religieux et militaires, y est décrit avec le soin le plus consciencieux. Le savant orientaliste a su lier ces détails aux faits les plus importans de l'histoire, et des habitudes religieuses et sociales des Musulmans. Un autre ouvrage se prépare, dit-on, qui servirait admirablement les besoins des artistes dans tout ce qui a rapport au costume oriental. M. de Jouy, calligraphe habile, a l'intention de publier une série de dessins coloriés, copiés d'après les miniatures les plus remarquables de la bibliothèque royale.

Plusieurs artistes du reste ont commencé, pour l'étude du costume chez les diverses nations et aux diverses périodes de la civilisation, des collections d'un haut intérêt. Nous citerons surtout celle de M. Achille Devéria; elle est unique dans les résultats qu'elle présente, puisque les grands événemens, religieux et historiques, y apparaissent classés dans un ordre parfait de chronologie et de science géographique, sans que les documens de la vie intérieure soient pour cela négligés; c'est souvent de la science plus positive et plus belle que celle des livres.

MANUSCRITS DU MOYEN AGE.

(BIBLIOTHÈQUES DE PARIS).

Il y a déjà plusieurs mois qu'à propos d'une statue pleine de grâce et de sentiment religieux, qui résume en quelque sorte toute la poésie plastique du moyen âge, il y a déjà plusieurs mois, dis-je, que M. Charles Magnin a émis les idées les plus sages et les plus élevées sur la marche de l'art à cette époque (1). Nous sommes convaincus que l'on pourrait appliquer en diverses circonstances ce qu'il a dit de la statuaire à la peinture; car la marche qu'il a suivie est pour toutes choses la même,

(1) La statue de la reine Nantechild : elle a été moulée avec tous les soins désirables, sous la direction d'un artiste que des études consciencieuses ont initié à tous les mystères de l'art durant le moyen âge, dont il a un sentiment très-délicat. M. Ramée ne s'est pas borné à enrichir l'art moderne d'une seule statue du XIIIe siècle, il a fait mouler plusieurs figures du plus beau et du plus touchant caractère. Elles sont au nombre de quatre, et elles représentent le petit roi Jean, fils de Louis X, le comte Pierre, fils de Saint-Louis, Blanche de Navarre, et Bonne de Luxembourg, femme de Jean-le-Bon. Cette dernière tête surtout, a un caractère de beauté calme et pure qui ramène l'esprit par la contemplation au sentiment le plus élevé de l'art chrétien. En voyant de sembla-

uisqu'elle découle des grandes lois historiques qui se attachent à la nature intime de l'homme, ne diffèrent uère malgré les races et les climats, et semblent identiées à l'humanité elle-même. C'est ainsi que chez les indous, les Javanais, les Egyptiens et les Mexicains, es peuples si différens par les siècles où ils ont vécu, ar les pays où ils ont régné, c'est ainsi que l'on rouve d'étonnans rapports dans l'architecture des temles et même dans les peintures qui les embellissent. L'époque théocratique se montre là dans sa majesté priitive, elle semble formulée dans un symbole immobile ar tous les peuples, et c'est par une loi secondaire ue le génie des races vient apporter ses variétés elon les lieux et selon les climats. Plus tard, quand élément civil modifie de toute son énergie l'architecure et la statuaire, l'art prend chez les Grecs et chez es Romains un caractère qui s'éloigne du symbole, nais qui a aussi sa majesté; plus tard encore, l'art est nfluencé par toutes les opinions et par toutes les sym-

---

les productions, on comprend mieux comment s'est développé génie de Raphaël. Du reste, ces figures ont été reproduites dans unique intérêt de l'art, et M. Ramée les cède à un prix qui en end l'acquisition facile à toutes les fortunes d'artistes. M. Ramée, ue de nouvelles études sur le moyen âge vont entraîner prochaiement vers l'Italie, est encore à Paris (quartier Beaujon, avenue ortunée, n° 5), et l'indication de cette adresse sera, nous n'en outons pas, une vraie bonne fortune pour les amateurs de la atuaire ignorée du XIIIe et du XIVe siècle. L'article de M. Charles lagnin sur la statue de la reine Nantechild, a paru dans la livraion du 15 juillet 1832 de la *Revue des Deux-Mondes*.

pathies; l'âge critique a plus de variété que de grandeur, et il va jusqu'au renouvellement de la société. Que des hommes qui ont le sentiment profond du moyen âge aient appliqué cette marche symbolique, politique et critique aux diverses périodes de l'art chrétien, c'est, n'en doutons pas, une pensée pleine de sagacité, c'est un service rendu à l'art lui-même, puisqu'en découvrant les voies mystérieuses qu'il a subies à travers les siècles, on comprendra le but de toutes ses inspirations. Quant à nous, un point d'utilité présente et positive nous jette loin de ces questions si belles en elles-mêmes, et si nous avons dit quelques mots sur le caractère de l'art dans ses évolutions, reconnues par plusieurs écrivains, c'est plutôt par un sentiment de sympathie pour ces hautes questions liées à la philosophie et à l'histoire, que par la volonté de les aborder nous-même. Nous ne comptons donner ici que quelques notes assez sèches et assez concises, qui pourront guider tout au plus ces jeunes artistes pleins d'ardeur pour la poésie vraie, dont les travaux doivent être si longs et dont le temps est si précieux.

Nous leur dirons d'abord que trois grandes bibliothèques renferment à Paris des trésors qui ne sont guère connus que des adeptes, des fervens admirateurs du moyen âge. La bibliothèque de l'Arsenal, la bibliothèque de Sainte-Geneviève, et surtout la bibliothèque du Roi, sont peut-être plus riches à elles seules en ce genre que toutes celles du reste de l'Europe. Ce sera surtout, dans ces notes, la bibliothèque Royale qui nous occupera.

Nous affirmerons d'abord aux artistes que ce serait en

ain qu'ils chercheraient dans les manuscrits latins de la
euxième race, des documens antérieurs au VIII et au IXe
iècle ; à moins qu'ils n'interrogent quelques cachets et
uelques sceaux poudreux échappés aux investigations des
avans (1). Les documens les plus beaux et les plus anciens
ue l'on ait sur le temps de Charlemagne, se trouvent à
a Bibliothèque royale, dans la Bible et dans le Psautier
e Charles-le-Chauve, manuscrits d'une admirable con-
ervation, et que leur titre seul suffit pour faire connaître
t pour faire apprécier. Là, on voit le costume ro-
nain, mais le costume romain altéré par les traditions
u Bas-Empire. Le costume des femmes est gracieux ;
elui des hommes n'a pas cette forte rudesse qui devait
e trouver dans le costume des Francs, c'est du Romain
étruit par la mollesse de Constantinople. Du IXe siècle (2).
u XIe siècle, non-seulement les peintures sont exces-

(1) J'ai trouvé depuis cette pensée qui peut lier l'art à la science
qui peut devenir une branche toute nouvelle d'archéologie dans
I. Vitet, qui dit ingénieusement, mais sans que je puisse me
ppeler ici ses propres expressions, que ce sont les pierres gra-
ées du moyen âge, mais des pierres gravées avec leur date On
ouvera de précieux renseignemens de ce genre dans l'ouvrage
ivant :

Nouveau Traité de Diplomatique, par deux religieux Bénédic-
ns D. Ch. T. TOUSTAIN et D. TASSIN, Paris, 1750. 65, 6 vol.
-4°, fig

(2) On annonce, comme devant être vendu chez M. Monteil,
 manuscrit du VIIIe siècle, à miniature. Il y a quelques autre,
res de cette époque obscure qu'on ne saurait recueillir avec trop
 soin. Voyez à la fin de ces notices une note sur deux manuscrits
 VIIIe siècle. (732 et 780.)

sivement rares dans les manuscrits, mais elles ne peuvent être que d'un faible secours. On sent que dans ces temps cachés il se passe mystérieusement une lente révolution dans l'art (1); l'art plastique a le destin d'une autre poésie, il se fait lentement une langue, il élabore lentement les moyens de répandre sa pensée. Vers la fin du XIe siècle au commencement du XIIe, quand il y a déjà une poésie, la grande révolution se fait, et l'amateur, curieux de semblables investigations, peut même la voir se passer sous ses yeux.

On posède à la Bibliothèque du roi un manuscrit du XIIe siècle, sous le n° 6712, où l'ogive est construite à côté de l'arcade romane, et où les costumes sont encore romans. Dans cette traduction de l'Apocalypse en latin, il y a un sentiment rude et grave du christianisme uni à la majesté antique. On se sent près de cette époque où un prêtre impérieux faisait sortir le monde nouveau de la civilisation ancienne, en formulant définitivement le christianisme et en l'enveloppant dans un symbole triste et sombre, qu'il laissait sans doute au temps et aux hommes le soin d'adoucir.

---

(1) Au défaut de manuscrits, ne pourrait-on pas indiquer la célèbre tapisserie de Bayeux, si admirablement variée dans tous ses détails et où l'on peut étudier si facilement la vie domestique et civile des Anglais et des Normands? Elle a été gravée in-4° sans explications, par la société royale des antiquaires de Londres, et on l'a reproduite dans la troisième édition de l'histoire de la conquête de l'Angleterre par les Normands, de M. Thierry. Voy. également Dibdin et de la Rue.

Et en effet, la pensée de Grégoire VII ne tarde pas à s'adoucir dans l'art, comme dans les institutions elle se revet de magnificence et d'une grandeur extérieure qui lui manquait d'abord. *Voyez le fameux psautier latin*, dont on peut placer la date entre le XIIe et le XIIIe siècle. Il est étincelant d'or, il dit un art qui est encore sur les confins des deux arts. Il appartient à une période où se formule la société nouvelle, et il raconte admirablement son siècle. C'est bien là le temps où l'Orient n'avait pas encore toute son influence sur l'Europe chrétienne et guerrière. L'art est encore roman, il ne comprend pas encore la mollesse et la grâce, la magnificence ingénieuse et la plaisanterie grotesque, mais il sent admirablement la dignité du prêtre et du prophète, celle du pénitent ascétique et du guerrier qui cherche l'épreuve jusque dans les plaisirs du monde. Malheureusement, et nous sommes bien forcés d'avouer que ce désappointement arrive fréquemment à propos des manuscrits du moyen âge. Le psautier latin est de deux mains différentes, et la seconde partie sera toujours la moins belle aux yeux des artistes qui auront le vrai sentiment de l'époque. La faute n'en est pas entièrement à l'artiste inconnu qui a travaillé après le grand peintre ; il appartient à une époque de transition oscillante, cherchant à tâtons de nouvelles destinées et tournant peut-être déjà vers l'Orient des regards éblouis. Le psautier latin nous conduit jusqu'au XIIIe siècle.

Le christianisme a fait de nouvelles destinées au monde, l'Orient va les modifier ; tandis que la révolution se fait dans la politique, elle se fait dans la poésie et dans la peinture; et à bien prendre, ceci n'est qu'une nouvelle preuve d'un axiôme qui a été souvent avancé et qui a été admis parce qu'il est vrai. Si je n'étais pas restreint dans les limites d'une simple note, que de merveilleuses choses il y aurait à dire sur ce dévot étonnement des moines qui parcouraient les terres merveilleuses de l'Orient, qui se sentaient éblouis par des restes de magnificences payennes, qui n'osaient peut-être se l'avouer à eux-mêmes, et qui, de retour dans leur patrie, ne pouvaient plus travailler qu'avec un esprit préoccupé de mille charmes inconnus à l'Europe primitive, et d'une foule de grands mystères qui allaient modifier l'Europe. Mais il faut le répéter encore, l'art n'agissait que par souvenir, il n'aurait osé aborder la vérité, il craignait le péché et ses fatales conséquences. Aussi vous ne trouverez dans l'art admirable du XIIIe siècle, ni exactitude de costume, ni sentiment précis d'une époque. Vous y trouverez le christianisme dans toute son élévation et dans toute sa pureté. Voulez-vous en avoir une preuve, une de ces preuves éclatantes de toute la vérité de la poésie : ouvrez la *bible historiaus* sous le n° 6829, c'est à mon avis le chef-d'œuvre du temps, et je ne ferai pas de commentaire, car un coup-d'œil en dira plus que toutes mes paroles. Mais j'ai marqué d'abord l'œuvre où l'art est à son apogée, c'est l'art entre le XIIIe et le XIVe siècle, et plus rapproché de cette dernière période que de la première.

J'indiquerai, comme étant essentiellement du XIIIe siècle, les Chansons anciennes (1), l'histoire du cheva

(1) 7222.

ier au Cygne (1), et ce beau manuscrit latin qui ne oule que sur des homélies, mais qui est enrichi des lus belles figures (2). J'indiquerai encore la Sainte-ible (3) et ce beau Tristan italien qui peut si bien ervir à faire comprendre Dante et Boccace (4). Le réviaire de Salisbury appartient encore à cette période, t telle est la splendide variété de ses arabesques, qu'une ongue vie d'artiste y puiserait sans cesse de nouvelles ées pour renouveler parmi nous cette science ingé-ieuse de l'ornement, qui semble s'éteindre chez les odernes dans une languissante monotonie.

Quelques autres livres, d'une moins belle exécution, ourraient facilement nous conduire jusqu'au XIVe siè-e, et l'on sent que dans cette énumération j'ai négligé s choses belles, mais généralement connues. C'est nsi que je n'ai point nommé les *heures de St-Louis*, ais je le répète, la belle bible historiaus devra servir point de transition, elle nous conduit dans le XIVe ècle.

Au moment où les productions de l'art se muliplient, and les richesses de la calligraphie n'embellissent plus ulement des livres religieux, mais qu'elles ornent les lles épopées dont nous commençons à comprendre ute la grâce majestueuse, et ces grandes histoires uni-

(1) Supp. 540 8.

(2) Suppl. lat. 132 (homeliæ orationes).

(3) 7,011.

(4) 7174.

verselles, symbole imparfait de l'art mystique qui cherchait des forces nouvelles dans les sciences terrestres de l'antiquité ; j'éprouve un besoin réel de m'appuyer, quant à la peinture des manuscrits, de ce qui a été dit par un écrivain dont l'opinion doit faire autorité puisqu'il est le résultat d'un sentiment délicat et de consciencieuses études.

« La peinture, telle qu'on l'entend aujourd'hui, la peinture de tableaux, n'est pas contemporaine de la peinture et de la sculpture du moyen âge ; elle est née plus tard, et a fait son chemin isolément.

« Toutefois, elle avait dès lors son précurseur, pour ainsi dire, dans un art aujourd'hui perdu, l'art de l'enluminure des manuscrits : c'est seulement sur le parchemin de ces missels et de ces psautiers coloriés au fond des cloîtres qu'il faut chercher les tableaux des XII, XIII et XIVe siècles, l'imagination riche et hardie qui brille souvent dans les encadremens fantastiques de ces tableaux, un dessin naïf et quelquefois piquant, une représentation fidèle des usages et des costumes du temps, enfin d'admirables couleurs préparées, fondues et fixées merveilleusement ; en voilà sans doute assez pour faire de cette branche de l'art un objet d'étude du plus haut intérêt : mais on se trompe si on croit que c'est la peinture du moyen âge.

« En effet, que peuvent avoir de commun ces chefs-d'œuvre de patience, ces ouvrages microscopiques avec ces gigantesques monumens qu'habitaient des hommes gigantesques eux-mêmes ? N'oublions pas que la société était divisée en deux mondes isolés et complétement difrens; l'un tout à l'étude et à la patience, l'autre tout l'action et à l'audace. Dans les cloîtres on parlait la ingue morte, dans les châteaux et dans les campagnes n idiôme jeune et plein de vie. Aussi, tandis que les eintres de cloitres s'amusaient à fixer minutieusement u peu d'or et de couleur sur des feuilles de vélin, les eintres artistes, les véritables peintres de l'époque, es rivaux des architectes, des sculpteurs et des ciseleurs, rocédaient plus hardiment, et étalaient à grands traits 'or, les arabesques et les figures sur les murailles et sur es voûtes des châteux et des églises (1).

Après cette citation substantielle que mes lecteurs me auront gré de leur avoir fait connaître, revenons à nos nanuscrits.

Vers la fin et au commencement du XIVe siècle, 'art est riche, gracieux, amusant, varié; mais il faut oien l'avouer, il n'a plus toute la naïveté primitive, il est resplendissant, il n'est pas toujours majestueux ; c'est

(1) Rapport à M. le ministre de l'Intérieur sur les monumens, es bibliothèques, les archives et les musées des départemens de 'Oise, de l'Aisne, de la Marne, du Nord et du Pas-de-Calais, par M. M. L. Vitet, inspecteur des monumens historiques de France, Paris, imp. roy., 1831, p. 34 et 35.

Ce que dit M. Vitet sur la grande peinture me paraît admirablement prouvé par les figures du *Campo Santo de Pise*, où l'on voit le magnifiques tableaux à fresque, datant du XIIIe siècle. Il est peut-être bon d'ajouter qu'il paraît à peu près hors de doute que vers la fin du XIVe siècle, la peinture, sans abandonner les monumens, se vulgarisa, et ce qu'il y a de curieux, qu'elle employa les ustensiles déjà semblables à ceux dont se servent nos peintres;

surtout la grâce et la finesse qu'il faut chercher, procédons chronologiquement.

C'est à cette époque et principalement dans le XVe siècle qu'il faut placer les miracles de Saint-Louis, Mss. in-f°, sous le n° 8,405, de la plus magnifique exécution, où les actions de ce prince sont retracées à toutes les pages, et qui peint merveilleusement l'élan que les croisades avaient donné. C'est encore au XVe siècle qu'appartient ce livre magnifique où se trouve rappelée dans une série de peinture dramatique, toute la vie de sainte Catherine. Cette coutume de faire assister à toutes les épreuves subies

---

dans le *Boccace de Certaldo*, Livre des femmes nobles et renommées (Supp. Franç., n° 540). On peut étudier les procédés matériels de l'art.

f° iiiixx, vj

Une femme assise sur une espèce de tabouret a devant elle un chevalet de forme carrée, une planche soutenue par deux chevilles supporte un tableau de la vierge qu'elle peint, une palette est dans sa main.

Derrière elle un serviteur broie des couleurs sur une table.

Sur une autre table plus basse, est placée une sorte de boîte où sont des pinceaux.

f° iiijxx, xij.

Une miniature représente une femme occupée à peindre une statue de la vierge avec l'enfant Jésus dans les bras.

Elle est assise dans une chaise basse et qui paraît être faite en pierre.

La statue sur laquelle elle travaille est posée sur une table de la même couleur que la chaise. Au-dessus de cette table s'élève une espèce de dais de même espèce qu'elle.... Un banc sur lequel sont des couleurs est à côté.

Je tiens cette dernière note de M. Leroux de Lincy, élève de l'école des Chartres, N° 540 [2].

par un saint, et que plus tard a imité Le Sueur, se représente souvent dans le moyen âge, et presque toujours avec le sentiment le plus profond des douleurs d'une âme chrétienne.

Une belle *légende dorée*, sous le n° 6845, nous fera continuer cette série, bien qu'il y ait peut-être quelques manuscrits plus anciens. Un psautier très-remarquable offrira d'intéressantes miniatures. Le Romuléon, translaté du latin en français, aura à la fois un intérêt d'art et l'intérêt du sentiment historique qui guidait à cette époque; tandis que les personnages sont couverts d'armures dorées appartenant essentiellement aux formes du moyen âge. Les édifices romains pouvaient faire pressentir ce que deviendrait la renaissance. L'architecture du Romuléon a été dessinée probablement d'après des monumens de Rome modifiés par le moyen âge (1). Le beau Tite-Live (2) dont les scènes ont quelque analogie, appartient au XIVe siècle et même à la fin de cette période, de même qu'un très-beau saint Graal qui peut servir de type pour les costumes de chevalerie (3). On trouvera un sentiment plein de finesse dans le Tristan du Léonais qui appartient également à la fin du XIVe siècle, mais si on y trouve une gracieuse exécution, il ne faut pas y chercher l'éclat des couleurs et cette richesse d'acces-

(1) N° 6984 Voy. égal. 6984, 3.

(2) Supp. Français, réserve 2015.

(3) 6770

soirs qu'on trouve dans d'autres manuscrits de cette période (1).

Vers quatorze cent, au commencement de ce siècle prodigieux qui allait accroître le monde moral de cet immense horison intellectuel que recule sans cesse l'imprimerie; au temps où elle était encore ignorée, quelques ames solitaires avaient jeté comme à la dérobée un regard sur le crépuscule qui cachait les nouvelles destinées du monde; elles avaient douté et le doute avait changé l'art.

Il lui restait son amusante variété, et il avait acquis en splendeur ce qu'il avait perdu en sentiment religieux. Les belles miniatures du XVe siècle déroulent ordinairement les formes mystiques de l'église, elles disent encore les mystères du ciel, les chastes joies de la hié-

---

(1) J'ai déjà parlé à propos des miniatures orientales de quelques beaux manuscrits de cette époque, mais si je me dispense de répéter ce que j'ai dit sur l'infidélité des costumes, je donnerai quelques indications plus positives de ce qu'ils contiennent. Voici le titre complet du plus beau livre en ce genre. 8392.

Le livre des *Merveilles du Monde*, lequel contient six auteurs divers :

Marc Pol,

Frère Odric, de l'ordre des frères mineurs.

Le livre fait à la requête du cardinal Taleyrand.

Guillaume de Mandeville.

Frère Jean Hayton

Le livre de frère Brienl, de l'ordre des prêcheurs.

Il y a un voyage d'Hayton à part sous le n° 632, 10. Supp. Franç. qui renferme de délicieuses figures.

archie céleste. Mais on a trop le sentiment des envahissemens de la société fondée par l'église, pour ne pas sentir sa foi s'ébranler: vers la fin du siècle, on y plonge, on la comprend, comme nous commençons à comprendre les mystères de l'antiquité. En fait de religion, la science raisonneuse est bien près du doute, et le doute doit bientôt enfanter une science nouvelle. Prenez garde, après que Christophe aura découvert un monde (1); Luther et Rabelais viendront, adieu le moyen âge, nous allons cependant encore nous y refugier.

Commençons par le Miroir Historial de Vincent de Beauvais (2); il sera d'autant plus convenable de procéder ainsi, que ce beau manuscrit, qui renferme une espèce d'histoire universelle, présente à la première ouverture un admirable frontispice où la hiérarchie chrétienne élève symboliquement une église, forme maté-

(1) Aux personnes curieuses de connaître le premier voyage qui a fait connaître la terre dans son étendue, j'indiquerai un Pigafetta, sous le n° 18,270, B. Des traits exacts renferment la représentation des navires de cette époque, la disposition même des ponts. En arrivant à l'île des Larrons, avec le compagnon de Magellan on voit des pros, espèces d'embarcations, exactement représentés.

Mais ceci s'adresse plutôt aux navigateurs qu'aux peintres. Je serais tenté de croire que les premières impressions ont été faites sur ce manuscrit, car les planches sont identiques avec les peintures.

(2) 6731. Il y a à la bibliothèque de nombreux exemplaires de cet encyclopédiste historien du XIIIe siècle, et plusieurs sont ornés de miniatures. J'ai choisi pour l'indiquer celui qui m'a paru le plus remarquable; mais on sent combien il y a à glaner dans cette moisson incomplète. Voy. également 6930 — 31 — 32, 3 vol.

rielle du monde moral. Dans cette peinture bizarre et curieuse, qui se renouvelle du reste fréquemment à cette époque, et qui m'a suggéré une partie des réflexions qu'on a lues plus haut; dans cette précieuse peinture, dis-je, le premier échaffaudage de l'église est occupé par les prophètes, le second par les juges, le troisième par les martyrs et le dernier par les confesseurs. Allégorie simple, mais puissante, et qui n'a pas besoin d'explication. L'artiste suivant ensuite la pensée de l'historien commence avec la création du monde et développe dans mille scènes variées la grâce inépuisable de son intelligence. C'est encore ainsi qu'a procédé l'auteur du manuscrit faussement intitulé sur le dos de l'ancienne reliure *la Création du Monde* (1). Cet ouvrage, du XVe siècle, n'est autre chose que le livre ou Boccace donne une espèce d'histoire universelle de l'antiquité, mais une histoire universelle telle qu'on l'entendait en ce temps; c'est-à-dire une histoire des Juifs, des Grecs et des Romains. Là on peut remarquer un usage qui s'introduit dans plusieurs beaux manuscrits de cette période, les noms des personnages importans qui figurent dans le drame, sont écrits sur quelques parties de leur coiffure ou de leurs vêtemens, en petites majuscules d'or liées assez habilement au reste du costume, et servant à éviter toute méprise de la part des naïfs lecteurs de ces grandes et merveilleuses histoires (2).

---

(1) 6885. La ruine des nobles hommes.

(2) Les arabesques qui entourent les miniatures sont d'une dé-

C'est ce qu'on remarque encore dans un magnifique Ovide (1), appartenant à cette période. Dans cette cu-ieuse traduction, dont il est aussi amusant de lire le exte que d'examiner les miniatures, une chose frappe l'abord la pensée, c'est qu'un manuscrit semblable n'eût as été fait dans les jours sévères du moyen âge. Tant de plendeur, d'or, d'outremer, n'eût pas été employée à rner un livre profane. Là on peut voir encore qu'un entiment vague de l'antiquité réagit maladroitement ur l'art chrétien. On sent que dans quelques années Rabelais connaîtra les peintures antiques, et qu'il dira propos des vases à boire : « Silènes étaient jadis pe-« tites boîtes telles que voyons de présent aux boutiques « des apothicaires, peintes au-dessus de peintures « joyeuses et frivoles, comme de harpies, satyres, oi-« sons bridés, lièvres cornus, canes bâtées, boucs vo-« lans, cerfs limonniers et autres telles peintures contre-« faites à plaisir pour exciter le monde à rire. »

Cependant il ne faudrait pas s'attendre à trouver dans 'Ovide une exactitude même hasardée de costumes et de draperies; je le répète, ce n'est qu'un sentiment vague et incohérent, qui réagit sur la peinture et sur la poé-sie. Au rang des scènes les mieux entendues de ce re-

---

icieuse exécution ; malheureusement beaucoup de ces ornemens et de ces figures s'écaillent, ce qu'on remarque rarement dans les beaux manuscrits de la Bibliothèque royale, qui sont en général d'une admirable conservation.

(1) 6803.

cueil, je citerai la naissance de Jupiter, qui vient au monde entre de gracieuses courtines dorées, étincelantes de toute la magnificence du moyen âge. Le dieu *Cupido* a bien ses ailes et son bandeau, mais il a aussi le capuchon et je crois même l'arbalêtre. Somme toute, il n'en est pas moins gracieux, mais il est certainement moins amusant que le dieu Phébus reconnaissant Phaéton et le dorant de ses *rais lumineux.*

J'aime mieux pour ma part, je ne le cacherai pas, l'art me disant avec naïveté les costumes du temps, que l'art sophistiquant l'antiquité, comme aurait dit Rabelais. Aussi fais-je un cas tout particulier d'un Décameron de Boccace (1) qui me raconte admirablement les mœurs de Florence et les costumes variés de ses habitans, dans de délicieuses petites miniatures qui sont assez nombreuses, et qu'on accuserait volontiers l'artiste anonyme de ne pas avoir assez multipliées, et peut-être de ne pas avoir rendues plus chastes. La faute en est au temps; mais à propos du temps et de l'anonyme, une chose vient naturellement à la pensée et peut s'appliquer à des œuvres d'art d'une plus haute portée, qu'on voit mystérieusement surgir du moyen âge. En effet, que d'admirables statues s'élèvent des tombeaux et s'agenouillent pieusement dans les églises, que de délicates peintures on voit orner d'immenses volumes, sans qu'u[n]

(1) 6887. C'est une traduction française assez inexacte qui a faite sur une traduction latine, ce qui n'a pas dû l'améliorer. [Le] style en est cependant gracieux en quelques parties.

main amie ait attaché un nom à ces œuvres merveilleuses! C'est qu'il y avait dans ces ames d'artistes bien du dégagement de l'orgueil, bien de l'amour pour l'art en lui-même, et qu'on ne peut s'empêcher d'admirer cet amour recueilli, tout en regrettant de ne pas trouver un nom auquel on puisse adresser un souvenir de sympathie et de reconnaissance (1).

Je sens que ces rapides réflexions trouveraient mieux leur place à propos de quelque grande sculpture, ou de quelques unes de ces vastes peintures dont M. Vitet aime à retrouver les vestiges, et qui étaient, comme il le dit lui-même, la véritable peinture du moyen âge. Mais dans ces notes prises rapidement, il faut me pardonner aussi bien le manque d'ordre dans les réflexions, que dans la description des manuscrits. Nous les enregistrons à mesure qu'ils nous viennent à la pensée : c'est une miscellanée exacte quant aux détails, mais que nous donnons pour ce qu'elle est réellement, pour quelques idées jetées à l'aventure ; pour un coup-d'œil d'amateur ravi d'enthousiasme et que les richesses entassées devant lui ont ébloui.

Malheureusement ces beaux livres de contes florentins ou d'histoires contemporaines, qui feraient si bien nos délices, sont rares dans toutes les bibliothèques. Nos

(1) Cependant, quelques manuscrits du IXe siècle sont signés V. Villemain. L'abnégation chrétienne ne se montra dans tout son désintéressement que plus tard, et en quelque sorte dans un temps où l'art mystérieux du christianisme avait reçu toute sa consécration.

pères ont plus songé à eux-mêmes qu'à nous, et cela est tout simple; ils avaient besoin de l'antiquité; c'est là qu'ils puisaient toute leur science. Ils semblent ne point s'être doutés qu'ils seraient l'antiquité pour nous à leur tour, sans cela ils étaient assez bons chrétiens, j'aime à le croire, pour multiplier quelques études locales en faveur de leur prochain. Ces études, toutefois, nous les trouvons avec leur ravissante naïveté dans quelques chroniques du XVe siècle, d'une admirable exécution. Mais à quoi bon parler du Froissart et du Monstrelet (1), tout le monde les connaît, ce sont les livres que demande le vulgaire des amateurs. Enfonçons-nous de nouveau dans l'antiquité et même dans la mythologie.

Le Quinte-Curce, qu'un portugais réfugié chez le duc de Bourgogne, traduisit si habilement en français, est un des plus beaux monumens que je connaisse en ce genre, et il nous place vers le milieu du XVe siècle. La Bibliothèque royale possède trois exemplaires de cet ouvrage, dont les miniatures sont exécutées par des maîtres différens; mais le plus beau, à mon avis, est celui qui forme trois volumes in-f°, et où l'auteur, Vasco de Lucena, est représenté offrant au duc de Bourgogne l'ouvrage qu'il vient de composer (2). Et à pro-

(1) 6299. A.

(2) 6728. On trouvera sur cet auteur des détails nombreux dans la nouvelle édition de mon histoire littéraire de Portugal, que je prépare en ce moment. Les deux autres exemplaires sont sous les numéros 4844, fond Lavallière et 6899. Voy. également 7043. Le premier est d'une admirable exécution. Il y a un exemplaire manuscrit de cet ouvrage en Angleterre.

pos de ce frontispice, où l'auteur donne son œuvre au grand seigneur qui le reçoit avec béguinité et courtoisie; j'engage les artistes à le consulter. Comme la plupart de ceux qui précèdent les ouvrages du temps, il y a toujours là une rare exactitude de costume, et quand un vague souvenir de l'antiquité ou des voyages a altéré ceux du corps de l'ouvrage, on est toujours sûr de trouver, dans ces petits tableaux d'introduction obligée, un millésime sincère et qui ne trompe presque jamais.

Pour terminer tout ce que nous avons à dire sur les livres d'histoires anciennes, je citerai encore deux ou trois manuscrits célèbres par leur beauté; *la Fleur des Histoires* (1) est d'une exécution plutôt magnifique que naïve. Une des premières planches peut donner une juste idée des navires que le grand Colomb pouvait employer à ses immortelles découvertes, et on étudie là bien mieux ces détails de marine, qu'on ne saurait le faire dans les grossières figures en bois du temps. En contemplant ce beau manuscrit, interrompu dans son exécution, on ne peut se défendre d'une réflexion, c'est qu'il semble que l'invention de l'imprimerie, qui devait commencer à exercer ses miracles, ait fait abandonner à l'artiste son minutieux travail; qu'il ait senti amèrement qu'on allait bientôt ne plus le comprendre, et que peut-être on allait le dédaigner. En nombre d'endroits, l'or appliqué largement sur les figures et sur les

(1) N° 6733.

accessoires, n'a point été travaillé, et cette magnificence inachevée, nous semble comme l'emblême du siècle.

Les *Histoires de Troyes*, composées par le noble homme Raoul Lefèvre, sont à peu près de la même période, mais l'artiste a été plus persévérant, ou bien il n'avait pas entendu la parole impérieuse qui lui disait « arrête-toi ; l'art a d'autres destinées : » si bien que dans sa douce et amusante naïveté, il a composé plusieurs délicieuses miniatures où l'on voit *comment Jupiter le grand roi épousa sa sœur Juno; comment* encore *les ducs, comtes et barons d'Athènes assemblèrent avec navires devant la cité d'Athènes.* Ce précieux volume, où on peut faire les études les plus variées d'armure et de costumes splendides, est du XVe siècle. Mais réfugions-nous encore un instant dans les idées religieuses, et hâtons-nous, car j'entends déjà la voix moqueuse du curé de Meudon, et la voix énergique de Luther. Contemplons encore un moment cette belle sainteté d'images disant tout une poésie qui va s'éteindre. Interrogeons saint Augustin et ses élans religieux ; la bibliothèque est riche en écrits de ce père, qui a parlé avec la grâce d'un poète, et qui a senti avec l'énergie d'un prophète. On connaît trois magnifiques exemplaires de la Cité de Dieu (2), et on peut les considérer comme d'admirables monumens de la peinture expirante du moyen âge.

---

(1) 6737.

(2) Sous les numéros 6712 — 6712. 2, 6715 — 3 et 4. Les deux premières surtout sont magnifiques.

Maintenant, je vous le répète, les hommes du XVe siècle sont trop savans, ils vont découvrir un autre art. Il ne sera pas oublié celui qu'ils abandonnent, bien qu'il soit digne d'une vive admiration. Ils ont des encyclopédies, et ces encyclopédies sont ornées de figures : ouvrez le livre de *la Propriété des Choses* (1), vous trouverez dans le second volume de délicieuses peintures d'histoire naturelle; et quelques petites miniatures de ce genre, qui précèdent les majuscules, ne seraient pas désavouées par nos artistes les plus ingénieux, si même ils ne s'en faisaient honneur.

Nous sommes entrés dans le grand siècle qui commence une ère nouvelle; nous sommes dans le beau siècle que le nom de Raphaël a consacré. Il faudrait, je le sens bien, s'arrêter, car le moyen âge n'est plus seulement expirant, il est mort. Cependant, au commencement de la grande période de réforme, il a animé encore de son souffle poétique l'art qui ne sera plus si austère, mais qui va devenir plus pur et plus majestueux. Les *Echeks amoureux* (2) appartiennent à ce temps;

(1) 6802.

(2) 6808. Outre le parti que peuvent tirer les peintres de ce beau livre, je le signalerai aux musiciens. Non-seulement ils pourront y étudier des formes d'instrumens, mais ils y trouveront une explication des systèmes de musique en usage durant cette période. Pour peu qu'on ait parcouru avec soin les manuscrits du moyen âge, on est surpris que ces archives des arts aient été si mal mises à profit par de Laborde dans son histoire de la musique, où il y a cependant quelques curieuses indications.

on y voit bien *comment Appolo, c'est-à-dire le souleil était figuré et portant cheveux d'or;* or Apollo a tout le costume de Louis XII. Mais cependant ces figures, ingénieusement groupées, dessinées artistement, disent un autre temps et d'autres idées.

Si je vous parle des magnifiques heures d'Anne de Bretagne, c'est comme je vous entretiendrais d'un tableau raphaélesque, et tout empreint des idées de Masaccio. Aussi, quand je vous aurai dit que ce livre renferme d'admirables portraits, des plantes merveilleusement tracées, je m'arrêterai, ma tâche sera accomplie.

Maintenant j'ajouterai qu'un des besoins les plus impérieux du siècle, c'est de descendre vers les vieux livres, non certes pour sourire dédaigneusement de leur naïveté ignorante, mais bien pour nous inspirer de leur belle poésie. Ce voyage, vers le *moyen âge*, nous le faisons avec un réel amour de ces choses saintes, enfantées par la foi, comme des hommes trompés par le monde et arrivés, ainsi que dit Le Dante, *nel mezzo commin'* se détournent en arrière, eux qui marchent sans grande foi, et contemplent les larmes aux yeux quelques hommes croyans, ayant de saintes idées en l'ame, et qui paraissent sur leur visage.... Ils ne voudraient pas cependant revenir sur les temps accomplis.

Ne croyez pas que ce besoin des émotions du vieil âge soit seulement au cœur du peintre, il est au cœur du poète; il est dans la tête persévérante et studieuse du savant. Ainsi, tandis que vous vous inspirez des ravissantes et naïves figures que vous retrace un pinceau religieux; des hommes pleins d'enthousiasme vivent dans le XIIIe siècle et avec leur ame vraiment poétique, unie à l'ardeur qui guide le savant (1). Ils évoquent de délicieuses fictions que vous ignoriez, et qui bientôt vont faire battre vos cœurs d'artistes.

---

(1) La révolution qui s'est opérée en France depuis quelques années dans ce genre d'études est vraiment prodigieuse Elle fait contempler nos travaux par l'Allemagne et par l'Angleterre avec le plus haut intérêt. Il ne s'agit de rien moins que de réhabiliter notre ancienne littérature complétement méconnue des étrangers, et ce qu'il y a de plus triste, ignorée des Français. M. Paulain Paris est certainement un de ceux qui ont le plus fait dans cette œuvre studieuse de la régénération du moyen âge. Dans la *Berthe aux grands pieds*, d'Adenès, qu'il a publiée il y a un an, on a pu admirer une grâce pleine de fraîcheur, un sentiment doux et triste de poésie virginale. Dans le roman de *Garin le Loherenc*, par Jean de Flaggy, on retrouvera toute la rude énergie des *Niebelungen*, et le *Romans de Raous de Cambray*, qui a 4,500 vers, développera le sentiment historique le plus varié et le plus intéressant. Que nos peintres n'oublient donc pas ces sources curieuses de nobles sujets.

NOTE

SUR QUELQUES MANUSCRITS DU XVIe SIÈCLE.

Bien que ces notes soient déjà trop-étendues, peut-être, je ne saurais passer sous silence quelques manuscrits de la renaissance que renferme la Bibliothèque royale, et qui sont du plus haut intérêt ou sous le rapport historique, ou sous le point de vue de l'art prenant une nouvelle direction. Au premier rang, je mettrai le manuscrit d'un ouvrage imprimé depuis et qui occupe dans l'histoire littéraire du XVIe siècle. *Les Epitres d'Ovide, translatées par M. l'évêque d'Angoulême, nommé Octavien de St-Gelais*, offrent pour l'époque de Charles VIII une admirable série de costumes de l'exactitude la plus rigoureuse et de la variété la plus agréable. Il est évident que là encore l'artiste a multiplié les portraits. On trouvera à la page 171 une curieuse scène représentant les Danaïdes au moment du meurtre de leurs maris, dont le naïf grotesque amusera tout en instruisant. Pour peu que l'artiste ait à reproduire quelques-uns de ces traits hardis, que les historiens Portugais de ce temps ont tracés avec une si noble énergie, un précieux manuscrit de la Bibliothèque royale leur fera connaître merveilleusement dans sa médiocre exécution les conquérans de l'Inde; car les figures nombreuses qu'il renferme ne sont autre chose que les copies en miniatures de tous les portraits des gouverneurs de Goa, que l'on conserve dans leur palais; en voici le titre exact : il paraît que c'est une fort belle reproduction d'une copie originale faite par les ordres de Philippe II, et que l'on conserve à Londres. *Breve tratado* ou *Epilogo de todos os Visoreys, que tem havido no estado da India: por Pedro Barretto de Resende, secretario do Senhor conde de Linhares, Vizorey do Estado da India*, *no anno* 1635, (n° 8372. 5.)

Il faut nécessairement placer dans la même classe un magnifique manuscrit espagnol, dont la couverture, en cuivre ciselé, est déjà une précieuse curiosité. Malheureusement, ce livre qui n'est autre chose qu'une généalogie de la famille Sandoval, appartient à une période plus moderne que celui de Resende, et le goût, qui substituait jusque dans les portraits le costume des Romains au costume du moyen âge, ce goût bizarre se montre à chaque instant. Toutefois, s'il contrarie les recherches de l'historien antiquaire dans le livre espagnol, il apparaît dans toute sa splendeur hybride dans le magnifique psautier de Louis XIV, qui dit à lui seul tout une poésie et tout une époque. Le temps des splendides manuscrits finit en quelque sorte à ce beau livre, et c'est là que nous finirons aussi. Nous ajouterons seulement à ces notes quelques mots sur les deux bibliothèques de Paris, qui renferment des manuscrits à miniatures. La bibliothèque de Ste-Geneviève est la plus riche ; c'est elle qui renferme cette belle collection de portraits aux trois crayons, qui a si heureusement enrichi de portraits exacts du XVIe siècle quelques collections iconographiques. C'est là encore que l'on conserve dans toute sa splendeur, cette belle *Cité* de saint Augustin, du XVe siecle dont, si nous nous le rappelons bien, les nombreux arabesques sont des chefs-d'œuvre ; c'est là encore que nous avons vu dans un bréviaire, de grotesques et amusantes figures à têtes d'animaux, qui le disputent pour l'originalité à celles de Granville, et qui devaient singulièrement distraire les bons pères aux heures de méditations. Un beau manuscrit grec, de la renaissance, chargé de figures d'animaux attestant l'état de l'histoire naturelle à cette époque, nous est demeuré dans la pensée ; le reste, dans une vue rapide et déjà éloignée, nous a paru magnifique, mais nous laisse sans souvenirs. La Bibliothèque de l'Arsenal n'est pas très-riche en manuscrits ornés ; mais elle en possède un en plusieurs gros volumes que l'Europe entière peut envier ; je veux parler du *Renaud de Montauban*, dont l'auteur est Huon de Villeneuve, et que Jean de Bruges a orné vers 1430 d'admirables miniatures, où l'on peut étudier la belle période du commencement du XVe siècle. L'Arsenal a aussi son manuscrit de la renaissance. L'art s'y montre sans beaucoup d'éclat, mais il s'y montre avec toute la beauté de ce dessin large et correct qui feront pressentir les destinées de la peinture, je veux parler d'un livre intitulé *Emblêmes, figures, vers et proverbes*. Les proverbes sont mis en action et fournissent le sujet des figures qui sont au nombre de 131.

On y remarque même des costumes de femmes de plusieurs pays. (Voy. belles lettres franç. 25 A). On m'a parlé également d'un magnifique psautier qui existe à Rouen, et qui paraît être du XV ou du XVIe siècle. Du reste, le grand ouvrage de M. Haenel sur les manuscrits des principales bibliothèques de l'Europe, indiquera d'autres sources précieuses, et l'on verra dans la notice de M. Vitet, que quelques bibliothèques de province renferment d'admirables monumens que l'art et même la science ont à peine consultés.

DES VOYAGES
A FIGURES
CONSIDÉRÉS DANS LEURS RAPPORTS AVEC LA PEINTURE MODERNE.

On pourrait appliquer facilement aux voyages, nous le croyons, quelques-unes des réflexions qui ont précédé cette série de notes et de documens offerts surtout aux artistes peintres et poètes.

En considérant la peinture en Europe, telle que l'a faite une instruction plus généralement répandue, on le sent parfaitement, il faut qu'elle réunisse à la poésie élevée, qui est toujours son objet principal, une exactitude inconnue jusqu'ici dans les accessoires et dans la physionomie des peuples dont elle retrace les traits. Comme dans les sciences historiques, la révolution a été prompte et féconde, mais il s'en faut bien qu'elle soit complète : elle ne pourra l'être que quand le gouvernement, ayant senti la nécessité de la seconder, formera des musées ethnographiques, où les siècles et les pays apparaîtront dans leur naïve originalité. En attendant, les élémens sont dispersés dans les livres, et il est bon de les indiquer rapidement. C'est ce que j'essaierai de faire ici dans l'intérêt des artistes comme je l'ai fait pour les manuscrits.

A la renaissance des arts, on sait avec quel soin les religieux ornaient les manuscrits d'ouvrages de piété; malheureusement, et je l'ai déjà dit, ceux des moines qui se sentaient embrasés du désir d'aller convertir les infidèles aux terres lointaines, n'eurent pas ce genre de talent que développait le repos des couvens. Plan-Carpin, Rubruquis, Hayton, Brienl et tant d'autres, ne recueillaient aucune des vues de la Terre-Sainte qu'ils avaient contemplées avec tant d'enthousiasme. On trouve à la bibliothèque un grand nombre de relations où des miniatures précieuses accompagnent ces descriptions naïves des moines; elles étaient façonnées à loisir dans le cloître, et c'est en vain qu'on y chercherait cette exactitude qui doit guider le peintre; là, je le répète, tout est fantaisie ou traditionnel. Il semble que le costume vénitien, modifié par le costume persan, serve également pour représenter toutes les nations de l'Orient et toutes les contrées tartares.

Ces peintures naïves eussent été plus précieuses que les relations elles-mêmes. Quant aux Marco-Polo et aux Mandeville, qui vivaient vers la même époque, l'ardeur chevaleresque qui les animait les eut éloignés de ce genre d'études, même au sein des villes de l'Europe. Il faut les louer d'avoir su même écrire.

Au XIIe et au XIIIe siècles, une foule de voyageurs Arabes publièrent des relations du plus haut intérêt, mais ils ne joignirent point de figures à leurs manuscrits; ce n'est point là encore qu'on peut espérer de trouver des indications satisfaisantes.

Vers le milieu du XVIe siècle, quand les arts brillèrent de toute leur splendeur, on commença à comprendre de quel puissant secours pouvaient être des figures gravées dans les relations de voyages qui se multipliaient alors et qu'on accueillait avec avidité.

Dans les premières éditions du XVIe siècle toutefois, dans celles qui reproduisaient les voyages des Marco-Polo et des Mandeville, les gravures en bois n'offrirent pas beaucoup plus de vérité que les relations manuscrites de ces voyageurs aventureux; et l'art sécularisé était bien certainement beaucoup plus imparfait que celui qui puisait à loisir ses inspirations dans le récit des moines envoyés en mission. C'était toujours le même caractère fantastique, toujours la même tradition mensongère. Cependant lorsque l'on compare une petite relation que la Bibliothèque possède, elle roule sur un voyage à la Terre-Sainte, et elle est ornée de gravures, on est surpris de rencontrer déjà des figures qui offrent l'origine de ces ornemens pontificaux et de ces détails d'architecture adoptés depuis comme type pittoresque par toute l'Europe. Ce livre est le livre d'un bon bourgeois de Paris, d'Ant. Regnaut, qui ne l'a fait imprimer que dans le XVIe siècle.

Lors de la grande impulsion donnée aux voyages par l'immortel voyageur qui découvrit un monde nouveau, l'Espagne était trop occupée de son or pour se livrer à l'art proprement dit. Bien que le célèbre Antonio del Rincon, qui a fait, dit-on, le portrait de Colomb, fleurit alors à la cour d'Isabelle; aucun de ses élèves ne s'occupa de transmettre par le dessin les merveilles qui apparaissaient chaque jour. Il ne nous reste en ce genre que les informes figures *des décades d'Oviedo*, précieux mais grossier monument, qui retrace quelques-uns des usages de ce grand peuple, que découvrit Colomb, et que ses compagnons exterminèrent.

Les Portugais qui allaient convertir et conquérir dès le XVe siècle l'Afrique et l'Inde, furent aussi peu soucieux que les Espagnols de transmettre par le dessin le résultat de leurs immenses découvertes.

L'honneur de donner quelque exactitude aux gravures des voyages, devait appartenir à un moine français, car je ne parle ni de Pigafetta ni de Behaim, Thevet, le vieux cosmographe, qui avait voyagé par toute la terre, et qu'on ne consulte pas assez; Thevet avait des notions de dessin qui lui furent utiles durant ses longs voyages dans l'Asie et dans le Nouveau-Monde. Les figures en bois où il représente les usages des habitans primitifs du Brésil, sont les seules qu'on puisse consulter avec fruit en ces temps de profonde obscurité. Le cosmographe dessinateur n'avait pas assez de talent pour conserver aux physionomies américaines leur véritable caractère, mais il a mis de l'exactitude dans les accessoirs, et quelque sentiment local dans la peinture des cérémonies. Les éditeurs du bon Léry ont copié ces figures, qui du reste n'appartenaient peut être point à ces deux voyageurs, et qui seraient dues alors à quelques-uns de ces interprètes qu'on rencontrait si fréquemment parmi les nations indiennes. Il est difficile que l'ennemi de Thevet, homme plein de candeur et de bonne foi, se fût approprié les travaux de son rival.

Les figures de Thevet se retrouvent avec beaucoup d'autres planches gravées avec soin dans Hans-Staden, voyageur allemand, qui visita les mêmes contrées, mais il est aisé de voir que là le peintre s'est inspiré de quelques croquis faits antérieurement, et des souvenirs du voyageur. Il faut se défier, sous le rapport des figures, de toute la collection de Jean de Bry (1); elles peuvent être utiles, mais les types sont complétement altérés, et ils le seront davantage encore, quand Bernard Picard (2) se sera servi de son imagination et de son burin pour embellir ces copies (3). Il est, je crois,

---

(1) *Grands et petits voyages.*

(2) *Cérémonies religieuses de tous les peuples.* On ne saurait croire combien les gravures assez bien exécutées de ce livre du XVIIIe siècle, ont répandu d'erreurs en histoire et en philosophie.

(3) Il est dit, dans un ouvrage remarquable par sa critique, que Debry, durant un voyage fait en Angleterre, obtint d'Hackluyt plusieurs dessins faits en Amérique d'après nature, et qu'il reproduisit dans les grands et petits voyages. Cette découverte de Le Camus, donnerait aux figures de cette précieuse collection, un degré d'authenticité que beaucoup de personnes ont été tentées de leur refuser. Au rang des figures relatives au Nouveau-Monde, et dignes d'être remarquées, si ce n'est par leur beauté du moins par leur intérêt, je citerai la première édition des lettres de Cortès, en latin (1522) où se trouve un plan gravé en bois de Mexico. Ce qu'il y a d'extrêmement curieux dans ce plan informe, qu'on peut comparer avec celui de Beulloch, c'est qu'on y voit l'indication de la ménagerie de Monteçuçuma (Moteznma), où plusieurs animaux féroces étaient nourris avec les entrailles des victimes humaines sacrifiées aux dieux Aztèques.

inutile de dire que les figures mensongères de Raleigh sont aussi ridicules que ses fictions sur la Guyane.

Si, à la même époque, nous nous dirigeons vers l'Orient, les guides sont encore bien infidèles; beaucoup de voyageurs firent orner leurs relations de figures tracées d'après les Levantins qu'on voyait à Marseille et à Toulon; le même costume servait pour tout l'Orient, bien peu ont eu un pinceau naïf comme leur style. Cependant j'indiquerai ici, pour le XVIe siècle, différens géographes, dont les cosmographies peuvent être consultées utilement. Munster, Ortelius, Belleforest (1), Mercator, renferment çà et là quelques précieuses in-

(1) Pour donner une idée de la défiance avec laquelle les personnes peu familiarisées avec l'esprit des siècles doivent consulter Ortelius (Ortelio) nous ferons remarquer qu'il donne, comme étant du temps de Charlemagne, des costumes du XIV ou du XVe siècle, et cependant, je le répète encore, de tels ouvrages ne doivent point être dédaignés. Munster, par exemple, offre, retracés avec assez d'exactitude, certains édifices qui n'existent plus. Je tiens, l'un de mes amis, une note curieuse sur un ouvrage du même genre que j'ai été à même de consulter, et qui me paraît offrir un réel intérêt pour l'art, je la reproduis ici.

Civitates orbis terrarum, in-f°, par Georges Braun et François Hogenberg, publié en 1576. (Imprimé je crois à Cologne, mais sans que j'aie pu découvrir nulle part l'indication de l'imprimeur).

« Ouvrage assez rare, plein de renseignemens pittoresques, précieux pour les artistes. Chaque feuillet présente un plan et le plus souvent une bonne vue perspective d'une ville et de la contrée voisine avec des figures bien faites représentant les habitans du pays dans leur costume national. Ces costumes sont généralement fort exacts et donnent une bonne idée des différences d'habillemens suivant les conditions et les pays. Les vaisseaux, si incorrectement

dications, dont l'artiste pourra faire son profit en se servant avec critique des documens qui lui sont présentés. Dans ces recueils primitifs, tout ce qui regarde l'Europe est beaucoup moins imparfait; pour l'Espagne, par exemple, qui joue à cette époque le premier rôle, les renseignemens sont assez nombreux, et au rang des planches précieuses à consulter, j'indiquerai cette grande gravure du XVIe siècle, qui se trouve dans les cartons de la Bibliothèque royale (1), et où les cérémonies de

---

dessinés dans la plupart des ouvrages pittoresques, y sont très-bien et très-exactement représentés. Les gravures, toutes sur cuivre, exécutées couramment à l'eau forte, sans une grande finesse, mais avec une précision satisfaisante, ont été la plupart faites sur des dessins communiqués par Georges Haufnagel, marchand d'Anvers, dessinateur habile, qui avait beaucoup voyagé et surtout en Espagne et en Italie, où il se lia d'étroite amitié avec le célèbre Ortelius. Une des planches du 5e livre représente les deux amis faisant de l'érudition géographique près de l'antre de la sybille. Malgré le mérite réel de la plupart des gravures, quelques-unes, qu'il est au reste facile de distinguer, sont fort inexactes et faites évidemment d'imagination à défaut de renseignemens positifs. Chaque planche est accompagnée d'un texte en gros latin de docteurs, donnant l'histoire et la description de chaque ville, le tout assaisonné du pédantisme et de la singulière érudition en vogue au XVIe siècle, ensorte qu'il est à peu près superflu d'ajouter que chaque livre est précédé de préfaces, dédicaces et pièces de vers où les princes de l'empire, mêlés aux divinités de l'Olimpe et du Parnasse, se rencontrent à chaque ligne avec l'énumération boursoufflée de leurs hautes vertus. Aussi n'est-ce ni aux poètes ni aux géographes que nous recommandons ce livre, mais bien aux peintres qui auraient à traiter des sujets de la dernière moitié du XVIe siècle.»

(1) Section des Estampes, vol. relatifs à l'Espagne.

l'inquisition sont si merveilleusement décrites par le texte et par le burin. On peut presque considérer comme un voyage pittoresque cette collection de costumes espagnols que possède le cabinet des Estampes; mais malheureusement les costumes variés qu'elle représente ne datent guères que de 1577, époque bien connue quant au costume, et trop connue peut-être pour qu'il soit nécessaire de donner des indications, puisque c'est à cette période qu'il faut rapporter le livre si curieux de Veccellio, livre qu'on a attribué au fils de Léonard de Vinci (1).

Alors que les voyageurs manquent, on peut cependant consulter les chroniques et les ouvrages littéraires, car vers le commencement du XVIe siècle il faut souvent renoncer à interroger les manuscrits. C'est ainsi que pour les temps d'Isabelle, qui sont ceux de Colomb, de Louis XII, de Jean II et de tant d'autres grands hommes dominant leur époque. On doit interroger la chronique d'Hernand del Pulgar, sur le règne des deux rois. Les figures en bois qui ornent l'édition, en caractères gothiques, sont précieuses et d'autant plus exactes que l'auteur a figuré, dit-on, dans les scènes qu'il décrit.

Veut-on des tableaux d'intérieur, des scènes de la vie privée puisées dans les traditions chevaleresques de

---

(1) Gli abiti antichi e moderni de diverse parti del mondo. Delineati da Cesare Veccellio, et nuovamente dati in Lume *Venetia*, 1564.

Il y a eu plusieurs éditions de cette précieuse collection.

cette belle Espagne, qui subjugue le monde en le charmant par ses arts et par sa poésie; prenez la prétendue tragi-comédie de Calixto et Melibæa, dont en moins d'un siècle il parut plus de trente éditions. Choisissez celle de 1502, et vous aurez d'admirables costumes castillans, que la traduction française a modifiés sur le costume italien (1).

L'Allemagne et l'Italie ne restèrent pas en arrière, et dans deux ouvrages d'un caractère fort différent, il est vrai, mais également précieux, elles apportèrent à l'historien et à l'artiste les matériaux les plus exacts, l'une dans la noce triomphale de Maximilien Ier, qui représente tous les hauts faits de cet empereur, donna les costumes les plus variés de cette chevaleresque Germanique qui imposait encore sa main de fer sur l'Europe émerveillée du réveil aux arts; l'autre, en offrant dans Paul Jove les costumes des grands hommes contemporains, donna à la postérité ces souvenirs de poésie qui accompagnèrent la renaissance, et qu'on lit avec délices sur ces belles figures du temps.

---

(1) Il existe un superbe exemplaire sur vélin de cet ouvrage à la Bibliothèque Sainte-Geneviève, voici le nom exact de ce beau livre. Teuerdank. L'édition originale est de 1517; voici la traduction du titre : les aventures périlleuses du fameux héros chevalier Teuerdank, poëme allemand de Melchior Pfintzing. *Nuremberg*, 1517, in-f°, Ce poëme allégorique, qui est relatif au mariage de Maximilien avec Marie de Bourgogne, renferme 118 estampes. M. Brunet dit qu'on les attribue à Hans Scheifelein, parce que plusieurs d'entre elles portent le monogramme de ce maître.

Une fois parvenu à la deuxième moitié du XVIe siècle, et au commencement du XVIIe, les artistes ne sauraient croire que de précieuses indications ils pourraient puiser dans les chroniques, et surtout, qu'on me passe le mot, dans les monographies de villes ou de couvens et dans les iconographies. Ainsi, l'ouvrage allemand de Noyse, intitulé *Effigies regum* 1603, renferme les planches de la plus belle exécution. Ainsi, un siècle plus tard, et dans un livre allemand (1) dont je donne e titre exact, on trouve des costumes allemands rigoureusement dessinés, du XIe siècle. De même qu'un *ceramen équestre*, écrit en allemand au XVIIe siècle, renerme sur les costumes de la Suède les renseignemens es plus curieux. Retournons aux voyages.

Quand au commencement du XVIIe siècle, les Hollndais firent la conquête du Brésil, ils portèrent dans e pays l'amour des arts du dessin, qui les distinguait n Europe. Pison donna en 1648 des figures grossières, ais qui représentent d'une manière assez naïve les lantes et les animaux. Ses deux ou trois figures de sauiges ont un caractère assez vrai. Le grand ouvrage de arlæus, qui date de 1647, est un véritable monument

(1) *Proben des hohen teustchen reichsadels Wurzburg* 1775. Le emier portrait est de 1036. Il y a des sceaux de 1264. Pour les nps complétement antiques de la Germanie, je citerai encore *ineccius, de veteribus Germanorum et sigili. Francf.*, 1709, in-f°; un ouvrage moderne que j'ai rencontré à la bibliothèque de istitut : *Kruse, Antiquités Germaniques*, 1 vol. in-8°. Il y a de ieuses figures.

élevé à la puissance hollandaise. Toutes les villes conquises y sont représentées avec exactitude; l'aspect du paysage ne manque même pas de grandeur; les détails sont soignés, seulement Barlæus n'a pas été à même de représenter la partie la plus pittoresque du Brésil, et l'on sent que le burin d'Europe a altéré les impressions que l'artiste avait reçues en présence de la nature.

En ce temps, Melchisédech Thévenot, homme plein de conscience, donnait quelques figures qui accompagnaient les relations qu'on le voyait rassembler avec une sagacité si pleine de bonne foi. Le premier il fit graver des hyérogliphes mexicains, où sous une grossière indication l'artiste peut découvrir quelques traits de vérité. Les figures qui représentent la conquête de la Virginie, sont trop régulières pour être vraies.

Je doute que les peintres puissent jamais rien faire de Flacourt et de ses habitans de Madagascar; ici la vérité est trop grossière et surtout trop concise en même temps qu'elle est altérée.

Au XVIe et au XVIIe siècles, l'Afrique sauvage ne fut représentée nulle part d'une manière supportable; les ruines des grands empires le furent de la manière la plus inexacte.

Les Hollandais, qui vers la fin du XVIe siècle, avaient formé une école où les minutieuses variétés du costume, l'éclat des fleurs et des fruits, la splendeur métallique d'une foule de curiosités sont représentés avec tant de bonheur, les Hollandais, devenus maîtres des Indes, semblèrent insensibles comme les Portugais aux splendeurs qu'ils avaient sous les yeux. Aucun artiste, digne de ce nom, ne se sentit le courage d'accompagner ces marchands avides d'or, et de consacrer par un grand ouvrage les conquêtes qui coûtaient tant de sang. Cette indifférence se prolongea jusqu'au XVIIe siècle, époque où quelques relations parurent avec des gravures que l'historien doit consulter plutôt que l'artiste, et qui sous le rapport pittoresque sont d'un très-faible intérêt. Cependant, nous ne pouvons point omettre un ouvrage assez volumineux en deux volumes oblongs; il est intitulé : commencement et progrès de la compagnie des Indes orientales des provinces unies des Pays-Bas, et il a été imprimé vers 1646. Les nombreuses figures dont ce recueil de relations est orné, sont au moins naïves et variées à l'infini; elles disent d'ailleurs pour l'Inde un état de choses que l'Angleterre a singulièrement modifié. Nous rangerons dans la même catégorie *l'admirable voyage de Guillaume Schouten* (1), qui certes ne mérite pas son titre pompeux quant aux gravures. Il renferme cependant quelques figures passables, et le titre est précieux sous le rapport iconographique, en ce qu'il représente Magellan, Schouten, Candish, Drack, Nort et Spielberg, grands noms qui viennent après le nom de Colomb, grands hommes que l'art n'a point assez fréquemment représentés.

(1) Voyez encore pour les voyages Hollandais : *Voyage au tour du Monde, de la flotte de Nassau, sous le commandement de Jacques l'hermite, pendant les années* 1623, 4, 5 *et* 6. Publié en 1629. Les figures sont imparfaites, mais assez curieuses.

Puisque nous parlons des navigateurs et que nous touchons encore aux temps de la grandeur espagnole, je citerai la vie de Charles-Quint (1), qui renferme d'admirables portraits des grands hommes contemporains, et l'on sait qu'en ces temps de fortes volontés ou de hautes inspirations, les grands hommes sont nombreux (2).

---

(1) *V. Frey Antonio de Sandoval, historia de la vida y echos del emperador Carlos V.* L'iconographie américaine, si difficile à compléter, trouvera dans ce bel ouvrage d'excellens matériaux. Les livres sur l'Espagne pittoresque du moyen âge sont si rares que je n'hésite pas à citer la paléographie de *Rodriguez.* Il y a une figure de femme du VIIIe siècle.

(2) On sent bien qu'il ne peut pas entrer dans mon cadre de citer des iconographies célèbres connues et admirées, comme on admire de beaux tableaux A quoi bon par exemple parler aux artistes d'Holbein. Il y a d'autres ouvrages réellement d'art, et d'art sublime, qu'on ne doit pas s'attendre à voir figurer ici. Que dire aux peintres de ce *Cimetière de Pise*, où les plus hautes pensées de la mort sont unies aux idées les plus poétiques de la vie. J'agis en ce moment comme l'homme qui aurait envie de monter un magasin de curiosités, mais non comme celui qui prétendrait former une imposante galerie où se déroulerait le génie des siècles. Cependant j'ajouterai que le *Campo Santo de Pise*, ayant été terminé vers 1283 (on y travailla jusque dans le XIVe siècle). C'est un admirable commentaire pour lire le DANTE ou BOCCACE. La planche par exemple, où ANDREA ORCAGNIA a représenté le triomphe de la mort, est un des plus beaux morceaux du XIIIe siècle, qui constitue si essentiellement le moyen âge. Comme le Campo Santo est assez rare à Paris, j'en donne ici le titre exact : *Pitture a fresco del Campo Santo di Pisa intagliate dal C. Carlo Lasinio, conservatore del medesimo. Firenze*, 1 vol. in-f°. Le grand ouvrage sur les peintures de l'école de Florence, publié en 1789, renferme quelques gravures faites, je crois, d'après des peintures du XIIIe siècle.

On ne s'attend pas sans doute à ce que nous passions 1 revue tous les frontispices et toutes les images des *dmirables voyages*, style du temps. Cependant, ces ontispices peuvent être étudiés avec fruit.

Puisque je suis en train d'enregistrer tous ces grands oyages d'action et de découvertes, qui précèdent nos elations scientifiques, je signalerai un autre genre d'ou-rages singulièrement multipliés, vers la fin du XVIe siècle u au commencement du XVIIe, et ils sont admirables our les costumes d'apparat. Je veux parler de ces récits 'obsèques que le clergé célèbre avec tant de pompes en spagne et en Italie. Tout une travée de la bibliothèque st consacrée à ce genre de relations, qui par un bizarre approchement se trouvent placées vis-à-vis une grande ection des voyages.

En ce genre, je citerai surtout les obsèques de Charles-Quint.

Mais revenons au XVIIe siècle et au Nord, car la 'rance, tourmentée de factions, n'a rien produit de ien capital en ce genre. Le temps des cérémonies ma-nifiques n'est pas encore arrivé; combats et fêtes, tout e succède trop rapidement pour que l'idée vienne aux rtistes d'en conserver le souvenir; et d'ailleurs, pour a partie ironique du siècle, vous venez d'avoir l'admi-able *Callot;* toutefois, là encore quelques recherches ie seraient pas stériles, mais les livres qui les facilite-aient sont mieux connus des artistes que ceux des autres ays.

L'Allemagne, la consciencieuse Allemagne, se plait à eprésenter ses graves costumes, ses jeux chevaleresques;

le Dannemarck nous donne dans des planches imparfaites les rudes vestiges de ces antiquités du Nord qui disent cette âpre poésie, dont la puissance nous réveille comme on se réveille à un cri de combat (1); voyez Rudbeck, vous y trouverez quelques vestiges du culte d'Odin, quelques restes de ces temples où chantait Sigurd, avant de se baigner dans le sang (1); malgré le petit nombre de renseignemens plastiques que renferme Rudbeck, je suis persuadé qu'en le consultant attentivement on ne nous ferait plus des Scandinaves aux armes romaines, des hommes du Nord reflétant sur leurs armures éclatantes un luxe qu'ils ignoraient (2).

Puisque nous sommes dans les idées mythologiques du Nord, et que nous procédons plutôt par grandes périodes poétiques que par une chronologie rigoureuse, j'avouerai que malgré l'érudition m[illegible]gère de Mac-Pherson; malgré l'absence presque t[illegible]dées vraies sur les idées mysthiques des peuples de l'[illegible]lande et de l'Ecosse, l'Os-

---

(1) Je ne sais plus trop quel est le savant français qui écrivait à Lamothe Levayer « hier M. Heinsius m'a lu quelques galanteries d'un livre intitulé l'*Edda*, » c'est une des premières traces de l'étude des antiquités scandinaves en France, où la chose, comme on le voit, ne fût pas d'abord prise très-sérieusement. »

(2) *Rudbeck*, comme on sait, est resté imparfait par suite d'un incendie qui a détruit le quatrième volume qui existe manuscrit dans quelques bibliothèques; en voici le titre exact;

Rudbeckii (Olavii) Atlantica sive manheim vera Japheti posteriorum sedes ac patria etc. Upsalæ. 1675 *et* 1689, 3 vol., petit in-f°, et 1 vol. d'atlas.

sain, tel qu'il nous est parvenu, sera un poème long-temps exploité par les peintres, et qu'ils pourront le rajeunir du moins par une exactitude de costumes dont les artistes de la dernière école n'avaient que le sentiment le plus vague, de même que le poète anglais n'avait eu lui-même que de vagues traditions. C'est après tout un beau livre que ce livre qui réveillait tant de poésie dans le cœur de Napoléon, et il y reste encore assez de vérité pour échauffer une ame d'artiste. Certes, il a fallu un cœur de poète bien puissant pour dire les merveilles d'un ciel qui se mariaient si bien aux passions de la terre, et en effet, après le chant de triomphe et le cri du combat, que de grandeur, que de tendresse, que de ravissans souvenirs devaient émouvoir les cœurs hardis, qui voyaient dans les nuées l'image de toutes leurs affections comme de toutes leurs espérances. Dans ce monde, à la fois réel et idéal, l'ame puisait une force poétique, qui nous est attestée par les chants de ces bardes, dont le sentiment moderne n'a point altéré l'énergique réalité. Qu'importait à ces hommes que la nature se parât pour eux, que la terre fût belle, ils cherchaient sans cesse à deviner un autre monde, et ce monde mystérieux, tantôt paré des feux changeans du soleil, ou des lueurs tristes de la lune, ce monde, durant les longues nuits de la brumeuse écosse, était sillonné par des milliers d'étoiles diadèmes éclatantes des ames (1).

---

(1) Il est maintenant prouvé que l'Irlande, siége d'un grand mouvement intellectuel, a donné naissance au type primitif des poésies Erses. On peut consulter, sur les mœurs et la religion de

Si l'espace ne me manquait, ou plutôt si je pouvais unir intimement la poésie à la peinture, je ferais voir comment les fragmens d'Aneurin, de Merd'hin et de Taliésin pourraient fournir aux peintres des sujets d'une sombre originalité, où le costume servirait leurs inspirations, graces aux sérieuses recherches des Anglais et des Ecossais.

Mais quittons cette belle poésie du Nord qu'on ne soupçonnait guère au dix-septième siècle. Vers la fin de cette période on voyagea beaucoup en Orient, et ce qui n'était guère arrivé jusques alors, on voyagea dans un but scientifique et littéraire; dans ces excursions vers l'Inde, la Perse et l'Arabie, la peinture eut moins à glaner que l'archéologie naissante, ou même que la poésie. Un livre merveilleux sortit bien de ces excursions dans le monde oriental; les Mille et une Nuits purent faire pressentir que cet ardent soleil qui se jouait en lueurs si variées sur les rubis et les saphirs de l'Orient,

ces peuples, les savans articles de M. d'Eckstein (Voy. *le Catholique*, recueil en 16 vol. in-8°). Les peintres trouveront les documens les plus précieux sur les armes et sur les objets usuels des Irlandais, dans un ouvrage qu'on ne consulte pas assez fréquemment en France. *Archæologia or miscellaneous tracts, relating to antiquity published by society of antiquaries of London*, tom. 2, p. 36 et 40. Avec de tels ouvrages, les idées pittoresques changent complétement et sous quelques rapports, l'art entre dans une voie nouvelle.

(1) Cependant l'auteur d'une traduction du Gulistan, qui avait visité la Perse, a donné de jolies figeres exactes. *Gentii versio latina rosarii politici Amstelodami*, 1 vol. in-12.

créait aussi un monde imaginaire, étincelant de splendides inspirations : pas un seul ouvrage pittoresque, très-remarquable, relatif à ces belles contrées n'apparut encore. Les artistes et les savans avaient assez de la majestueuse magnificence de Rome, d'Athènes et de la Terre-Sainte; on découvrait les ruines de Sparte et l'on envoyait un ambassadeur en Judée.

Cependant il y aurait conscience à ne pas citer les figures dont quelques voyageurs ornèrent leurs relations, une sourde rumeur des magnificences du Mogol ou de la grandeur des Séphis, roulait parmi les artistes qui se sentaient déjà trop à l'étroit dans le monde d'Europe : puis le roi, que nulle magnificence ne contentait et qui se plaisait aux récits de Thévenot et surtout de Bernier, parce que ces voyageurs arrivaient tout rempli des magnificences despotiques de l'Orient; Louis XIV envoyait jusqu'aux extrémités de ce monde Oriental, dont on soupçonnait à peine la lisière. Les ambassadeurs Siamois venaient en grande pompe à la cour du grand roi, et la cour qui se riait de leur bizarre magnificence (1), demandait des figures fantastiques

(1) Pour les Siamois de cette époque, on a les fig. de la Loubère. Pour le Japon, je citerai un homme sincère et exact *De Beschryving van Japan door Engelbert Kœmpfer*, 1729, gros in-4°. Ces figures ont été pendant long-temps tout ce que l'on a possédé sur le Japon. Les commencemens du XVIIIe siècle devinrent riches en livres à figures, il suffit de citer *Batavia Sacra*, 1745; l'histoire de Hollande, de Jean Leclerc, 1733, renferme de nombreux portraits d'une belle exécution.

à la Chine et de vases dorés au Japon. En ce temps, un voyageur assez semblable aux riches joalliers de l'Orient qui courent mystérieusement le monde chargé d'une précieuse cassette dont les merveilleuses richesses semblent tenir de la férie, Tavernier racontait la magnificence inouïe de ces Rajahs qui s'asseyaient sur des trônes d'or qu'ombrageaient la queue resplandissante d'un paon d'or étincelant de mille pierreries; puis il disait encore, les misères inouïes des Joguis, qui laissaient bien loin derrière eux les austérités des couvens de la Trape ou la solitude des Chartreux. Tout cela était représenté aux yeux assez fidèlement dans de mesquines gravures, de même que les planches de Chardin, représentaient assez exactement le voyageur gentilhomme luttant d'attitudes cérémonieuses avec les seigneurs de la Perse, et les aga du sérail. Il y a mieux, c'est que le véritable monde oriental imparfaitement représenté chez eux a disparu, et que sa magnificence éblouissante s'est ternie au souffle de l'Europe ou s'est évanouie dans de sanglantes révolutions. Un beau volume de costumes orientaux date cependant du temps de Louis XIV, et prouve encore que ce siècle n'était étranger à aucun grand mouvement de la pensée. (1)

---

(1) Avant d'abandonner l'Orient et cette curieuse période de l'art, je citerai un ouvrage allemand à peine connu : *Angélique-Marie Myller* parcourt l'Europe, l'Asie et l'Afrique; elle examine spécialement quelques villes de l'Allemagne, telles que Vienne et Noremberg. Son ouvrage est orné de figures qui représentent assez bien l'aspect de Constantinople. On y trouve les portraits du sultan

Si les grands ouvrages relatifs à l'aspect des contrées étrangères étaient rares en France, on avait les carrousels, dont la pompe fastueuse unissait les souvenirs de Rome aux souvenirs de la chevalerie. *Le livre de Versailles* est resté comme un grand monument de cette

régnant et de ses visirs. Les grands maîtres les plus célèbres de l'ordre de Saint-Jean-de-Jérusalem et de Malthe, y sont représentés. Malheureusement les costumes anciens ont été altérés. On acquiert cette certitude en voyant l'armure que Raymond Dupuy, premier grand-maître, portait en 1118 : c'est une armure du XVIe siècle. Du reste rien n'était si naturel que de semblables anachronismes à cette époque, et l'on en fait d'assez plaisans de notre temps pour ne pas s'étonner de ceux qui avaient lieu au XVIIe siècle. En Angleterre, par exemple, où l'esprit d'ordre a évité les plus grossières méprises, il n'y a pas long-temps qu'un savant estimable a redressé d'étranges erreurs. Chez nous, on impose sérieusement (du moins sur l'étiquette) les noms de Roland et de Renaud, à des armures du XVe siècle; et le directeur, homme d'esprit et de savoir, est obligé d'initier lui-même les vrais amateurs à la vérité. Pourquoi ne point l'inscrire en toutes lettres. On respecte un préjugé poétique, en nous offrant une armure gigantesque de soldat, comme étant l'armure de la pucelle, mais au fond il n'y a point de véritable poésie, il n'y a point d'histoire poétique sans vérité. L'importance de ces études se fait surtout remarquer dans les ouvrages de M. St-Evre qui, dans plusieurs tableaux nous a si bien initiés aux divers costumes du moyen âge. Le marteau de l'ouvrier n'a pas en effet donné un coup sur l'armure d'un siècle, sans qu'il en ait deviné la courbure, et l'on pourrait dire, sans qu'il reconnaisse le pays, je dirais presque l'armurier : aussi ses tableaux, indépendamment des autres mérites, offrent-ils le sujet des plus curieuses études. En général, comme me le disait dernièrement un jeune voyageur qui a visité l'Orient, la Dalmatie et une partie de l'Allemagne, on s'exagère singulièrement chez nous l'antiquité des ar-

magnificence qui sert à mieux comprendre les héros de Racine, et les merveilleuses conversations de madame de Sévigné.

A l'exception de l'Espagne et du Portugal, les autres nations marchaient dans un sentiment analogue, car bien décidément la France prenait le caractère que de grands événemens lui avaient imprimé. Elle se plaçait à la tête des peuples, et les initiait aux mystères d'une ère nouvelle; d'autres temps avaient commencé. Mais pour ne nous attacher qu'aux formes extérieures tout en essayant de lire dans le cœur des nations, nous dirons que ce fut vers cette époque qu'on vit paraître

---

mures Il paraît néanmoins que l'Arsenal de Malthe offre en ce genre des merveilles très-peu connues, et il faut louer les Anglais d'avoir su les apprécier. Bien que personne n'en ait la certitude, on soupçonne qu'il existe dans le sérail des armures byzantines du Bas-Empire. Qu'il y aurait là pour l'archéologue une riche moisson à faire. Espérons que Mahmoud accordera aux savans européens le seul plaisir guerrier qui soit complétement inoffensif. Les bons et paisibles bourgeois de Vienne ont, dit-on, un arsenal à part, admirablement tenu, où l'on trouve des armures du XIe siècle, qui ont appartenu à cette Grèce que les barbares allaient envahir. Leur éclat est encore conservé par le surtout de buffle qui servait à les garantir de l'air, et qui devait amortir les coups. Lisbonne a probablement jeté dans quelque arsenal ignoré les armures de ses héros. Espérons que le bruit sublime de ce vieux fer dira bientôt une gloire éteinte qui veut se réveiller. Madrid, au rapport de Rehfues, a son trésor à part; ce sont les vêtemens des incas et les armes d'or de ce Montéçuma, auquel leur fer sanglant prouva que s'ils étaient des dieux par leur courage, ils étaient aussi des dieux terribles devant lesquels s'éteignaient les nations, Mais voici une digression bien longue, revenons à nos livres, et surtout à nos images.

cette multitude d'ouvrages d'hippiatrique et d'Escrime, où les peintres peuvent puiser tant de précieux renseignemens.

Vers la dernière moitié du XVIIIe siècle, l'esprit mensonger gagne les peintres comme les voyageurs; l'enthousiasme, il est vrai, fait conquérir la vérité à une femme; mais elle ne traverse les mers, elle ne visite les forêts de la Guyane que pour peindre des fleurs et des fruits. Sa plus belle conquête pour l'art est un papillon aux ailes d'azur, un insecte aux élitres dorées. Mademoiselle de Meirian étonne quand on n'a pas vu ceux qui lui ont succédé.

Quand le capitaine Cook vit paraître sa relation, il dut sourire en voyant les gravures qui représentaient des sauvages semblables aux hommes de la Grèce. Hodges altéra même le caractère du paysage : il soumit à une sorte de régularité cette nature âpre et gracieuse, sauvage et imposante que présentait un des voyages les plus extraordinaires qu'on eût fait jusqu'alors. Le graveur fut le complice du peintre (1), et voyez, cependant, ils ne purent dissiper entièrement ce charme naïf d'une nature primitive, qui entraînait jusqu'aux matelots, qui leur donnait une sorte de poésie, comme à leur insçu, et qui inspira à Forster quelques pages où la prétention du siècle ne peut étouffer l'éloquence de la nature. On ne saurait exprimer maintenant combien les gravures de Cook et de Bougainville ont introduit d'idées fausses

(1) Il y a un dessinateur du même nom qui a donné un voyage pittoresque en Perse', et un grand ouvr. à fig. sur l'Inde.

sur l'état sauvage parmi les philosophes superficiels du dix-huitième siècle. Le mal est réparé pour les gens instruits de notre temps; mais il exerce sa puissance parmi les ignorans et parmi cette foule oisive de lecteurs, qui ne sait apprécier dans l'art qu'une soigneuse exécution.

Qui nommerai-je encore, qui désignerai-je dans ce siècle anti-pittoresque, pour représenter la vérité, pour initier aux grandes scènes de la nature? Vous connaissez comme moi les ruines de Niebuhr; tout-à-l'heure nous en ferons justice. Vous avez vu passer sous vos yeux Paul Lucas, Lamotraye, Van Bruyn, les estampes assez estimables de quelques-uns de leurs contemporains; il faut prendre en eux quelques détails, mais ne pas se laisser guider ni par leurs réflexions dédaigneuses, ni par leurs dessins souvent mensongers. L'infortuné Lapérouse s'est encore égaré dans le siècle comme il s'est égaré sur les mers; mais il y a en lui un sentiment sincère qui l'eût conduit à la vérité. Ceci nous amène au XIXe siècle: une ère nouvelle va commencer pour les voyages, et nous allons tâcher de mettre quelque ordre dans notre examen, car au milieu des œuvres qui se multiplient, il faut faire en sorte de ne point s'égarer, et surtout d'indiquer juste l'œuvre qui doit guider l'artiste, l'œuvre artiste elle-même, et qui résume, dans un dessin exact, les descriptions multipliées.

Au commencement de ce siècle, à-peu-près au moment où l'on jetait les fondemens d'une science nouvelle, et où l'on prétendait connaître enfin la structure imposante de cette terre que l'homme a couverte de tant d'édifices, qu'il a dépouillée de tant de forêts, une pensée vint encore aux savans de l'Europe, c'était de connaître l'homme physique et d'initier le regard à ses nombreuses variétés. Cette science devait changer en partie l'aspect pittoresque des voyages. Si la première était née parmi nous et avec les théories de Buffon, la seconde devait éclore en Allemagne. Ce fut un Allemand, en effet, qui le premier tenta de disposer avec ordre les variétés physiognomoniques de l'homme, et Camper (1) avait été guidé lui-même par les faibles lueurs du génie incertain de Lavater. Tout cela, néanmoins, était bien éloigné des beaux travaux de Blumenbach, qui naquirent avec le siècle, et qui lui imposèrent, quant à l'histoire de l'homme, une nouvelle destinée scientifique.

Dès-lors, mais je ne sais par quels rapports secrets, les physiologistes éclairèrent les peintres; les peintres devinrent voyageurs ; en connaissant mieux l'homme, ils comprirent mieux le paysage. Jetons un regard sur les terres primitives de la civilisation : contemplons l'Inde avec ses grands monumens attestant une puissance hyératique, immobile comme la pierre, imposante comme les siècles. Voyons ces castes où les hommes sont rangés comme les assises de granit, sans pouvoir se déranger : tout cela est dans Solvyns; tout cela est bien davantage dans Daniell; car le premier, peintre détestable, n'a que

---

(1) *Verhandeling van Petrus Camper over het natuurlik verschil der wezenstrekken, in menschen*, etc., in-4° C A D. Discours de Pierre Camper, sur la ressemblance naturelle des traits du visage dans les hommes de différens pays et de différens âges.

le mérite d'une certaine naïveté réunie à une grande exactitude, tandis que le second a le sentiment de ces chauds paysages, de ces gracieux palmiers, de ces temples mystérieux et bizarres qui semblent enclore la pensée de l'homme, comme les inflexibles lois de sa civilisation enchaînent son progrès. Daniell a encore le sentiment (le véritable artiste les a tous) de ces mosquées aux minarets à jour, aux fenêtres en ogives, aux portes élancées, qui allient si bien leurs colonnettes déliées aux colonnes végétales de la région des palmes. Faites quelques pas encore, avancez de quelques années, la société asiatique de Calcutta vous initiera aux mystères de ces temples caverneux, débris antiques d'une civilisation qui a précédé les autres civilisations, oui, comme me le faisait si bien remarquer un jeune homme, enlevé trop rapidement aux sciences et aux arts, les temples d'Ellora renferment les mystérieux secrets de l'art sublime des hindous, de l'art tel que devaient le compléter les hellènes (1). Les figures monstrueuses et symboliques de ce peuple, ce n'est point l'art, c'est la religion ; vous avez vu souvent les dieux des prêtres : les artistes avaient d'autres dieux.

Mais, avant de tourner nos regards vers d'autres contrées, retournons à l'Inde, et à l'Inde telle qu'elle est maintenant. Au premier rang des ouvrages qui donneront une idée de sa nature grandiose, je mettrai d'abord le beau livre où le capitaine Williamson a représenté les scènes tour-à-tour imposantes ou terribles qu

(1) Le Jeune Robert, de la Bibliothèque royale.

animent les bords du Gange, lorsque ses hôtes gigantesques, le buffle, l'éléphant, le tigre, se ruent contre l'homme qui affronte leurs horribles mugissemens. L'Inde française, que M. Burnouf a enrichie d'un texte plein d'intérêt, offre des scènes plus calmes et plus gracieuses, et elles ont le mérite d'avoir été dessinées en présence des objets, que les lithographies représentent avec beaucoup de simplicité. Le voyage de Broughton nous conduira parmi ces hordes mahrattes qui ont fait trembler les Anglais, et dont la capricieuse rapidité peuple tout-à-coup les vastes campagnes d'une foule de scènes variées. (1) L'évêque Heber nous initiera aux scènes religieuses qu'il a décrites avec tant de bonheur; enfin le major Tod complétera cette série de rapides indications, par son grand et magnifique ouvrage.

Examinons maintenant ces riches contrées que les Siamois ont appelé les paupières du monde, et qui con-

---

(1) *Letters written in a mahratta Camp during the year* 1809, *with coloured engraving from drawings by a native artist.*

(2) Nous rappellerons ici qu'il y avait à Londres une magnifique collection ethnographique venue de l'Inde et appartenant au général Stuart; mais qu'elle a été vendue en 1831 et dispersée. Espérons qu'il n'en sera pas de même de celle rapportée par M. Lamare-Picquot, et qu'on appréciera aussi celle où M. Franck a rassemblé tant de merveilleuses choses sur le Mexique et sur ces ruines mystérieuses de Palenqué, qui sont au Nouveau-Monde ce qu'Ellora est à l'Asie, Memphis à l'Afrique, Cora aux brillantes contrées de l'Europe. (Voyez sur cette dernière ville les belles considérations de M. Didier, *Revue Encyclopédique* de novembre 1832.)

fondant si bien dans leurs temples gigantesques l'imposante magnificence de l'Inde et la bizarre splendeur des constructions chinoises. Je dis mal peut-être, car il y a, dans l'île de Java, des édifices admirables où l'on retrouve toute la puissance d'une conception originale. C'est en contemplant de semblables ruines, que l'on comprend qu'une architecture ne s'invente pas; qu'elle naît et se conserve avec la foi d'un peuple. C'est dans le magnifique ouvrage de sir Raffles sur l'archipel de Sumatra, c'est dans le volume moins bien exécuté, mais toujours précieux de Maréchal, (1) qu'il faudra étudier cette merveilleuse architecture.

Les planches nombreuses et variées de ces deux ouvrages, feront connaître admirablement à l'artiste ces délicieux costumes malais, dont les paroles ne sauraient peindre toute l'élégance, et qui conviennent si bien à un peuple ne vivant que pour s'enivrer d'amour, de danse et de poésie. Mais dans ce regard voluptueux et oblique de la jeune fille malaie, dans cette robe brodée d'or qui la serre autour des reins et qui laisse le sein découvert, dans ces bracelets dorés, en forme de serpent, dans ce poignard à la lame flamboyante et acérée qu'elle porte comme son jeune amant, vous retrouvez une secrète alliance entre elle et l'air doux et perfide de cette con-

(1) Ce voyageur, qui a donné des détails fort curieux sur Java, dit lui-même qu'il a emprunté beaucoup à Crawfurd, à Marsden et à Raffles; c'est surtout à ce dernier qu'il a emprunté ses lithographies.

trée fatale aux européens. Il y a là quelque chose du parfum des fleurs et du venin des serpens; il y a toute une poésie nouvelle à exprimer, et je le répète, c'est dans Raffles, surtout, qu'il faut l'étudier. D'ailleurs, on verra qu'elle est essentiellement pittoresque, et qu'elle s'allie également aux grands spectacles de la nature et aux grands poèmes des hindous, dont Java possède d'antiques traductions.

Si nous jetons encore nos regards sur l'océan indien, nous verrons bien d'autres îles ombragées de palmiers, bien d'autres rivages où croissent ces arbres antiques et sacrés que révère le brahmanisme; mais ils n'ombragent pas des édifices si imposans, ils ne voient pas errer sur leurs rivages des jeunes filles aux contours si gracieux. Pour Ceylan, où la tradition orientale a placé le pic imposant d'où le père des hommes s'échappa pour monter jusqu'aux cieux, j'indiquerai Percival et les figures assez bonnes dont il est orné; mais dans toutes ces contrées, il faut savoir deviner avec sagacité ce qui appartient à la civilisation musulmane et aux sectateurs du brahmanisme et du boudhisme, aussi différens dans l'art qu'ils ont adopté que dans les idées religieuses qui dirigent encore leur foi fervente.

Puisque j'ai prononcé le nom de Bouddha, de ce dieu immobile adoré à la Chine et aux Indes, mais honoré dans des temples bien différens. J'entraînerai mes lecteurs vers le royaume des Barmans, et là ils pourront contempler de nouvelles splendeurs architecturales dont probablement ils n'avaient aucune idée. En effet, pour peu qu'on jette les yeux sur le voyage anglais du major

Symes, on est surpris de rencontrer de nouveaux temples, des temples qu'on serait tenté de regarder comme fantastiques, si la sincérité du voyageur n'était connue. Les costumes et leur richesse prodigieuse accompagnent l'architecture, tout cela n'est point inventé, mais tout cela fait mieux comprendre les merveilleuses histoires des conteurs indiens, et surtout la fécondité prodigieuse de la belle imagination de Martin.

Ne l'oublions pas, il y a quarante ans avant Turnery, on allait chercher dans Marco Polo des renseignemens sur l'immense empire du Thibet: il y a quelques années, on ignorait que les pics immenses de l'Hymalaya détrônaient de leur majesté solitaire le pic du Chimborazo: on sait maintenant que des temples magnifiques sont bâtis dans cette contrée reculée, qu'il faudra peut-être reconnaître comme le berceau de la civilisation européenne; mais cette magnificence n'est pas encore attestée aux regards, et pour s'en faire probablement une idée imparfaite, il faut se représenter les grands temples d'Ava. Espérons que nous en saurons davantage, quand un intrépide voyageur français (1), qui parcourt maintenant cet empire, nous aura dit les merveilles que nous devons attendre d'une contrée où les montagnes s'élèvent bien au-dessus des cimes immenses des Cordillères du Pérou.

Le Thibet va nous conduire dans une contrée ou sa religion domine, mais où elle domine comme Rome domine maintenant Paris; si nous étions entrés au

(1) M. Jacquemond.

Thibet il y a vingt ans pour nous rendre à la Chine, nous aurions vu un cortége magnifique escortant un cercueil d'or chargé de pierreries, que les lamas reconduisaient vers leurs montagnes, et qui renfermait le corps de ce dieu-homme qui ne meurt jamais dit-on dans son temple d'or, mais que la politique chinoise avait enfin envoyé au ciel. (1)

Toutefois en entrant dans la Chine, il faudra abandonner ces belles constructions hiératiques qui appartiennent à une autre race et à une autre civilisation; mais pour ce qui regarde le costume des Chinois, leurs constructions si variées, leurs arts si ingénieux, je dirai ce que j'ai dit à propos des miniatures orientales : il n'y

---

(1) Le Dalaï Lama avait été mandé à Péking en apparence sous un prétexte religieux, mais en réalité, dit-on, parce qu'il avait permis l'entrée de son pays aux européens. Une vénération religieuse l'accompagna durant son voyage processionnel, mais arrivé à Péking il mourut bientôt, et l'on fit courir divers bruits sur sa mort. Le fait est qu'on l'envoya ressusciter au Thibet où on peut le voir probablement encore. Cette immortalité interrompue prouve que c'est par toute la terre que les *dieux s'en vont*. Je ne serais plus étonné quand on nous apprendrait qu'il n'y a plus maintenant de Dalaï Lama. Un voyageur me parlait dernièrement de brahmes qui mangent du bœuf Un autre du vin de Champagne qu'il avait sablé avec un prêtre musulman. Adieu donc les beaux temples : adieu les riches costumes; l'art a de nouvelles destinées, mais je le crois sincèrement, pour marcher avec puissance vers elles, il faut que son enthousiasme reçoive un reflet de ses antiques inspirations (Il a été publié une petite brochure avec deux ou trois figures curieuses, sur le voyage du Dalaï Lama).

a que l'embarras du choix, (1) et tout le monde connaît l'exécution habile et variée de l'ouvrage de M. Malpierre. Je ferai cependant observer que les artistes trouveront des renseignemens pleins d'exactitude et de naïveté dans les livres chinois eux-mêmes, qui sont souvent ornés de figures en bois très-ingénieusement exécutées. Bien que de semblables renseignemens intéressent peu les peintres, parce qu'un certain genre de grâce et de naïveté ne peut pas être considéré comme l'art lui-même, j'indiquerai pour une civilisation analogue à celle de la Chine, l'Encyclopédie Japonaise de la Bibliothèque royale, non-seulement on y trouvera des costumes finement gravés mais les figures symboliques de la religoin japonaise, les divers objets servant au culte et à la vie sociale, tout cela se présentera aux regards du curieux et du peintre et pourra surtout servir aux recherches du savant. Après cette Encyclopédie universelle, (2) Titsingh, le persévérant hollan-

(1) Les grands ouvrages des Du Mailla, des Duhalde, des Nieuhoff, renferment quelques bonnes planches, l'ouvrage de Deguignes est à consulter; dans Barrow on trouve une curieuse comparaison de la figure d'un chinois de race pure, avec celle d'un hottentot, fait plus important pour le physiologiste que pour le peintre, mais qu'il est bon de rappeler ici. Parmi les ouvrages chinois de la Bib. roy., section des estampes, je citerai le beau recueil intitulé *vie des empereurs chinois*. Il est peint sur soie avec soin, et peut rappeler ingénieusement une foule d'usages échappés aux voyageurs. Le livre sur les jardins et sur les métiers m'a paru offrir un vif intérêt.

(2) Ce livre est intitulé *Wa kan San Saï-tsou ye*. On y trouve même des détails anatomiques curieux; il y a quelques figures qui

dais, devra être consulté sur l'art japonais. Les figures qui sont dans son ouvrage, et plus encore les dessins que possède M. Nepveu, éditeur du savant Mandarin européen, serviraient eux-mêmes à former la plus curieuse des Encyclopédies orientales.

Mais quittons un art qui sera à jamais séparé de nous de toute l'immensité des déserts et de toute cette inflexible différence qui existe entre le génie des races, descendons vers une contrée qui n'a de poésie antique que dans ses pierres, mais une poésie sublime et qui a vaincu les siècles : c'est dans les temples caverneux de l'Afrique que nous trouverons assis le Dieu du repos ; il semble commander dans sa triste immobilité aux siècles de se taire, et son morne regard n'est plus compris, quoique le génie infatigable des Européens soit allé lui arracher les secrets de sa solitude. Le grand ouvrage sur l'Egypte est maintenant célèbre comme les temples dont il a retracé la splendeur, c'est à la fois un monument de gloire et de poésie qui fait honneur à un siècle et à une nation. Contentons-nous de le nommer. Malgré son importante magnificence, peut-être est-il plus grand sous le rapport de l'art parce qu'il fera faire que par ce qu'il a fait.

Mais voyons cette foule de beaux livres qui se groupent autour de ce grand monument, qui le complétent, qui s'élèvent comme le génie de l'homme antique, en-

---

ont une singulière analogie avec celles des peintures mexicaines, surtout avec les figures du musée de Dresde ; différentes, comme on sait, des figures aztèques.

tassait les pierres et montait plus près du ciel avec la dernière pierre des pyramides.

Parlons d'abord de ce grand monument qui n'est point terminé, et que la mort a laissé imparfait quand l'ardent ouvrier en posait les premières assises. Champollion ne vous fait-il pas l'effet de ces génies aventureux de l'Orient qui déroulent à l'homme ses destinées dans les profondeurs de la terre ? Ne vous fait-il pas cet effet lorsque dans l'Hipogee de Beni-Hassan, que les guides lui disent d'abandonner, il lave d'immenses peintures, et que ces peintures disent aux hommes après trois mille ans : la religion, la guerre, la vie intérieure et sociale et jusqu'aux sciences de ces vieux peuples oubliés, nos maîtres avec les peuples de l'Inde. Non-seulement ces peintures les mieux conservées, les plus parfaites qu'on eut vues jusqu'alors ont été copiées, mais l'intrépide savant qui les avait fait reproduire a eu le temps de les analyser. Espérons que ces merveilles de l'art antique ne seront pas plus perdues que les merveilles du génie investigateur qui n'a pas pu remplir toute sa mission (1).

Dans les admirables hypogées que découvrit Champollion, non-seulement il trouva des peintures variées,

(1) Ce grand travail, comme on sait, est poursuivi par M. Rosellini. La première livraison paraissant à Florence, renferme les portraits des pharaons. Aux artistes qui auraient besoin d'idées positives sur la mythologie égyptienne, j'indiquerai le *Panthéon, égyptien*, 1 vol. in-4°, dont les curieuses figures symboliques ont été dessinées par M. Dubois.

mais il en observa d'essentiellement poétiques; au milieu des tombeaux de Biban El Molouck, il contempla un vaste tableau représentant une série de soixante-quinze cercles habités par des ames coupables, subissant des tourmens proportionnés à leurs crimes, et là il trouva encore le type primordial de l'enfer du Dante qui a donné à l'Europe tout une autre poésie.

Mais hâtons-nous, l'espace nous manque : bien des pays nous réclament et encore ne faudra-t-il nommer parmi les peintres que les plus exacts et les plus fameux. Avant d'abandonner le théâtre de la gloire des Français, avant de quitter ces villes et ces déserts où ils ont jeté en courant, des semences si puissantes de civilisation que fertilise maintenant le génie oriental, nommons Denon; ses figures sont originales, ses descriptions sont animées; entrons dans la Cyrénaïque, nous y rencontrerons cet infortuné Pacho qui n'eut pas dû revoir l'ingrate Europe *trop vieille pour être généreuse*, et qui sur son lit d'angoisse dut tant regretter le désert, lui dont le génie ne devait se montrer qu'en mourant, lui qu'une affreuse initiation à l'ingratitude toujours renouvelée des siècles, conduisit à sa fin, et qui comprit avec trop d'énergie la sombre nécessité d'abandonner ses travaux et de mourir. Quittons cet affreux tableau, remontons le Nil avec Caillaud, contemplons ces ruines merveilleuses de Mérovée qui révèlent la somptueuse architecture d'un peuple, dont les idées nous sont inconnues, mais qui a écrit sa pensée religieuse et sublime, en pierres de soixante coudées; qui l'a dit par ses sphinx et par ses colosses, et dont les dieux de granit semblent murmurer au milieu d(ruines, nous sommes plus vieux que les vieux dieux d l'Egypte.

Après avoir écouté cette grande parole, vous ire visiter l'Oasis heureuse de Thèbes, et le voyageur vou fera admirer les restes effacés de cette vieille magnifi cence dont tous les peuples ont parlé; mais il vous fau dra redescendre avec moi le Nil.

Malgré l'imperfection des planches de Belzoni, entre avec lui dans ce temple d'Isamboul qui ne s'est pa ouvert depuis quatre mille ans; et dites si ce sera san un saint respect que vous passerez devant ces dieu colosses qui vous regardent silencieusement marcher vous pygmée d'un jour, dans ce temple que les sable avaient fermé depuis quarante siècles, et où cette voi ose appeler des dieux qui se taisent depuis tan de jours! L'intrépide voyageur lui-même est muet l'Afrique qui ne pardonne pas l'a tué; à d'autres l'ini tiation!

Voulez-vous des mesures précises, de sages raisonné mens sur l'antique architecture de la Nubie, ouvre l'ouvrage d'un jeune français M. Gau, qui a eu le cou rage de soumettre son inspiration aux curieuses investi gations que tant d'autres avaient négligées et qui re trouve encore de l'enthousiasme pour peindre ce grands temples qu'il a mesurés.

Les figures lithographiées du voyage de M. Brifau laissent à désirer sans doute quant à l'art, mais elle sont nombreuses et rappellent tant d'usages variés, qu le savant et l'artiste les trouveront encore bien précieuses et sauront les consulter (1).

Poussez jusques aux pays chrétiens, entrez dans cette abyssinie que Bruce vous a fait connaître d'une manière si imparfaite, mais que Salt et Valentia vont vous révéler dans des planches délicieuses gravées avec le plus grand soin, là c'est encore une autre architecture et un autre génie, mais vous le verrez bien, la Grèce a inscrit le sien sur les ruines de ce pays.

Maintenant descendons le Nil, rentrons au milieu des grandes ruines pour nommer Passa-laqua qui n'a point écrit, mais qui a rapporté (1). Jetons un coup d'œil sur cette vaste Afrique si belle et si mal connue. Allons aux pays Sauvages, aux contrées qui conduisent les Européens aux Indes. Ce voyage est pour les paysagistes; c'est pour eux que Burchell si peu connu a donné ses planches si soignées; c'est pour eux que l'habile Daniell a quitté les pagodes de l'Inde, pour peindre une nature nouvelle et tout un monde d'animaux aux formes tour à tour sveltes ou massives, élégantes ou bizarres. C'est là que vous rencontrerez de délicieuses gazelles, de hideux hyppopotames sortant du fleuve, pris sur le fait; et si l'homme misérable de ces contrées vous paraît digne de quelque intérêt, vous trouverez sa hideuse figure admirablement représentée

(1) Tous ces voyages, à l'exception de celui de Belzoni dont l'atlas est in-4° oblong, sont de grandes dimensions.

(2) Sa grande collection appartient à la Prusse.

Descendrez-vous avec Barrow jusque chez les Bedjouanas? mais en vérité, ses figures sont bien moins bonnes que son récit. A l'exception de ses admirables oiseaux, je ne vous dis rien des planches de Levaillant, mais je pourrai parler des récits qu'il m'a faits dans ma jeunesse, et j'oserais affirmer sa sincérité.

Qui nous initiera aux mystères sublimes de l'Afrique intérieure? Damberger est un menteur, et son mensonge est bien prouvé.

Si vous ouvrez Oudney, Denham, Clapperton, ces victimes de la science et de l'enthousiasme, ce sera le texte que vous aimerez : leurs petites figures sont précieuses, mais non pour l'artiste moderne qui ne peut se contenter de l'à peu près. Ce sera encore l'amusant récit de l'intrépidité naïve que vous aimerez dans les frères Landers; ce sera le grand mystère de la géographie moderne que vous demanderez à Caillé. Le géographe seul peut être heureux de trouver les peintures dont son voyage aventureux est orné.

Ne croyez pas que je vous parle d'Alger, vous l'avez assez vu aux musées et sur les étalages des libraires. Si je savais une belle ode sur cette guerre qui donne le repos a de grandes nations et la civilisation à un peuple, je vous la dirais.

Que de pays maintenant il vous va falloir traverser, car je n'ai rien dit de l'antique Perse qui a mêlé son cri de civilisation à la voix poétique de la Grèce. Eh bien! je vous ferai grâce d'une foule de relations imparfaites, estimables quant au texte, mais détestable quant aux gravures. Je vous parlerai sur-le-champ du beau voyage de sir Robert Porter (1), vous y trouverez ce que vous ne trouveriez nulle part : des antiquités du temps de Cyrus, dessinées avec exactitude et avec pureté. Du reste, l'éditeur homme de goût et de science, donne à son ami des conseils qui s'adressent trop bien à tous les voyageurs amateurs d'antiquités, pour que je ne les introduise pas ici.

« Pour conclure, lui dit-il, ne dessinez que ce que vous avez vu, ne corrigez rien; conservez à vos copies le vrai caractère des originaux, ne donnez à vos figures de Persans ni la tournure française de Chardin, ni celle des Allemands, comme l'a fait Van-Bruyn ; ni celle des Danois, comme cela se voit dans Niebuhr. Abstenez-vous de cette grâce anglaise que recherchent quelques-uns de nos compatriotes. » Porter a mis le conseil à profit ; mais il faut bien l'avouer, soit faute du graveur soit faute du dessin, on trouve dans ses planches un peu de grâces anglaises. Cependant c'est là qu'il faut étudier Hispahan et les costumes modernes; nulle part on ne comprendra mieux ces temples antiques si différens des autres temples, où le feu était un dieu éternel, où le dieu

(1) *Travels in Georgia, Persia, Armenia, ancient Babylonia. Lond.* 1821, 2 vol. in-4°. Dans l'avant-propos de cet excellent ouvrage, M. A. Olinen, parent et ami du voyageur, et qui avait lui-même beaucoup étudié l'Orient, lui avoue qu'après avoir fait de nombreuses recherches sur les figures données par Chardin, van Bruyn Niebuhr et les siennes, représentant un même objet, il a été surpris des énormes différences qu'elles présentaient : il en administre la preuve par trois traits différens, et l'avantage reste incontestablement au voyageur moderne.

brillait dans sa triste majesté sous les portiques qu'il éclairait. Dans le temple de Mithra, qui présente un aspect si imposant et pouvant si bien servir de type pour le génie architectural de cette race, on trouve les merveilleux bas reliefs représentant Roustan, le héros poétique des anciens Perses, le dieu guerrier qui anime encore le pays de ses traditions et qui revit encore dans l'épopée de Ferdoucy. Les ruines de Persépolis curieusement étudiées par Porter, présentent des choses plus intéressantes encore pour l'art et même pour la science. C'est dans ce beau voyage qu'il faut les étudier : c'est là qu'on trouve le type mongol mitigé par le type hellénique qui se montre dans presque toutes les têtes anciennes, et qui ne se montre plus guère dans les beaux portraits d'Abas Mirza et de son père Feth Ali Khan, les deux hommes remarquables de cette Perse moderne, où tant de races se sont mêlées.

Je dirai peu de chose sur l'ouvrage de Hodges, malgré sa prétention à être un voyage pittoresque ; je ne m'arrêterai même point à l'excellente relation de M. Jaubert, parce qu'il n'a qu'un nombre très-limité de petites planches ; mais je signalerai aux artistes comme une bonne fortune s'ils peuvent se la procurer la riche collection lithographiée d'un jeune peintre russe. M. Ourlowski a parcouru la Perse entière il y a environ dix ans, et nul peintre n'a su étudier comme lui l'aspect des costumes et des lieux, bien que dans l'étude des chevaux, Carle Vernet ait semblé lui servir de modèles ; il y a dans son crayon une largeur d'exécution qui indique une franche originalité. Malheureusement cette collection est tellement rare, que nous doutons qu'on puisse se la procurer autrement que par portions détachées.

Avant que d'entrer en Grèce, nous jeterons un coup-d'œil sur la Russie ; ce vaste empire ne manque ni de voyages pittoresques, ni de descriptions détaillées, mais nous sommes contraints d'avouer que nul monument digne de ce nom ne nous a révélé la nature singulièrement variée de cet immense empire. Cependant Ourlowski, dont j'ai cité les travaux à propos de la Perse, pourra être consulté. Carr a donné l'*Eté du Nord*, et ses figures ne sont pas sans intérêt; les gravures de Gmelin et de Pallas sont plus connues des naturalistes que des peintres, toutefois ceux-ci doivent les consulter, et ils peuvent également tirer un profit réel du grand ouvrage de Demame et de Martrais (1), où des planches nombreuses attestent la singulière variété des costumes de Russie. Lepechin, qui n'a pas été traduit du russe, leur fournira dans ses planches d'utiles matériaux (2). Mais, si ému des sanglantes peintures du beau poëme d'Igor, où les Russes chercheront

(1) Journal d'un voyage dans plusieurs provinces de Russie, 1771-80- 5 vol. in-4°.

(2) Si je ne me trompe, l'ouvrage de Geissler renferme des planches nombreuses assez bonnes; on peut également consulter avec avantage la partie des voyages de Clarke ayant rapport à la Russie et à la Tartarie; les planches des derniers exemplaires sont fort usées. Pinkerton renferme sur ce pays comme sur toutes les autres contrées décrites dans sa grande géographie, de fort jolies planches, qui ont le désavantage d'être un peu petites. V. DAVID.

un jour leur poésie primitive, le peintre veut retracer ces combats animés que les Slaves livraient aux hordes du désert. Les antiquités tartares lui offriront sans doute des accessoires pittoresques, et ce sera dans l'archéologie de Londres qu'il ira les chercher, tout en s'aidant d'une érudition scrupuleuse et hardie. Malgré sa civilisation d'un jour, la Russie marche à grands pas dans le domaine des arts; et dans son enthousiasme naissant, comme les peuples primitifs, elle roule sur les places des blocs de granit, des masses de rocher; elle va demander jusqu'en Egypte des obélisques, jusqu'au Caucase des marbres précieux : toutefois chez elle le sentiment de l'art est une fleur du luxe étranger, et, comme la poésie moderne, ce n'est pas encore une fleur de la contrée. Qu'il y a loin cependant de ce que nous savons sur cette vaste contrée, à ce que nous savions il y a trois siècles; quel rapide mouvement dans l'art! quelle dévorante activité dans la science des investigations : nous en sommes à demander des ouvrages pittoresques à la Russie, et au XVIe siècle, quand nos pères voulant savoir ce qui se passait dans ces régions glacées, ouvraient un de leurs massifs volumes qui contenaient tant d'étranges choses sur le monde ancien et nouveau : voilà avec quelque plaisante miniature de moine plantant sa croix, voilà la description qu'ils trouvait

« La Russie, dit le dominicain Brochard, est un pays fertile; elle a en activité cinq mines d'or et cinq d'argent. Il ne faudrait pour la conquête de cette contrée que mille chevaliers et six mille hommes d'infanterie. « Ce serait un joyel gracieux et plaisant à acquérir. »

Du reste, la Russie a sur nous l'avantage de posséder un musée etnographique, et il est probable qu'une série de curieux dessins fera connaître bientôt la partie pittoresque des antiquités ou des costumes de cette vaste contrée (1).

Je ne connais rien sur la belle et infortunée Pologne, sur cette terre de toutes nos sympathies, sur cette sœur de la France, qu'elle pleure comme une exilée. La Pologne avait dès le XVIe siècle une admirable littérature, elle a produit de grands poètes et de grands musiciens; il est probable qu'elle a eu quelques peintres, ardens enthousiastes comme ses poètes, mais les malheurs des temps modernes les ont empêchés de donner l'œuvre qui eût fait connaître leur pays. Cependant un jeune Polonais instruit m'a signalé un ouvrage d'une faible exécution, il est vrai, mais par lequel, à défaut d'autres, l'artiste pourra être guidé. Plusieurs almanachs imprimés à Varsovie renferment en outre des costumes nationaux. Toutefois, si on avait besoin de renseignemens sur les beaux jours de la Pologne, sur le siècle des Jagellons, ce serait dans les manuscrits du XVe et du XVIe siècle, et dans l'ouvrage que je viens de citer, qu'il faudrait les étudier (2).

---

(1) Robert Ker Porter a fait en 1809 un voyage en Russie, 2 vol. in-4°, La conscience qui règne dans son autre publication ne fait rien présumer de celle-ci que je n'ai point consultée.

(2) *Lukasz Golembiowski o ubiorach dawnych w Polsie.* C'est-à-dire Colembiowski sur les anciens costumes polonais, pub. à Varsovie, en 1 vol, in-8°.

La riche bibliothèque du comte Stanislas Zamoiski renferme

Maintenant, avant de nous enfoncer plus avant dans le Nord, et puisque nous sommes encore dans le domaine du monde connu des anciens, nous allons remonter vers la région des arts, nous allons contempler la Grèce telle qu'elle était et telle que l'ont faite les Barbares : mais ce sera surtout la Grèce héroïque des temps modernes qui nous occupera. Ce n'est pas, toutefois, que nous prêchions ici la nécessité de l'abandon absolu de l'Hellénie : en matière d'art ou de poésie, nous ne sommes pas de ceux qui croient à la stérilité du génie, à l'épuisement des antiques conceptions. Les grandes épopées primitives sont toujours jeunes, les grands fleuves sont toujours majestueux, qu'importent les changemens du rivage, villes florissantes, ruines ou forêts, le spectacle est toujours imposant ; il n'est décoloré que pour les yeux affaiblis. L'art qui a succédé à la grande poésie de l'Illiade, l'art contemporain de Sophocle, aura toujours des mystères sublimes qui sont encore à retrouver.

Je ne dirai rien des vieux ouvrages français sur les ruines de la Grèce ; ils sont tellement défectueux, que l'artiste trouverait difficilement moyen d'en tirer parti. Cependant, si l'on songe aux commotions qui ont bouleversé ce malheureux pays depuis le XVe siècle jusqu'au XVIe, en ce temps où Camoëns oubliait ses effroyables misères pour appeler les rois au secours de la mère puissante des

---

plusieurs beaux manuscrits polonais des XIV, XV et XVIe siècles, ornés de peintures

poètes, on peut supposer que plusieurs anciens ouvrages peu connus représentent des monumens existant alors et que le canon a détruits en quelques heures, bien qu'ils eussent résistés à toutes les guerres des hommes et des temps (1). C'est vers la fin du XVIIIe siècle que l'on voit commencer, dans les voyages, les sérieuses recherches sur le génie architectural de la Grèce. Toutefois, ces recherches sont tellement entrées dans le domaine général de l'art, elles sont unies si intimement aux études de nos artistes modernes, qu'il semble inutile d'en faire mention. Qui ne connaît pas, en effet, les antiquités d'Athènes, que Stuart fit paraître de 1772 à 1794, et où l'on voit des planches largement exécutées? Faut-il nommer encore les *Inedited Antiquities of Attica*, données à Londres en 1827, le *Temple d'Appollon* de Stakelberg; l'ouvrage immense de Choiseul-Gouffier, et tant d'autres qui présentent la coupe consciencieuse des plus beaux monumens? Qui n'a pas consulté le magnifique ouvrage de Dodwel (1), et pour la recherche des cos-

---

(1) Je citerai entre autre Beauveau 1619. Il y a quelques petites figures peut-être curieuses à comparer.

(2) On se tromperait fort si l'on croyait que tous les ouvrages à figures du XVIe siècle ont été explorés par les architectes, les poètes ou les antiquaires. Je ne me souviens pas, par exemple, d'avoir vu figurer dans la liste des ouvrages consultés par M. de Chateaubriand (itinéraire de Paris à Jérusalem) le voyage d'Antoine Regnaut, que j'ai déjà cité. Il est de 1573, mais il se trouve joint à la relation de Beauveau, de 1619, renfermant des figures et dont l'illustre écrivain ne semble pas non plus avoir eu connaissance malgré ses recherches étendues.

(1) Dodwel peut être considéré comme le complément de Stuart

tumes poétiques des grandes épopées, l'immense ouvrage d'Hamilton sur les vases étrusques (1). Mais, peut-être, l'exactitude de tous ces ouvrages est-elle dépassée par le voyage moderne d'un savant antiquaire, qui a su reproduire avec son véritable caractère cette pureté de la sculpture antique, que la gravure a si souvent altérée. A chaque instant, chez M. de Bronstedt, l'érudition la plus consciencieuse vient au secours de l'art, et peut multiplier ses vues sur la véritable poésie plastique des anciens (2). Dans cette revue des ouvrages qui rappellent les merveilles de l'ancienne Grèce, les Anglais apportent leur tribut. Clarke passe en Grèce comme il passe en Georgie, en Arménie, en Perse, recueillant avec intelligence ce qui s'offre à ses regards, mais le transmettant par une faible exécution. Hobhouse est bien supérieur à ceux qui l'ont précédé par sa sagacité, et surtout par un vrai sentiment de l'art; ce bel ouvrage qui n'a pas, je crois, été traduit, nous servira de transition pour passer aux ouvrages qui nous rappelleront les costumes variés de la Grèce, les usages si poétiques des Khleptes et des Armatoles. Guy, avec ses faibles images, Clarke, et une foule de *touristes*, ont rappelé, avec plus

---

Voy. a classical and topographical tour in grecce during the years 1801, 1803 *and* 1806 *Lond*, 1818, 2 vol., grand in-4°.

(1) 3 vol. atlas.

(2) Voyage dans la Grèce, accompagné de recherches archéologiques et suivi d'un aperçu sur toutes les entreprises scientifiques qui ont eu lieu en Grèce depuis Pausanias jusqu'à nos jours, Paris, 1826 et ann. suiv. Renouard, grand in-4°. Le même ouvrage est publié en allemand.

ou moins d'habileté, le costume des héros de la Grèce moderne, mais leurs ouvrages sont à coup sûr moins complets que le voyage de M. Dupré ; dont une exactitude scrupuleuse, est le principal avantage, et dont il devient impossible de se passer, quand on veut retracer quelques-unes de ces hautes actions que le génie guerrier de la Grèce vient d'enfanter à son réveil (1).

Que dire encore sur les voyages pittoresques de la Grèce? L'ouvrage de la commission française est loin d'être achevé, et l'on ne peut pas le juger sur ce qui a paru. Depuis le beau livre de John Spencer Stanhope, sur la plaine d'Olympie, rien d'essentiellement capital n'est venu à notre connaissance (2), et si les Allemands ont entrepris des travaux pittoresques en Grèce, à l'exception de ceux de M. Bronstedt, nous les ignorons. Les ouvrages qui retracent les mœurs des conquérans sont plus vastes et plus nombreux, et à la tête de tous les livres roulant sur l'empire ottoman, il faut mettre le

(1) Ali Pacha, qui avait permis qu'on fît les portraits de ses fils, ne voulut pas consentir à ce qu'on fît le sien. Il paraît que quand la proposition lui en fut faite, il laissa entendre un de ces rires caverneux qui précédaient toujours chez lui les instans de fureur. M. Dupré fut assez heureux pour l'accompagner avec le consul anglais dans une partie de chasse où il eut tout le loisir de faire son portrait sans qu'il s'en aperçût. C'était à coup sûr une entreprise d'art qui n'était pas sans quelque danger.

(2) *Olympia or topography illustrative of the actual state of the plain of Olympia. Lond*, 1824, 1 vol. in-f°. Je citerai encore pour la coupe des monumens le livre Angl. int. *inedited antiquities of attica.* LONDON, 1827.

beau voyage de Melling, dont l'exactitude est si bien appréciée qu'elle peut servir de guide même sur les bords de l'Euxin. L'Atlas des promenades pittoresques dans Constantinople (1), dont M. Préault a fait les dessins, donnera aussi une juste idée des rives du Bosphore, de même que le grand voyage de Mouradjea d'Ohson fera merveilleusement connaître les costumes et les cérémonies des Turcs (2) : c'est même là que se retrouveront un jour les traditions merveilleuses de ces belles pompes orientales, qu'un nouveau système de civilisation éteint chaque jour, et dont il ne restera plus qu'un splendide souvenir dans l'imagination des poètes, comme un souvenir des Mille et une Nuits colore quelquefois nos rêves. Aucun bel ouvrage pittoresque ne nous a montré encore les Turcs portant disgracieusement l'habit écourté des Francs. Les Turcs, imitateurs maladroits, et contraints à le devenir, parce que leurs têtes imposantes se sont enfin courbées sous le joug de cette civilisation européenne qui nivelle tout, pourront peut-être revenir plus tard au beau costume qu'ils ont abandonné, et ce sera dans les livres de l'Europe qu'ils retrouveront alors de poétiques traditions abandonnées sans doute inutilement.

---

(1) Par M. Charles Pertuisier, Paris, 1827, un vol. in-f°.

(2) 3 vol. in-f°. Ce grand ouvrage si précieux sous un tout autre rapport que celui que nous indiquons, a été commencé en 1772, et terminé en 1820. On sent que ce laps de temps a dû apporter de toute nécessité quelques différences dans l'exécution de l'œuvre du savant suédois.

L'homme ne se dépouille pas impunément de sa première dignité.

Jetons un regard en arrière, car l'art avenir brillera de mille rayons confondus dans les radieuses auréoles du génie de tous les siècles, marchant à de nouvelles destinées. La Grèce se continuera pour nous dans l'Italie, et nous passerons dans la terre des vieux Romains, comme les Grecs ont passé dans le Latium. L'ouvrage de Wilkius nous initiera aux mystères de l'art hellénique dans la grande Grèce, tandis que le beau livre de Mazois nous fera pénétrer dans ces ruines de Pompeia, où se déroulent, dans mille symboles de destruction, cette civilisation antique, qu'il a fallu oublier pour que le genre humain accomplit toutes ses destinées, mais que maintenant il faut évoquer après dix-huit siècles de mort, pour comprendre toute sa mystérieuse influence. La Sicile moderne avec ses doux rivages, ses belles campagnes, ses fabriques pittoresques, ses villes qui ne respirent que l'amour, la volupté, la paresse et je ne sais quel génie des arts qui ne peut s'éteindre en Italie, Naples et la Sicile nous ont été représentés dans un grand ouvrage où plusieurs artistes ont apporté leur tribut. Je veux parler du voyage pittoresque de Sieile publié en 1822. Quant à ce qui regarde les costumes de cette riante contrée, bien qu'un artiste nous ait fait voir naguère ce qu'ils avaient de varié, bien que dans la fête de Cérès il ait merveilleusement allié toutes les conditions de l'art à la richesse poétique du costume; j'indiquerai, comme renseignement technique, un livre qui peut offrir quelques utiles matériaux. Demame et de

Martrais ont fait pour Naples ce qu'ils avaient fait pou la Russie, mais en s'attachant spécialement au costume

Pour Rome, pour cette belle contrée des grands mo numens et des riches villa, qu'aurai je à dire qui ne soi bien connu des artistes; ils ne voient que cela, ils n'en tendent depuis l'enfance que le nom de Rome, ils n'é coutent que les récits des adeptes qui ont vu la ville éter nelle; Rome leur est trop connue pour que j'ose parle de la majestueuse simplicité de Piranesi ou de l'amu sante variété d'Eustace : encore s'ils faisaient comme no modernes historiens, si un sentiment profond de l'an tiquité leur révélait la poésie plastique de ces temps o le génie des Etrusques imprimait au Latium un caractèr si terrible et si sombre. Mais il en a été de la peintur comme de l'histoire, et on a fait des tableaux à l Tite-Live comme on a fait des récits, misérables poési de collége, étrangère à l'antiquité. Exhumez, avec Bal lanche, cette vieille civilisation qui semble repose sur les murs Cyclopéens, évoquez le génie de Rom avec Niebuhr, et au milieu de cette cendre poudreus l'art pourra renouveler encore ses inspirations (1).

---

(1) Niebuhr dit quelque part que si on pouvait lire enfin l inscriptions étrusques, l'antique génie du Latium nous serait r vélé. Déjà la savante persévérance de M. Orioli nous permet, di on, l'éclaircissement de quelques mystères. Si on continue l fouilles avec sagacité comme elles ont été commencées, l'art d étrusques nous apparaîtra avec son véritable caractère, et par co séquent l'art primitif des Romains nous sera moins inconnu. C

Ce que j'ai dit pour Rome, ne faut-il pas le dire pour la France, ne faut-il pas le répéter pour l'Angleterre et pour l'Allemagne? Il nous arrive, au milieu de cette vague abondance de matériaux, ce qui nous arrive dans la désolante stérilité des temps anciens : nous sommes contraints à ne mentionner que trois ou quatre ouvrages pour signaler un monument plutôt que pour l'expliquer. Ainsi après que j'aurai nommé le beau livre qui dit les ruines pittoresques de la France, et où Nodier raconte sa gloire par ses monumens; quand j'aurai parlé des admirables vues d'Ecosse, qui rappellent la merveilleuse vérité des plus belles fictions du siècle; quand j'aurai parlé de ces vues du Rhin, qui disent si bien le vieil art germanique; quand j'aurai laissé tomber le nom de Cologne et que j'aurai réveillé le souvenir du plus beau monument qui ait été fait sur l'art architectural du moyen âge (1), je serai contraint de me rabattre sur quelques curiosités d'antiquaire, ou sur quelque recueil ignoré,

---

sait qu'un prince de la famille Napoléon a fait en ce genre les plus belles découvertes. Il paraît à peu près prouvé que l'art de l'Etrurie est essentiellement uni à celui de la Grèce, mais qu'il a adopté une voie différente. Quoique ce soit à peine nécessaire, je citerai encore sur l'Italie *Saint-Non*, voy. en Sicile, 1781, 5 vol. gr. in-f°; *Thompson*, 1813, in-4° avec figures; *Santi*, 2 vol. in-8, figures; *Hoare* 1814, in-4°, figures; *Neergard*, excellent dans ce qui regarde le nord de l'Italie, 1812, in-f°: *Viaggio pittorico della Toscana. Firenze*, 3 vol. in-f°, etc., etc.

(1) Tout le monde connaît le magnifique ouvrage sur la cathédrale de Cologne, par M. de Boisseré. Ce livre, fait sur des dimensions colossales, est admirablement exécuté et renferme un

disant la poésie intime d'un siècle, d'un homme ou d'une contrée, mais la disant comme une note sèche et brève dit une grande pensée au génie.

Puisque j'ai promis de citer quelques ouvrages modernes peu connus en France, et dont la partie technique de l'art peut faire son profit, je rappellerai, pour les contrées du Nord, cet ouvrage où Logan donne toute la partie matérielle des sujets tirés de Walter-Scott et même de l'histoire primitive de l'Ecosse (1). Les planches assez nombreuses de ces deux volumes sont loin d'offrir

---

texte du plus haut intérêt. Malheureusement, ce beau livre ne peut pas être assez lu et assez consulté, et il faut s'en prendre à sa forme colossale qui dépasse de beaucoup les plus grands atlas de la commission d'Egypte. Sans doute, ces vastes planches peuvent avoir l'avantage de montrer certains détails dans la représentation totale de l'édifice, mais elles ne sont plus qu'embarrassante lorsqu'on n'a voulu transmettre que des portions détachées. Quelques grandes planches ployées seraient préférables à mon gré; quand on a un immense édifice à retracer, le format in-f° pourrait suffire pour le reste. J'adresserais volontiers le même reproche au somptueux ouvrage de lord Kingsborough sur le Mexique. On ne saurait croire combien la dimension exagérée du format s'oppose à l'expansion de certaines idées d'art, de poésie ou d'histoire. Aux voyages sur l'Allemagne, je ne puis guère m'empêcher de joindre le voyage anglais intitulé *Travels from Vienna to Hungary. Edimburgh*, 1817, in-4°, et le livre italien de Sestini.

(1) James Logan *the Scottish Gaël or Celtic manners as preserved among the higlanders : being an historical and descriptive account of the inhabitant, antiquities, and national peculiarities of Scotlnd: more particularly of the northern or Gaelic parts of the country, where the singular habits ofthe aloriginal celts are most teniously retained.* London, 1831, 2 vol. in-8°.

une exécution satisfaisante; mais ils présentent, je crois, un degré d'exactitude peu commun ; c'est là qu'on pourra étudier dans leur rigoureuse simplicité les carreaux symboliques des Tartans, les formes diverses de la Claymore, la disposition variée des coiffures, les drapeaux guidant encore les clans. C'est là même qu'on pourra se former une assez juste idée des objets propres au culte druïdique, en y joignant surtout les indications d'un livre que je ne me lasse point de citer, cette archéologie de Londres qui représente tant de curieuses antiquités. Mais, puisque nous sommes au milieu des brumes du Nord, nous nous avancerons vers les contrées polaires, où il semble qu'on entende encore un retentissement des chants de la Voluspá. Mackenzie et même Troïl nous disent l'aspect de cette Islande, où les volcans brûlent au milieu des glaces, en élevant incessamment vers le ciel leurs longues colonnes de fumée noire que sillonnent des feux sinistres, sombre image de cette poésie des Scaldes, qui brille tristement dans son île de neiges, comme l'aurore boréale éclaire les brumes du pôle de ses lueurs imposantes. Mais, si vous voulez l'étudier, cette âpre nature du nord, si imposante dans son deuil uniforme, si vaste dans ses plaines dépouillées

---

(1) Je citerai encore un curieux ouvrage peu consulté, c'est celui de Joseph Strutt, intitulé *Horda angelcynnam : or a complete view of the manners of the inhabitants of England* etc., etc., 1724, 3 vol. grand in-4°. On y trouvera un grand nombre de planches. M. de Caumont, de Caen, vient, dit-on, de publier des recherches sur les antiquités celtiques avec un curieux atlas.

que traversent lugubrement des fleuves presque toujours glacées; si vous voulez contempler la majesté fantastique de ces grands bois de bouleaux et de sapins, où fait entendre éternellement sa plainte le rossignol des pôles; Peintres ou poètes, si vous voulez vous faire une idée de ce soleil de minuit, qui n'a point de réveil, qui n'a point de coucher, ce sera dans Skjöldebrand qu'il faudra aller puiser ces nobles et tristes inspirations (1). Après le colonel suédois, c'est aux Anglais qu'on doit l'ouvrage pittoresque le plus complet qu'on ait sur ces dernières régions du Nord, où le finois et le lapon offrent deux types si curieux à observer. Lorsque vous aurez contemplé les vues poétiques de Skjöldebrand, ouvrez Capell Brook, et ses grandes lithographies vous feront merveilleusement connaître la vie des hommes simples qui vivent au milieu du grand hiver, n'enviant cependant rien aux autres hommes, eux qui pourraient tout envier, même le soleil!

Maintenant, imitons ces aventuriers qui, dans le moyen âge, abandonnaient les âpres contrées du Nord, pour aller respirer l'air parfumé de Cadix ou de Séville.

---

(1) *Skjöldebrand*, voyage pittoresque au Cap nord. *Stockholm*, 1801, in-4° oblong. Je n'ai vu ce curieux ouvrage qu'à la bibliothèque de l'Institut. Du reste, le colonel Skjöldebrand a dessiné avec un sentiment réel de la nature les vues diverses qu'il présente, et plusieurs ont été gravées également par lui à *l'aqua tinta*. Le texte est écrit en français et offre le plus grand intérêt. Boisgelin, dans son ouvrage sur le Danemarck, in-4°, renferme des planches, et il existe un voyage pittoresque en Scandinavie, publié à Londres vers 1802, je ne l'ai point examiné.

Le grand ouvrage de M. de Laborde est dans toutes les bibliothèques, et c'est lui qui a commencé à faire connaître, par son étendue, ce que l'estimable voyage espagnol de Ponz n'avait pu que nous faire soupçonner. Mais ensuite sont venus les ouvrages d'art, les monographies de monumens (si on peut se servir de ce mot), et malgré quelques imperfections, le magnifique ouvrage de Murphy nous a initiés d'une manière brillante à toutes les merveilles de l'Alhambra, à tous les prestiges de l'art moresque (1). C'est encore Murphy qui nous a retracé, dans ses admirables proportions, ce magnifique couvent de Batalha, que Jean Ier de Portugal fit bâtir où il avait livré la bataille qui lui avait donné une couronne; et c'est dans ce beau monument du moyen âge, l'orgueil du Portugal, qu'on peut le mieux étudier l'alliance des formes gracieuses du cintre oriental, avec les proportions sévères de l'ogive du Nord, qui confondent admirablement leurs formes comme deux peuples ont confondu leur génie. Si vous allez en poète, vous arrêtant dans toutes cés riches contrées de la Péninsule, où la nature jette des fleurs aux lieux où le temps a jeté des ruines, ouvrez le voyage pittoresque de Taylor, et vous aurez le désir qu'il soit promptement terminé; comme dans les grandes plaines de Castille, vous avez hâte d'atteindre quelque beau monument des Maures, quelque beau château d'antique chevalerie. Si vous voulez connaître

(1) Les artistes et même les naturalistes trouveront dans *Capell Brooke* la monographie la plus complète que je connaisse du renne. [L]e voyage est intitulé *un hiver en Laponie*, 1827, in-f°.

ce pays qui couronne l'Europe comme une couronne de fleurs couronnait quelquefois le casque d'un guerrier Kinsey vous fera connaître les vues et les costumes du Portugal, mais si ce sont les vieux guerriers que vous voulez peindre, les hommes de fer qui ont conquis l'Inde et l'Afrique, ouvrez Faria y Souza; ouvrez surtout ce Pedro de Mariz (1), qui est allé dessiner les figures des rois sur leur tombe, et qui vous avoue que c'est cette fidélité qui jettera du doute sur leur précieuse vérité.

Puisque nous voilà revenus au XVIe siècle, qui nous empêche de nous élancer, avec ces hardis conquérans espagnols et portugais, vers le Nouveau-Monde? La moisson peut être belle; mais là, comme en Europe, il faut choisir, tant les grands livres sont nombreux. Commençons par les tristes régions du Nord : le capi-

(1) *Dialogos de varia historia, por Pedro de Mariz Coimbra*, 1598, 1 vol. in-8°. Je crois à l'authenticité des planches de Mariz, mais il est certain qu'il a donné le costume des rois, sans nulle critique, comme cela se faisait toujours dans le temps. Après les 20 volumes in-8° de Ponz, 1787, Laborde et Murphy, le voyage de Morales in-f°, celui de Carter, 2 vol. in-8° avec fig. Je citerai les *Délices d'Espagne et de Portugal*, on y trouve de curieux renseignemens sur la péninsule du XVIIe siècle et sur Lisbonne, avant que le tremblement de terre l'eût faite ce qu'elle est. Marsden et bien d'autres donnent des portraits numismatiques cuieux, et la chronique du cid. édit. de 1792. renferme un précieux portrait de ce héros des vieilles romances. Dans la chronique de Pedro-le-Cruel, XVIe siècle, on trouve un précieux portrait en bois de ce roi.

taine Franklin vous retrace merveilleusement les contrées désolées habitées par le triste eskimau, et ses petites gravures réunissent la finesse du burin à un sentiment profond d'harmonie. Cooper vous a-t-il inspiré par ses peintures originales ? ouvrez le livre du général Collot, promenez-vous sur les bords du Meschacebé, avec l'infatigable et consciencieux Milbert ; le compagnon de plusieurs grands voyageurs et grand voyageur lui-même. Un canadien (1) qui n'a pas oublié son ancienne patrie, vous dira les merveilles de ces grandes terres 'américaines où nos vieux missionnaires ont été puiser de si sublimes inspirations. Est-ce le doux climat des Florides, est-ce la patrie d'Atala que vous avez rêvée? Voulez-vous contempler ses magnolia, ses liquidambar parfumées, après que vous aurez lu Bartram et

---

(1) Ouvrage géographique et statistique sur le *Canada*, par le colonel Joseph Bouchette, arpenteur et inspecteur général des possessions britanniques dans l'Amérique du nord. 3 vol. in-4° ornés de lithographies exécutées à Londres, sur les dessins du colonel.

Un exemplaire de cet ouvrage a été présenté au roi en avril 1832. Il existe sans doute à la bibliothèque particulière. J'ajouterai que les anciennes relations in-8° et in-4° des pères Lallemand, Lemercier, etc., renferment quelquefois de grossières mais curieuses figures; plus tard il en est de même de Carver, de Lebeau et de tant d'autres représentans d'un ordre de choses éteint même parmi les sauvages. Parmi les modernes, *Bernard Oreily*, 1818, in-4° (pour le Groënland); *Montgomery Pike*, in-4°, *London*, 1811 (pour le Nouveau-Mexique), pourront aider sur quelques points. J'engage toujours à prendre les originaux, les figures souvent ont été altérées ou supprimées dans les traductions.

le voyage de Chateaubriand, ouvrez l'ouvrage botanique de Michaud, prenez même Perrin du Lac et C. Robin.

Si nous entrons avec Cortez dans le Mexique, nous comprendrons les conquérans avec Velasquez, le grand peintre, et les peuples conquis avec Kingsborough; nous ferons mieux encore, nous nous initierons dans cet immense ouvrage, le plus grand monument qu'un particulier ait élevé à un peuple, nous nous initierons aux mystères qui n'ont pas été expliqués, et que la belle collection de Franc, unie aux travaux du seigneur anglais, commence à dévoiler. Dites-moi, en effet, à quelle nation appartenaient ces palais immenses où la croix de l'ancien

---

(1) *Antiquitities of Mexico comprising fac-similes of ancient Mexican paintings and hieroglyphics, preserved in the royal libraries of Paris, Berlin, Dresden, in the imperial library of Vienna, in the Vatican Library, in the Borgian museum at Rome, in the library of the institute at Bologna and in the Bodleian library at Oxford. Together with the monuments of new spain by M. Dupaix, with their respectives scales of measurement and accompanying descriptions: the whole illustrated by many valuables inedited manuscripts by Augustine Aglio; in seven volumes.* London, 1830.

Comme c'est le quatrième volume et une partie du cinquième qui sont les plus importans pour les artistes, j'indique ici ce qu'ils peuvent y trouver.

Monumens de la Nouvelle-Espagne, par M. Dupaix, d'après les dessins originaux exécutés par l'ordre du roi d'Espagne.

Specimen de sculpture mexicaine appartenant à M. Latour-Allard.

Specimen de sculpture mexicaine conservé dans le museum britannique.

Planches copiées du voyage autour du monde, de Gemelli Carr-

monde est gravée à côté du serpent ? Quel est le peuple qui a servi de modèle à ces statues bizarres que le statuaire américain a sculptées dans le stuc sur des monumens d'une si vaste étendue. Là il faut s'écrier, comme Motenabby, le poète arabe, en présence des pyramides ; *Quel [illegible]été ce peuple, quelle a été sa fin ?*

Il vaut encore bien mieux lire les admirables descriptions de M. de Humboldt, et s'inspirer de leur poésie, que d'ouvrir l'atlas de son grand voyage ; ce sera cependant le seul moyen de comprendre cette riche nature du Mexique et du Pérou, dont ce voyageur a été le premier à faire sentir l'étonnante richesse et la merveilleuse variété ; sous le rapport de l'exécution, le grand ouvrage qui décrit les plantes de cette riche contrée est bien supérieur à l'atlas.

Si nous abandonnons les sommets du Chimborazo, si nous descendons comme les grands fleuves vers l'Atlantique, de magnifiques voyages publiés récemment, nous initierons aux mystérieuses magnificences des forêts du Brésil, c'est dans le prince de Neuwied, dans Spix et Martius, dans Rugendas, surtout, qu'il faudra les étudier : les races d'hommes si variées qui habitent ces

---

ri, avec une gravure du cycle mexicain tirée d'une peinture qui avait appartenue à Boturini.

Specimen d'un quippus (quippos) *mexicain* avec des planches représentant une boîte péruvienne contenant une collection de Quippus considérés comme péruviens.

Cinquième volume. — *Extrait de l'ouvrage de M. de Humboldt*, page 1. — *Vue des Cordillères et monumens de l'Amérique.*

Supplément à l'extrait de l'ouvrage de M. de Humboldt, page 53.

contrées et qui vont s'éteindre, leurs costumes, leurs armes pittoresques, tout cela est représenté dans ces vastes ouvrages, auxquels nous n'avons à opposer qu'une gravure, mais une gravure qui dit la vérité, et la vérité dans toute sa poésie. Quel trésor pour un peuple, que ces trésors d'origines, conservés quand il était temps encore de les recueillir; dans Spix et Martius, des portraits grands comme nature attestent les caractères des races; dans Rugendas, le sentiment profond de la nature dit une sauvage abondance que la culture va bientôt changer.

Mais si l'on veut étudier l'arbre à-la-fois imposant et gracieux, que les peuples ont proclamé d'un accord unanime le roi des végétaux, ce sera dans le grand ouvrage de Martius qu'il faudra observer les variétés nombreuses du palmier, son attitude dans le paysage, sa grâce dans l'isolement, sa fertile abondance quand il couvre tout un pays, et que Humboldt l'appelle *l'arbre social*, l'arbre qui donne la richesse à tout une contrée, comme il donne la majesté à tous les paysages.

Maintenant, si sur les traces des explorateurs du monde nous laissons errer notre pensée dans ces îles délicieuses de l'Océanie, où se renouvellent tant de scènes terribles ou poétiques, nous dirons que dans la

---

(1) Martius. *Genera et species palmarum*, 1 vol. in-f°, 1832. Les folioles du palmier et les troncs sont dessinés par échantillons grands comme nature, et il y a de nombreux paysages où figure le palmier. Quelques-unes de ces planches sont dues à M. Rugendas.

partie pittoresqne des voyages autour du monde, il y a un véritable progrès, surtout en ce qui concerne l'ethnographie et le dessin appliqué à l'étude des races ; ceci regarde encore plus la science que la peinture ; toutefois, la naïveté incorrecte de Choris révélera aux artistes ce qui s'est révélé si simplement au dessinateur russe ; ils devineront par le sentiment ce que cache en partie l'inhabileté de l'exécution. Dans ce voyage pittoresque, ce sont surtout les habitans de Radack, et les hommes des îles Sandwich ou de la Californie, qui sont le plus heureusement représentées. Krusentern présente les mêmes défauts et souvent les mêmes qualités. Le voyage du capitaine Bougainville, le fils de l'amiral, renferme de jolies vues ; Duperrey et Freycinet sont remplis de curieux renseignemens ethnographiques sur plusieurs îles de l'Océanie. L'immortel Péron, qui a précédé tous ces voyageurs, a fait pour la Nouvelle-Hollande, et surtout pour les gracieux Malais, ce que ses successeurs ont fait pour les régions où commandaient Tamehameha, Pomare et Shongy ; mais il y a une poésie dans son style que les gravures de son voyage ne sauraient révéler. King décrit, par un crayon facile, les cérémonies grossières des grossiers habitans de la Nouvelle-Hollande. Ellis et les autres missionnaires donnent assez bien l'aspect du séjour des Nouveaux-Zélandais ; mais, sans aucun doute, ce qu'il y a de plus complet en ce genre nous a été donné par M. de Sainson, qui a d'autant plus exactement reproduit la nature, que la plupart de ses portraits de sauvages ont été transmis par un moyen analogue à la *camera lucida*. Ainsi donc, quand désormais on voudra étudier cetre race, qui semble mêler dans ses traditions la terrible poésie des Scandinaves aux gracieuses fictions de l'Hellénie, ce sera dans le voyage si remarquable du capitaine Durville qu'il faudra contempler l'homme de la Nouvelle-Zélande, et la nature agreste dont il est environné.

Maintenant je m'arrête : dans un premier coup-d'œil rapide, bien des renseignemes précieux me sont échappés, bien des noms ont été omis (1) car en donnant ces notes, on a eu plutôt en vue le désir d'éveiller le goût de certaines études, que la pensée de satisfaire à tous les besoins. M. Arsenne a dit quelque part dans le cours de son ouvrage, qu'un des moyens de faire progresser l'art, c'était de le faire cosmopolite; c'était de lui rendre facile tous les genres d'émotions, et de le mettre en présence de toutes les hautes inspirations qui viennent des hommes ou de la nature. A vrai dire, c'est cette pensée féconde qui m'a engagé à écrire ces pages, qui s'adressent également aux peintres et au poètes. Ce besoin d'émancipation, qui se fait sentir dans l'art, se fait sentir aussi dans la poésie. Ce que je disais naguère aux poètes, à propos des inspirations primitives, je le

---

(1) Il y en a quelques-uns que je n'ai pas dû rappeler aux artistes. A quoi bon parler des œuvres de Gaignères, de Villemin, de l'excellente collection de M. Bonnard. Cependant, parmi ces livres, il y en a un dont je ferai une mention spéciale, parce qu'il n'est pas achevé, et que ce sera probablement le plus complet. Sa marche chronologique rigoureuse, la naïveté simple de l'ensemble, le rendent également utile à l'artiste et à l'historien, c'est le livre de M. Horace de Vieil Castel.

dirai aux peintres, je le dirai à tous ceux qui sentent la nature ou la haute dignité de l'homme.

Si je voulais chercher de nouvelles inspirations, j'irais contempler tous les paysages; j'irais m'asseoir sous le chêne, et j'irais m'asseoir sous le palmier; j'écouterais le bruit mystérieux de l'aurore boréale se mêlant au crépuscule du monde polaire; j'écouterais les rugissemens du Typhon de l'Inde, qui abat les forêts comme les tempêtes de l'Europe abattent les moissons. La mer, j'irais la voir avec ses blocs de glaces qui se brisent en effroyables éclats, j'irais la voir aussi, éclatante des feux du soleil, et se parant le soir dans une molle langueur de ces feux bleuâtres qui naissent avec la nuit. Après que le nature m'aurait révélé tous ses secrets, je voudrais que les hommes me révélassent toutes leurs croyances; je voudrais savoir tous les mystères de la poésie, Dieu les a répandus comme le fluide mystérieux qui colore les fleurs et qui grandit les forêts; c'est un souffle qui murmure aux uns des pensées d'amour, et qui s'accroît comme le bruit des flots, pour en appeler d'autres aux combats; c'est aussi le souffle solennel de Dieu, le chant des religions! Si j'étais poète, j'irais m'asseoir sous le sapin du nord, et sous les larges feuilles du bananier; j'interrogerais l'homme du pays des grandes neiges, l'homme des régions dorées du soleil. Je leur dirais voici le ciel et voici la terre, que pensez-vous? dites-moi vos croyances, racontez-moi vos symboles, je les abriterai dans mon âme. Les siècles, je voudrais les interroger comme la nature et comme les hommes; les siècles disent en se déroulant une vaste poésie qui n'a point de limites, qui n'a point de rivages, et qui se cache dans l'éternité.

Et quand j'aurais tout vu sur la terre, quand j'aurais tout écouté parmi les hommes, le ciel et ses éternelles beautés me seraient une patrie nouvelle dont je voudrais sonder les indicibles majestés.

NOTE SUPPLÉMENTAIRE

SUR LES MANUSCRITS A MINIATURES.

En abordant le sujet de cette notice, il m'est arrivé ce qui arrive quand on entre dans une voie à peine explorée ; à mesure que je me suis avancé, j'ai mieux compris l'influence des lieux et des époques. A l'aide des savans, je me suis trouvé en présence d'une foule de peintures qui m'étaient inconnues, et qui l'ont été aux peintres pendant bien des siècles. Je ferai grâce des réflexions, je rappellerai rapidement aux artistes les faits positifs.

Il m'est maintenant bien démontré qu'à partir du troisième siècle de notre ère jusqu'au XVIe siècle, une suite à peu près non interrompue de précieux manuscrits, donne aux peintres et aux statuaires le costume et la physionomie des peuples qui offrent dans l'histoire un réel intérêt. Toutefois il faut bien avouer qu'il y a dans cette précieuse série de renseignemens pittoresques et historiques une lacune difficile à remplir ; elle dure à peu près trois siècles ; elle se prolonge pendant la lutte fatale où la pensée obscure mais active du christianisme se formule au milieu des cris de tant de peuples barbares. On peut la fixer au temps de cette obscurité funèbre où le vent orageux du nord avait éteint le flambeau de l'antique civilisation et à l'époque où le génie de Charlemagne ne l'avait pas encore rallumé à un feu bien affaibli, mais qui devait jeter bientôt sur le monde une lumière plus pure. Cette grande période de désastre et de grossièreté pour l'art a son apogée au VIIe siècle. Et dans cette circonstance, l'art suit toutes les destinées d'une autre poésie. Je ne voudrais cependant point répondre que cette lacune ne sera pas comblée et que des manuscrits des V, VI et VIIe siècles ne viendront pas apporter de nouvelles preuves que la trame qui unit les deux arts s'est affaiblie sans se rompre. Ce sont les couvens de la Grèce qui peuvent répondre à cette question si haute et si curieuse. En effet, à cette époque, tout dans l'art nous vient de Byzance, et il semble que cette Grèce infortunée qui avait éclairé l'Europe à son berceau l'enseignait encore à son déclin comme une mère tendre qui voit avec amertume les désastres de ses nombreux enfans, et qui pour eux a sur le bord de la tombe une dernière parole d'amour. Je ne connais point pour eux le Virgile du Vatican (1), j'ignore si les costumes

(1) *Le Virgile du Vatican* qui appartient au 3e siècle, est analogue à celui du IVe siècle que nous avons possédé à la Bibliothèque royale. Il y a également à Rome un *Terence* du IVe siècle. On m'a parlé d'un *Dioscorides* appartenant à la Bibliothèque impériale de Vienne, et l'on en trouve la description dans le catalogue de Lambetius. Il a été écrit dans le Ve siècle pour la fille de l'empereur Olibrius. Il renferme, à ce qu'on m'a affirmé, les portraits des plus célèbres médecins de l'antiquité. J'ai vu à la Bibliothèque royale, un Térence du IXe siècle avec figures.

romains qu'il représente ont été retracés par un artiste habile appartenant à l'antiquité, ou si elles offrent le premier chaînon de l'art nouveau. Le fameux manuscrit qui avait été livré aux Français comme étant le manuscrit du Vatican et qui a la plus grande analogie avec lui, a été figuré par M. Langlès, mais il est retourné à Rome et il est difficile de résoudre la question sur des gravures. Le plus ancien manuscrit de cette curieuse période existant à Paris, appartiendrait au commencement du VIIIe siècle, et M. Robert, l'un des conservateurs de la Bibliothèque Ste-Geneviève, qui l'a soumis à un sérieux examen, croit pouvoir prouver qu'il a été écrit avant 732. Ce qu'il y a de bien certain, c'est que les quatre évangélistes qui y sont représentés offrent le costume byzantin dans tous ses détails. Il y a même là une formule d'attitudes et de draperies qui se retrouve dans toutes les peintures religieuses du VIIIe siècle, et qu'on peut remarquer surtout dans le précieux et unique manuscrit de la Bibliothèque du conseil d'état. Cette Bibliothèque possède un magnifique évangile du VIIIe siècle, dont la date est bien authentique et qui remonte à 780.

Ce beau livre, qui contient les évangiles en latin, a été écrit spécialement pour Charlemagne; l'écriture est fort belle, et comme cela se pratiquait fréquemment alors, les caractères sont d'or bruni, sur fond de pourpre. Tout le volume est d'une admirable conservation. Ce qu'il y a de plus remarquable, ce sont cinq à six peintures sacrées, d'une dimension plus grande que celles des manuscrits de cette période. C'est là, je le répète, qu'on peut merveilleusement étudier le costume byzantin des premiers siècles. Ce qu'il y a de plus intéressant dans ces peintures, c'est qu'elles présentent une figure du Christ, ayant un caractère de physionomie tout-à-fait analogue au type conservé par les grands maîtres de l'école d'Italie au XV et au XVIe siècle.

La barbe seulement, qu'on voit aux quatre évangélistes n'a point été conservée à cette tête du Christ d'un caractère si important à examiner. La couleur des cheveux est également différente de celle que l'usage et le temps ont consacrée. Dans cette précieuse peinture, la chevelure divine est d'un chatain cendré assez clair. Les couleurs, du reste, n'ont subi aucune altération; elles n'ont point l'éclat de celles qui furent employées dans le moyen âge, mais on voit aisément qu'elles apparaissent au bout de mille ans et plus dans leur valeur primitive. Ce précieux manuscrit appartenait au monastère de St-Sernin de Toulouse, et il a été conservé durant la révolution par M. de Puymaurin, comme on le voit dans une note en tête du livre.

A partir de l'époque où fut écrit cet évangile, tout le monde sait combien la Bibliothèque royale est riche en précieuses peintures d'un style analogue; mais ce qu'on ignore presque généralement, c'est que deux admirables manuscrits du Bas-Empire peuvent, grâces à leurs grandes miniatures, donner les plus précieux renseignemens, non-seulement sur certains usages historiques de cette période incomplétement explorée, mais encore des idées lumineuses sur la peinture antique dont ils contiennent évidemment la tradition. Je dois à l'obligeance bien connue du savant M. Hase, leur communication, et je suis heureux de pouvoir entrer à leur sujet dans quelques détails.

Le saint Grégoire de Naziance qui a appartenu à l'empereur Basile, remonte au IXe siècle, et malheureusement quelques-unes de ses intéressantes peintures ont été endommagées. Ce manuscrit est assez précieux pour qu'on souhaite ardemment de le voir reproduit par la gravure et la lithographie. En effet, c'est là qu'on peut étudier avec le plus de fruit les magnifiques costumes des empereurs de Byzance (1); et il est en outre évident que les artistes auxquels on doit ces précieuses figures avaient encore sous les yeux des peintures de l'antiquité qu'ils n'ont pas hésité à reproduire. C'est ce dont on pourra se convaincre en examinant dans le saint Grégoire la figure qui est au-dessous du Moïse. Quelques-unes de ces peintures, du reste, sont de fort grandes dimensions, et attestent une habileté qu'on ne trouve point dans les artistes qui émigraient de Byzance pour venir à la cour des rois barbares de l'Occident, fût-ce même à la cour de Charlemagne.

C'est ce qu'on est encore à même de remarquer dans le magnifique psautier grec de la Bibliothèque royale (2).

---

(1) *De codice regio, operum S. Gregorii Nazianzeni, olim ad usum Basilii Macedonis imperatoris.* D. Bernard de Montfaucon a donné un échantillon de ce précieux manuscrit dans sa paléographie, lib. III, cap. VIII, p. 250. Il y a quelques erreurs.

(2) *Psalmi Davidis et interpretatio eorum.* N° 139, Gr.

Ce beau livre, d'une admirable conservation, remont au Xe siècle, et il offre pour l'art une preuve curieuse de la puissante influence que les idées mythologiques de la Grèce conservent sur les idées encore vagues du christianisme et surtout sur l'histoire judaïque. Dans ces peintures, par exemple, on voit la nymphe de la mer Rouge qui préside au passage des Israélites, et toujours quelque déesse de la Grèce colore de son charme poétique les idées sévères de la religion nouvelle (1). Une des grandes peintures qui ornent le commencement du manuscrit offre un tout autre genre d'intérêt, et cet intérêt est purement historique. Un roi est porté sur le pavois par les grands de l'empire qui l'environnent et qui sont revêtus du vêtement byzantin modifié, je crois, par le costume des peuples guerriers qui envahissaient le monde. Ce qu'il y a encore de fort curieux dans cette peinture, c'est l'apparition de la fleur-de-lys comme ornement; on la voit non-seulement au sceptre que tient le monarque durant l'inauguration militaire, mais elle est reproduite et parfaitement figurée sur les édifices.

Comme je l'ai déjà dit, en admettant les productions byzantines dans l'énumération que nous faisons, l'histoire de l'art ne peut plus demeurer interrompue. Ainsi le bel évangile grec nous conduit au XIe siècle (2), et ce qu'il

(1) Ceci, à mon gré, pourrait bien expliquer la fureur des iconoclastes.

(2) 74. Gr.

y a de plus intéressant, il nous fait entrer dans une époque de transition où l'art antique semble avoir singulièrement perdu de son influence : l'art devient tout à fait chrétien. Les petites figures de cet évangile sont d'un dessin allongé jusqu'à l'exagération ; mais on y remarque toutefois un grand sentiment de finesse et d'intelligence qui se reproduit dans mille scènes variées, et, ce qu'il y a peut-être de plus intéressant, c'est qu'on voit parfaitement l'influence de l'art oriental sur l'art chrétien ; il semble que les ornemens qui embellissent certaines pages soient sortis de la capricieuse imagination d'un artiste persan.

Avant d'abandonner cet art byzantin, si curieux par ses résultats et par ses origines, je rappellerai ce qui m'a été dit par plusieurs voyageurs : c'est que les couvens grecs et les couvens de la Palestine renferment encore de précieux manuscrits, bien que les moines se soient défaits de grandes richesses en ce genre vers le XVIe siècle (1) ; on cite entre autre, comme renfermant des manuscrits byzantins à miniatures, le couvent du Mont-Athos ; cependant on a la certitude qu'ils appartiennent tous à une époque postérieure à Constantin. M. Pou-

(1) Quelques personnes croient qu'on a exagéré beaucoup l'importance que pouvait avoir la bibliothèque du sérail dans tout ce qui regarde les manuscrits occidentaux : c'est au temps et aux circonstances à éclaircir ce mystère. Il est bon cependant de ne pas oublier que l'incendie du sérail, de 1665, détruisit une partie de la bibliothèque, et notamment, comme on le suppose, le célèbre Tite-Live complet qui y était conservé ; d'autres précieux manuscrits ont dû nécessairement avoir le même sort.

joulat, jeune voyageur plein d'instruction, qui a accompagné M. Michaud dans ses dernières explorations, m'a dit avoir vu, dans la bibliothèque du couvent grec, près de Jérusalem, entre autres manuscrits du Bas-Empire, une Bible fort belle, enrichie d'un grand nombre de peintures, représentant les principaux personnages bibliques, depuis Adam jusqu'à Jésus-Christ. Cette curieuse iconographie se présente sous la forme d'un grand arbre généalogique, dont chaque rameau est terminé par un personnage de l'antiquité israélite! Ces manuscrits du couvent grec de Jérusalem sont d'autant plus précieux, qu'ils ont été apportés en Palestine de la bibliothèque impériale de Constantin. Nous signalons ce fait important aux voyageurs qui s'occupent de l'antiquité, et surtout de l'histoire de l'art. Nous leur rappellerons également que l'Eglise de Sainte-Irène renferme d'antiques armures de Francs et de Sarazins qu'il serait bon d'examiner. C'est aujourd'hui une des mosquées de Constantinople.

Avant de quitter les terres orientales, et puisque nous nous permettons cette longue digression, je dirai qu'une foule de manuscrits d'un grand prix ont quitté les diverses contrées de l'Orient, pour venir enrichir nos bibliothèques, et que nous sommes peut-être aussi riches en ce genre que les Orientaux eux-mêmes, dépouillés depuis plusieurs siècles par le commerce et par la guerre. Je tiens d'un savant orientaliste, que le plus beau manuscrit oriental, avec des vignettes, qu'il ait vu, avait appartenu à Baber, le premier sultan de l'Inde de la famille des Mogols; c'est un *Schanameh*, dont les miniatures sont d'un fini admirable. Ce précieux manuscrit fut enlevé par les Mahrattes du palais de Delhi, et il fait partie maintenant de la bibliothèque du colonel Doyle, à Londres. Un savant indianiste allemand, M. Poley, m'a parlé de fort belles peintures indiennes qui étaient entre les mains de la fille de lord Hastings, mais qui malheureusement ont été dispersées. Sous le rapport de l'art, les derniers envois faits de la Casauba n'ont rien de précieux, ou même qui soit de quelque importance; nous allons donc revenir à l'Europe et au moyen âge.

J'ai déjà fait remarquer plus d'une fois combien les manuscrits du XIe siècle étaient rares, surtout quand ils sont accompagnés de figures remarquables. Je signalerai donc pour l'histoire de l'art, un manuscrit anglo-saxon du temps d'Edouard-le-Confesseur, qui vient d'être publié dans le dix-neuvième volume de l'*Archéologie* de Londres. Je rappellerai également un manuscrit de cette période, conservé, m'a-t-on dit, à Rouen, et dont M. Dibdin a donné je crois un *fac simile* en couleur, dans son *Voyage bibliographique* (1).

Je suis convaincu du reste, qu'un grand nombre de nos bibliothèques de province, soumises à de curieuses investigations, fourniraient plusieurs beaux manuscrits de ce temps; il paraît que celle de Montpellier est riche en ce genre, et qu'elle pourrait offrir les plus précieux documens.

---

(1) M. Dibdin a donné dans son voyage bibliographique une représentation de la tapisserie de Bayeux. Le savant abbé de la Rue a publié une explication de cette précieuse antiquité.

Je n'ai plus à dire qu'un seul mot sur les manuscrits à miniatures venus à ma connaissance : c'est que ceux de la belle période sont malheureusement plus rares que ceux voisins des temps de la renaissance; aussi regrettai-je de ne pas avoir parlé de l'admirable *Breviaire de Poissy* (1), dont je n'ai pu voir sans enthousiasme ni les merveilles calligraphiques, ni les délicieuses miniatures (2). Il y a un autre manuscrit d'une période plus moderne, que j'avais omis de citer parce que la lithographie l'a reproduit naguères complétement; cependant une réflexion m'est venue à la pensée en le voyant et en relisant Walter-Scott, c'est que le poète écossais eût traité avec plus d'importance le *Roi provençal*, s'il eût été à même de voir ces belles peintures, qui sont exécutées assez largement, et dans un sentiment local assez complet, pour qu'on les croie faites de notre temps (3).

Je terminerai cette note en rappelant que c'est à tort qu'on a attribué complétement à Demoustier la

---

(1) Je citerai également deux charmans manuscrits de la Bibliothèque Ste-Geneviève, dont on peut placer la date vers 1280. Ce sont des livres d'heures sous les numéros B. B. L. 24, in-4°, et B. B. L. 28,

(2) Dans les pays étrangers il paraît que c'est à la célèbre bibliothèque de Göttingue et à la bibliothèque de St-Gall (en Suisse) que se trouvent les plus beaux manuscrits à miniatures.

(3) Voy. le n° 8353.

belle collection des portraits du XVIe et du XVIIe siècle que l'on conserve à la bibliothèque Sainte-Geneviève. La biographie dit qu'il est mort l'an 1620, et plusieurs dessins portent une date postérieure; il est infiniment probable que la collection a été continuée par son fils et par quelques autres artistes.

NOTE SUPPLÉMENTAIRE

SUR LES VOYAGES A FIGURES.

Dans ces rapides investigations, ce qui m'est arrivé à propos des manuscrits, s'est renouvelé relativement aux voyages et surtout aux ouvrages à figures; il serait trop long, sans doute de rappeler les nombreux volumes dont la bibliothèque de l'artiste curieux, de ces sortes de recherches pourra encore s'acroître, néanmoins il y en a quelques uns assez utiles et assez rares pour que je n'hésite pas à les rappeler ici. Au premier rang je citerai un de ces voyages du XVIe siècle à la Terre-Sainte, dont on m'a signalé l'existence et qui, dit-on, peut offrir de précieux documens à l'artiste. Cette relation, assez rare, est en allemand, et a été publiée en 1612, mais Breuning de Buchenbach, qui y raconte ses aventures, voyageait en 1529. Je rappellerait, comme appartenant à cette intéressante période, une collection de costumes étrangers pour le moins aussi curieuse que celle de Vecellio; c'est celle de J. J. Boissard Bizuntin. Le titre est en trois langues : les figures de cette collec-

(1) *Reise in der Orient, Strasburg.* 1612, in-f°.

(2) Je donnerai ici le titre en latin et en français, je ne puis me

tion assez habilement dessinées, sont d'autant plus curieuses qu'elles présentent certains costumes pour lesquels on n'a que des documens incertains. C'est ainsi qu'on voit dans Boissard le duc de Moscovie, et un costume de Dogaresse, qu'on serait peut-être embarassé de se procurer autre part qu'à Venise ou à Moscou. Ce qu'il y a de précieux dans l'exemplaire de la bibliothèque Sainte-Geneviève, c'est qu'on y a joint les obsèques de Frédéric II, roi de Danemark et de Norwége, et qu'on peut étudier là les costumes des dignitaires de ce royaume du nord.

C'est à la même époque et au même genre d'exécution qu'il faut rapporter l'ouvrage de Damman et Bruyn, publié en 1577, sous le titre d'*Images des nations*, mais il est moins complet que celui de Boissard : au besoin du reste, cette série d'ouvrages à costumes pourrait se compléter par les romans de chevalerie imprimés dans la première moitié du XVIe siècle. C'est sous ce rapport que je signalerai l'Amadis de Gaule, en Espagnol, de 1547, le Primaléon de 1528, le Jourdain de Blaves publié en 1521, les Chroniques de Godefroy de Bouillon, dont les figures sont remarquables, et le Tristan de Léonais imprimé en 1533, dont le frontispice est d'une charmante exécution; malheureusement ces figures traditionelles, gravées en bois, sont quelquefois gâtées par

---

rappeler le titre hollandais. *Habitus variarum orbis gentium. Habitz des nations estranges. Cum privilegio regis hispaniarum et cancellarij Brabantiæ*, 1 vol. in-4° obl. 1581.

le sentiment de la renaissance. Il y a encore, pour cette époque si pleine d'intérêt, un genre de figures que je suis surpris de ne pas voir consulté davantage par les artistes. Ce sont les *tarots* dont M. Duchesne, adjoint conservateur de la Bibliothèque royale, est parvenu à faire une collection si précieuse et dont il a retrouvé si ingénieusement la date. Dans les tarots de 1485, si habilement dessinés, les peintres trouveront des renseignemens d'autant plus positifs, qu'ils s'appliquent à des états divers, ou à des fonctions de la vie civile et militaire. Ainsi on voit dans ces cartes primitives dont nous ne connaissons plus la valeur, le pape, l'empereur, le gentilhomme, le laboureur et le marchand, etc., etc. C'est en un mot une précieuse collection de costumes que nous ont léguée nos père à leur insu (1).

J'ai essayé de faire comprendre dans la première partie de cette notice, l'intérêt dont pouvait être le grand voyage en Egypte, où M. Champollion jeune devait consigner le résultat des belles études qu'il était allé faire au milieu des ruines, et qu'il devait compléter en donnant ces peintures primitives, où l'on aime à chercher tant de

(1) Les cartes de Charles VI conservées à la bibliothèque, section des estampes, ne sont pas autre chose que des tarots richement enluminés; sous le rapport de l'art, elles sont moins précieuses que la collection de 1485 citée plus haut. Cette collection, de date certaine, n'est que la copie d'autres tarots conservés également à la bibliothèque; ils sont d'une belle exécution, et antérieurs de plusieurs années à ceux dont je viens de faire mention. Par les titres, on voit que ces tarots ont été gravés en Italie.

curieuses origines : espérons que M. Rosellini nous fera jouir de ces premiers élans de l'art. En attendant qu'il publie les peintures de Beni-Hassan, je tiens d'un jeune savant qui faisait partie de l'expédition M. Lenormand, quelques détails qui feront mieux comprendre l'intérêt dont elles doivent être pour l'art et pour la science, et qui rectifieront en même temps quelques inexactitudes de dates débitées à ce sujet :

Ces peintures égyptiennes sont les meilleures et les plus anciennes que l'on connaisse. Les hypogées dans lesquels elles ont été découvertes, sont voisins de Beni-Hassan, village de l'extrémité septentrionale de l'Heptanomide. On ignore le nom de la ville à laquelle appartenaient ces hypogées, mais plusieurs indices portent à croire que c'était de ce côté du Nil, qu'on transportait les corps des habitans les plus riches de la rive opposée.

Les plus belles peintures de Beni-Hassan ont été exécutées sous des rois qu'on présume avoir appartenus à la seizième dynastie. Le plus ancien de ces rois Bortasen Ier, a commencé le premier les travaux du palais de Karnak. On trouve presque au centre des ruines de cet immense palais, les débris d'un sanctuaire en spath calcaire élevé par ce roi.

Les peintures de Beni-Hassan sont exécutées dans un sentiment d'imitation beaucoup plus parfait que les ouvrages du même genre existant à Thèbes et à Phythyia. La peinture en est souvent gouachée; l'on y trouve la représentation du plus grand nombre des espèces naturelles existant en Egypte, ainsi que les détails les plus circonstanciés sur la vie des riches égyptiens, les exercices de la caste militaire, l'agriculture, la navigation, la chasse, la pêche, et même les travaux d'industrie.

Tandis que l'Egypte nous révèle ses idées religieuses, et jusqu'aux moindres détails de son état social; tandis que nous pouvons lire notre récente origine dans ses vastes hypogées, Pompeia nous donne les plus antiques traditions connues sur le costume d'Alexandre et sur celui de ces perses, dont nous étions accoutumés à unir le nom a tant de grands souvenirs, sans pouvoir réaliser par l'art, tout ce qu'ils avaient de poétique. La grande mosaïque dont on a publié récemment une description (1), nous fait faire un pas de plus dans l'étude du costume antique : espérons que des travaux qui uniront la conscience au sentiment élevé de l'art, nous feront comprendre dans leur poétique vérité, l'antiquité, le moyen âge et ces belles contrées orientales, dont nous n'avons qu'une idée si incomplète.

(1) *Gran musaïco di Pompii descritto da Carlo Bonucci. Napoli*, 1832, 1 vol. in-f°. On a joint au texte une représentation de cette belle mosaïque qui est un peu endommagée. Aux peintres qui voudraient pousser avant leurs études dans tout ce qui a rapport à l'antiquité, et même à l'antiquité des peuples barbares, j'indiquerai un ouvrage allemand avec planches, peu connu en France : *Bottiger, ideen zur archæologie der maleri.*

FIN.

TABLE DES MATIÈRES

CONTENUES DANS LE TOME PREMIER.

DEUXIÈME PARTIE.

CAUSES RÉTROGRADES.

FIN DE LA TABLE.

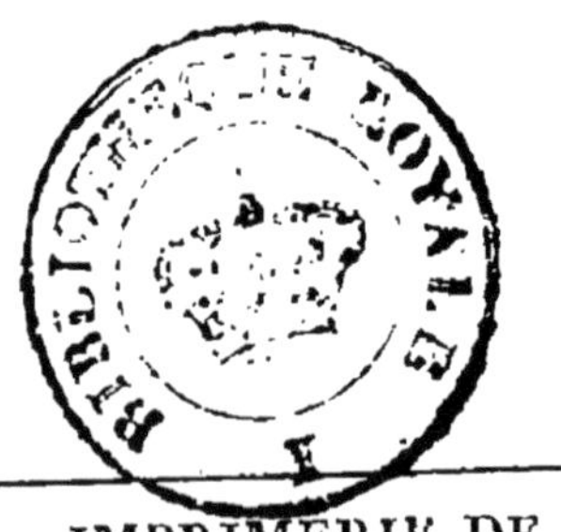

TROYES. — IMPRIMERIE DE CARDON.

www.ingramcontent.com/pod-product-compliance
Ingram Content Group UK Ltd.
Pitfield, Milton Keynes, MK11 3LW, UK
UKHW020426200726
13857UKWH00002B/308